民商法
经典文库

总主编 赵万一

学术研究系列

网络虚拟财产评判标准与法律保护

赵自轩 著

Civil and Commercial Law Classics

法律出版社 LAW PRESS·CHINA
北京

图书在版编目(CIP)数据

网络虚拟财产评判标准与法律保护/赵自轩著. --北京:法律出版社,2020(2022.3重印)
(民商法经典文库)
ISBN 978-7-5197-5154-8

Ⅰ.①网… Ⅱ.①赵… Ⅲ.①互联网络-个人财产-财产权-研究-中国 Ⅳ.①D923.24

中国版本图书馆CIP数据核字(2020)第229463号

网络虚拟财产评判标准与法律保护
WANGLUO XUNI CAICHAN PINGPAN BIAOZHUN YU FALÜ BAOHU

赵自轩 著

策划编辑 沈小英
责任编辑 刘晓萌 任 娜
装帧设计 臧晓飞

出版发行 法律出版社	开本 710毫米×1000毫米 1/16
编辑统筹 法治与经济出版分社	印张 15 字数 213千
责任校对 晁明慧	版本 2020年12月第1版
责任印制 吕亚莉	印次 2022年3月第2次印刷
经 销 新华书店	印刷 天津嘉恒印务有限公司

地址:北京市丰台区莲花池西里7号(100073)
网址:www.lawpress.com.cn
投稿邮箱:info@lawpress.com.cn
举报盗版邮箱:jbwq@lawpress.com.cn
销售电话:010-83938349
客服电话:010-83938350
咨询电话:010-63939796

书号:ISBN 978-7-5197-5154-8
定价:86.00元
凡购买本社图书,如有印装错误,我社负责退换。电话:010-83938349

总主编简介

赵万一

西南政法大学民商法学院教授、博士研究生导师，《现代法学》主编。曾任西南政法大学民商法学院院长。兼任中国法学会商法学研究会副会长、中国法学会民法学研究会学术委员会副主任。先后被西北政法大学、福州大学、西南大学、福建师范大学、山东经济学院等多所大学聘为兼职教授；上海大学、福建师范大学兼职博士研究生导师；英国《法律与管理国际杂志》（*ML-The International Journal of Law and Management*）编委。

曾出版《民法的伦理分析》《民法概要》《商法基本问题研究》《证券法的理论与实务》《中国竞争保护法律制度研究》等个人专著多部，主编《商法学》《证券法学》等教材数十部。先后在《中国社会科学》《中国法学》《法学研究》《人民日报》《光明日报》等报刊发表论文150余篇，有数十篇文章分别被《新华文摘》、《中国社会科学文摘》、中国人民大学书报资料中心《复印报刊资料》转载。其《民法的伦理分析》一书曾分别于2005年和2017年在我国台湾地区五南图书出版股份有限公司和日本经济法律出版社出版，多篇论文在日本、韩国等国发表。

总序:民商法学研究的时代使命

时至今日,虽然理论界对民商法在中国特色社会主义法律体系中的角色定位并未形成完全一致看法,但对其在促进社会权利意识的觉醒、创造力的激发乃至社会经济的振导方面所发挥的巨大作用,几乎没有人能够否认。一方面,缘于其调整内容的广博性、调整方式的人本性、调整范围的全覆盖性和规制目的的正义性;另一方面,则得益于其所承载的“固根本、稳预期、利长远”的历史使命的厚重性和在强调促进社会经济发展的同时注重人与自然和谐发展的先进立法理念。通过研读世界主要国家的法律发展史,我们不难发现,具有时代引领意义的重要民商法律制度的制定,通常是伴随一个国家社会制度的重构、社会政策的改变和社会观念的变革应运而生的。因此,民商法律制度的设计通常并不仅仅表现为单纯的制度进化和规则演变,更反映了社会经济政治制度环境的优化和社会意识的嬗变。我国也不例外。发轫于20世纪70年代末的经济体制改革，不但将现代中国社会深深打上了法治烙印，而且极大激发了法律对社会关系特别是社会经济关系的调整冲动，从而将上层建筑对经济基础的促进作用发挥到极致。时至今日，伴随计划经济向市场经济的成功转型而不断拓展其作用深度和广度的民商事立法，无论是对中国民众国民性格的塑造、行为模式的固化，还是对整个社会经济运行驱动力的重新构造，都产生了越来越显著的影响。以平等和自治为核心的民商法律制度不但成为国家调整社会关系特别是社会经济关系的最重要法律手段，而且成为社会主体行为选择的首要凭依因素；以公平和效益为主旨的民商法律思维已深深嵌入人们的思维逻辑链条中，成为人们臧否立法和司法活动的主要标尺；以良善、诚信、忠实为先导的民法文化不但发挥启佑民智之功效，而且已逐步内化为一种社会习惯和社会生活方式。作为民商法制度根基的平等原则并未得到有效贯彻，进而在主体立法上采取差别性待遇的做法还比较普遍。在民商事司法领域中，由于未对价值取向各异的不同审判类型进行必要的审判理念区分，从而导致审判活动既无法满足以自然人为代表的普通民事主体对公平理念的强烈渴求，也无法有效实现以公司为代表的商事主体追求效益的行为动机。在法律意识层面上，民商法的私法属性和权利法属性并未获得普遍的社会认同，民商法所体现的一些基本法律价值和法律精神也没有随着民商事立法的繁荣而获得广泛的尊重和支持。造成这种广大民众对民商法价值认同感不高的原因是多方面的。由于民商法是直接介入市场经济和商品经济形态塑造和规则设计的法律制度，因此，无论在立法上还是在司法实践中，人们都有意或无意地将所有的民商事法律制度的作用定位为促进市场经济的发展，从而淡化了作为民商法精神内核的人本主义思想和人文主义理念。不仅如此，民商法的非理性繁荣还助长了法律对社会关系的调整作用，包罗万象的法律规则试图将调整的触角延伸至公民生活的每一个领域。实际上，法律更多的是作为约束人类非理性行为的必要羁绊而存在的，任何类型的强制行为都不可避免地会对社会主体的行为及与此相连接的社会关系起到一定的限制作用。

从经济基础对上层建筑的作用结果来看，肇端于20世纪70年代末的经济体制改革和对外开放不但极大解放了受到压抑的生产力，而且充分激活了潜藏在人类内心深处追求财富的欲望，使人们从普遍的羞于言利转变成了攫取财富。中国社会第一次感受到法律对社会生活的强大影响力和导引力。正是基于法律对社会经济关系的强力介入，不但彻底改变了利益的获取和分配方式，任何主体的正当经济利益诉求都必须通过法律加以固化、疏导和界定，而且极大地促进了社会财富的增加，使中国在很短的时间内跃居世界第二大经济体。正是基于对法律作用的高度重视，我们在短短的40多年时间里建立起了比较完备的社会主义市场经济法律体系，从而为全面实现依法治国奠定了必要的法律硬件基础。任何国家的法治现代化都不能通过简单地对外国法律制度的借鉴而完成，成熟的法律制度除借鉴人类法治文明建设有益成果外，还必须加强对本国法治资源的挖掘和对法治适用环境的建设和改造。为此，我们不但要重视对民商法具体法律制度的吸收和构造，而且更应加强对民商法基本理念、基本作用、基本精神和基本价值的研究和认识，更准确地定位民商法在构建新时代中国特色社会主义法律体系中的地位和作用，因为只有以先进理念作支撑的法律制度才能真正有效发挥其对社会关系的精准调整作用。

大学作为现代文明的发祥地和社会知识的集散地，既是民族文化的传承者，也是现代文明特别是现代法治文明的创造者和传播者。相对其他类型的院校而言，法科院校基于其独特的创设要求和人才培养目标，在创新社会法治理念、提供法律制度有效供给、推进国家现代法治文明建设方面无疑负有特殊的义务和责任。西南政法大学作为一所以法学为主的多科性院校,创设于新中国百废待兴之时,繁荣于改革开放的历史机遇期,不但见证了中国法治建设的曲折历程,而且对中国的法治建设贡献了自己的责任和智慧。其民商法学作为传统的优势学科之一,经过几代人的不懈努力,逐步形成了以民本天下为情怀、以商达经纬为志向、以知行合一为目标、以振兴国家为责任的学术精神和专业特色。自20世纪50年代开始,学科奠基人金平教授、杨怀英教授等老一辈开宗学者秉持学术报国之宏愿,开拓奋进、殚精竭虑,历经筚路蓝缕之磨难,披荆斩棘之艰辛,初创西南政法大学民商法之学林。20世纪80年代之后,沐浴改革开放之春风,西南政法大学民商法迎来第一次鼎盛时代,金平教授和杨怀英教授作为全国民商法领域中的重要领军人物,以他们的敬业精神和人格魅力,团结和凝聚了包括邓大榜、聂天贶、黄名述、李开国、柯瑞清、邓宏碧、张和光、赵勇山、叶清勋、赵泽隆、谭向北、程正宗、陈志学等30余位在全国有一定影响力的中年骨干教师;以王卫国、禄正平、伍载阳、刘晓星、张玉敏、尹田、吴卫国、赵万一等为代表的一批年轻学者开始在国内学术舞台上崭露头角。西南政法大学也自然而然地成为国内名副其实的民商法教学与研究重要阵地。20世纪90年代末期以来,在李开国、张玉敏、赵万一、陈苇、谭启平等学术带头人的带领下,本学科全体同仁励精图治、拼搏进取、内外双修,不但使学科师资规模达到创纪录的120余人,而且在职称结构、学历结构、学缘结构等方面都有了实质性改善,教学科研水平也不断上升到一个新台阶。我们坚信,在国内外同仁的关心和支持下,经过本学科全体师生的共同努力,西南政法大学民商法学的明天一定会更加灿烂辉煌。

民商法作为一个应用性很强的实用性学科,并非产生于书斋中的理论推演,而应来源并服务于社会经济生活。本学科一直以关注民生、强调民本为己任,秉持造福苍生,心系天下的情怀,努力将自己的研究服务于国家的经济建设和法治建设。具有中国民法典"活化石"之称的金平教授不但全程参与了第一次至第三次《民法典(草案)》的拟定,而且其所提出的许多富有创见性的观点,如民法调整的是平等主体之间的财产关系和人身关系,直接影响了《民法典》的制定。具有中国婚姻法"女神"之称的杨怀英教授不仅参与了1980年《婚姻法》的修改,而且始终关心中国家庭制度的发展变化及其与社会之间的互动关系,在花甲之年仍亲自带队,到当时条件十分艰苦的云南西双版纳和德宏两大民族自治州长途奔波数千里,开展长达数月的田野调查,出版了具有填补空白性质的《滇西南边疆少数民族婚姻家庭制度与法的研究》。这个优秀传统一直传承至今。陈苇教授在主持司法部重点课题时,以"农村妇女土地权利保障"为视角,先后组织1000多名学生深入农村考察并形成了数十万字的调研报告。在2008年"5·12"大地震发生后不久,以本学科刘俊、谭启平、刘云生等教授为主的12位法学专家联名上书全国人大常委会,建议尽快制定重大自然灾害处置特别法令并草拟了一部近万字的《重大自然灾害处置特别法令(建议稿)》。在具有世纪工程之称的《民法典》制定过程中,本学科不仅有数十人深度参与了《民法典》的条文拟定及其相关的立法调研论证活动,而且在《民法典》颁布之后的第一时间内成立了规模庞大的《民法典》宣讲团,深入国家机关、企事业单位和社区、农村,向广大社会公众宣讲《民法典》的伟大意义,充分体现了学者的责任与担当。

近年来,国际、国内民商法学科的迅速发展向我们提出了严峻挑战。国际上,无论是源于罗马法的大陆法系还是源于海洋经济需要而产生的英美法系,都正朝着更深、更广、更前沿的方向延伸与发展,民商法学理论日益博大精深,法学流派呈现多元化趋势;民商法学研究更加注重与法律实践的契合,注重对司法领域中出现的新的法律问题的审视和研究;在全球化趋势的推动下,各国民商法学日益走向相互渗透与融合,同时又更加注重与本国国情的结合,呈现国际化与民族化共同繁荣的趋势;法学理论方面,跨学科研究方兴未艾,交叉学科、边缘学科如雨后春笋大量涌现。在国内,随着依法治国方略的推行,民商法学研究更加深入与务实。一方面,在全球化的大潮之下,如何借鉴人类精神遗产,借鉴外国合理的法律制度与精神,成为摆在中国民商法学面前的重大课题之一;另一方面,在国内市场经济发展过程中出现的各种法律问题也向民商法学提出了挑战,如何立足中国的法律实践,利用世界各国的经验,发扬我国优良传统风俗,应对未来经济、政治、文化的重大转折,也是中国民商法进一步发展所必须解决的重大课题。为了总结西南政法大学民商法学科在过去40多年中取得的成绩,饮水思源,时刻铭记老一辈民法学者对本学科发展所作出的突出贡献,我们曾与法律出版社联袂于2009年编辑出版了5卷本的"西政民商法学阶梯"丛书和20卷本的"西南民商学人文库"和多卷本的"民商经典译丛"。为了发挥本学科在民商法基础理论特别是民法哲学方面的研究优势,我们先后编辑出版了两辑共13本"民法哲学"丛书。为了扩大与我国台湾地区的学术交流活动,我们曾与华中科技大学出版社、台湾元照出版股份有限公司倾力打造了"华中·元照西政民商法学术文库"和"华中·元照中青年法律科学文库"。

为了进一步充分发挥法学研究对法律实践的引领作用,我们决定集合校内外各种资源,推出既能综合反映西南政法大学民商法学科科研实力,又能广纳群贤、有效荟集国内外最新民商法学研究成果,并能对中国法治建设起到推动作用的大型系列丛书——"民商法经典文库"。本文库分为民法哲学、经典译著、学术研究、前沿争鸣、名家讲坛、教育研究、经典案例及年度十大有影响力案例、研究随笔9个系列。同时，我们也真诚邀请国内外贤儒同仁不吝赐稿，积极支持我们的工作。我们相信，在国内外同行专家的共同帮助下，本文库一定能够达到预期目标。

是为序。

2012年11月6日于西南政法大学

2021年7月6日修订于西南政法大学

前　言

我国《民法典》第127条规定，网络虚拟财产受到法律保护，由此，网络虚拟财产成为近年来学界持续关注的热门问题。然而，学界对网络虚拟财产的诸多根本性问题，如概念、范围、权属等始终未能达成一致，难以为司法实践中多发的网络虚拟财产纠纷提供智力支持。基于以上问题，本书一改当前网络虚拟财产研究中流行的“观念主义”范式，以司法实践为面向，采取“经验主义”的研究方法，通过类型化、情景化研究和归纳分析法，试图厘清网络虚拟财产的基本内涵，为网络虚拟财产的法律保护提供切实可行的法律建议。

具体而言，本书第一章分析为何网络虚拟财产是一种社会现象、其是如何产生的以及导致怎样的法律后果；第二章介绍我国法学界和实务部门对网络虚拟财产现象的回应，并深刻检讨当前回应举措存在的若干问题和未来进路；第三章对当前主要网络平台上典型虚拟事物的法律性质予以类型化研究，以“虚拟”和“财产”为核心要素，归纳网络虚拟财产的判断标准和基本范畴，剔除仅有虚拟之名而无财产之实的网络虚拟事物；第四章在确定网络虚拟财产基本范畴的基础上，明确网络虚拟财产权的概念、内容和归属；在此基础上，第五章对当前典型的网络虚拟财产，如网络店铺、虚拟货币、打赏道具、游戏装备等，面临的司法纠纷给予了法律保护建议。

“文章千古事，得失寸心知。”必须承认的是，本书对网络虚拟财产法律保护问题的研究还是不充分的，且存在一定的局限。特别是随着数据成为学界研究热点，以及数据保护立法不断颁布，其直接带来的法律问题是，数据与网络虚拟财产是什么关系？如果法律直接保护数据，那还有法律保护网络虚拟财产的必要吗？对于以上问题，本书尚未予以深入讨论，因此，不无缺陷，不无遗憾。当然，当前的局限与遗憾也是鞭策作者未来继续研究、奋进的动力。路漫漫其修远兮，吾将继续上下而求索！

目　录

第一章　网络社会中的网络虚拟财产现象

第一节　何为网络虚拟财产现象

布莱克斯通曾言:“没有任何东西像财产所有权那样如此普遍地焕发起人类的想象力,并煽动起人类的激情。”[①]互联网信息技术催生了大量的网络新生事物,如游戏装备、电子邮箱、虚拟货币、网络店铺等,它们依存于特定的网络虚拟空间中,如网络游戏系统、网络社交平台、网络交易平台,对人们的日常生活直接或间接地产生影响。这些类型的虚拟事物在不同的网络场景中具有不同的功能设定,客观上能够满足网络用户的精神或物质需求,因此被个别网络用户视为“财产”。同时,由于这些“财产”存在于互联网之

① [德]罗伯特·霍恩等:《德国民商法导论》,楚建译,中国大百科全书出版社1996年版,第189页。

上,并且往往以模拟现实世界事物的样态予以呈现,因此,“网络虚拟财产”“网络财产”“虚拟财产”等概念便应运而生。其中最为流行的称谓便是“网络虚拟财产”。网络虚拟财产作为一种新生事物在客观上能够与人们的生产生活发生勾连,因此导致了在当今世界各国中都普遍存在的网络虚拟财产现象——人们将网络上出现的任何事物都视为财产,网络虚拟财产的范畴无限扩张。随着社会实践中网络虚拟财产纠纷的逐渐增多,网络虚拟财产这一概念逐步获得了学界的普遍认可,并最终在我国《民法典》中获得了一席之地。我国《民法典》第127条规定:“法律对数据、网络虚拟财产的保护有规定的,依照其规定。”该条虽然对网络虚拟财产的保护作出了原则性规定,但其并未对网络虚拟财产的概念、内涵、判断标准、法律性质、权利归属等法律问题作出规定,因此直接激发了人们对网络虚拟财产更为迫切的占有欲望,进而导致了司法实践中更为严重的网络虚拟财产现象,网络虚拟财产这一概念被严重地滥用了。

网络虚拟财产现象的产生主要是基于两个方面的原因:一方面,网络虚拟财产往往以模拟现实世界中事物的形态存在,栩栩如生的网络事物极大地激发了人们的占有欲;另一方面,网络信息技术的发展使人们可以通过技术手段对各种类型的网络事物予以管理、使用,甚至处分,从而使人们产生了强烈的权力幻想。网络虚拟财产现象的产生导致的必然结果是社会中网络虚拟财产泛滥,各方主体就网络虚拟财产的利用和处分产生激烈的利益冲突。我国在2003年就发生了虚拟财产纠纷第一案——李某某诉北京北极冰科技发展有限公司娱乐服务合同纠纷案,①作为玩家的李某某认为游戏

① 在该案中,“红月”游戏玩家李某某的游戏装备被他人窃取,其要求游戏运营商对其虚拟财产的财产价值予以赔偿,并要求游戏运营商对其精神损害予以赔偿。法院最终以游戏运营商未尽到安全保障义务为由责令其恢复李某某丢失的虚拟财产,对其提出的精神损害赔偿的请求不予支持。详情参见李某某诉北京北极冰科技发展有限公司娱乐服务合同纠纷案,北京市朝阳区人民法院(2003)朝民初字第17848号民事判决书。

装备属于其合法所得的财产,因此,删除、窃取其游戏装备的行为即属于侵权行为。在该案中,法院也认为:“关于丢失装备的价值,虽然虚拟装备是无形的,且存在于特殊的网络游戏环境中,但并不影响虚拟物品作为无形财产的一种获得法律上的适当评价和救济。玩家参与游戏需支付费用,可获得游戏时间和装备的游戏卡均需以货币购买,这些事实均反映出作为游戏主要产品之一的虚拟装备具有价值含量。”因此,该案便以我国“网络虚拟财产纠纷第一案”的身份揭开了网络虚拟财产法律问题研究的序幕,同时也引发了学界对网络虚拟财产法律性质与归属问题长达17年的探讨与争论。

第二节 网络虚拟财产现象的成因

一、当前立法欠缺明确的网络虚拟财产识别标准

当前网络虚拟财产问题研究中存在的最大问题就是网络虚拟财产识别标准不清,而正是识别标准不清才导致了网络虚拟财产的内涵不明,进而导致网络虚拟财产范畴无限扩大。网络虚拟财产的识别标准是网络虚拟财产法律问题研究的起点,因为只有建立科学的网络虚拟财产识别标准才能有效地应对当前的网络虚拟财产现象。但是就目前学界的研究来看,学者们对网络虚拟财产的识别标准问题并未形成足够的重视,并且也未提出可供操作的网络虚拟财产的识别标准。在当前的司法实践中,人民法院往往采取实体物的判断标准,即从物的价值性、支配性、稀缺性出发对某项网络事物是否属于网络虚拟财产作出判断。[①] 例如,法官对网络游戏装备是否属于

---

① 在胡某与徐某合同纠纷案中,法院认为:网络虚拟财产是指具有使用价值和交换价值的网络游戏角色、装备、游戏货币等网络物品。本案所涉的游戏账号,属于网络虚拟财产的范畴。参见慈溪市人民法院民事判决书,(2008)慈民二初字第2806号。

网络虚拟财产的论证就主要采取了以下论证思路:网络游戏装备是游戏玩家付出时间和精力获得的,它能够满足游戏用户的精神需求。同时,网络用户可以将其转让以实现其财产价值,因此,游戏装备属于网络虚拟财产,游戏玩家对其应当享有所有权。但如果采取这一思考进路,那么网络上绝大多数虚拟事物都可以被视为网络虚拟财产,因为网络用户可以通过网络技术对其账户中的大部分虚拟事物予以支配,而且网络中存在的绝大多数的虚拟事物在一定程度上对网络用户而言都是具有某种使用价值或精神价值的。

网络虚拟财产识别标准不清直接导致了网络虚拟财产法律冲突的激化,一方面,各种类型的网络虚拟事物打着网络虚拟财产的名号试图获得法律的保护,如网络账号、电子邮件、电子照片、游戏装备、比特币等。就字面意思而言,网络虚拟财产属于财产的下位概念,其属于财产的一种具体类型,网络虚拟财产识别标准不清直接导致网络虚拟财产概念的泛滥。财产作为一项贯穿民法体系始终的制度构成,网络虚拟财产概念的模糊与范畴的扩张直接导致在其转让、继承、处分等问题的处理中面临激烈的利益纠纷。[①] 例如,在当前网络服务协议都明确禁止网络账号转让、继承的情况下,如果将网络账号作为网络虚拟财产,其财产性将如何得以体现?另一方面,网络虚拟财产识别标准不清还直接导致法院在判断网络事物是否属于网络虚拟财产时享有过大的裁量权,由此导致不同法院对某一事物是否属于网络虚拟财产的判断存在差异,进而导致同案不同判。甚至法院会利用网络虚拟财产识别标准不清的法律制度漏洞,采取消极的手段应对网络虚拟财

① 参见张冬梅:《论网络虚拟财产继承》,载《福建师范大学学报(哲学社会科学版)》2013年第1期。

产问题，①这将不利于网络虚拟财产纠纷司法经验的形成与总结，也使网络虚拟财产识别标准的总结与提炼遥遥无期。

二、学界对网络虚拟财产、数据、信息存在概念混淆

信息财产的概念的兴起直接发端于人们日益增长的个人信息受法律保护的迫切诉求，在信息社会，人们逐渐认识到信息，尤其是网络信息在具有人格利益的同时还具有财产价值，需要受到法律的确认与保护。② 因此，当前的学术研究中信息财产权成为讨论的热点话题。而从网络虚拟财产的物理构成来看，其本身就属于计算机信息的一部分，网络虚拟财产的利用在本质上就是计算机信息在用户客户端与网络运营商的服务器之间互相交换的过程。同时，根据学者对数据的定义，数据即在计算机及网络上流通的在二进制的基础上以 0 和 1 的组合而表现出来的比特形式。③ 同时，根据深圳市政府 2020 年 7 月发布的《深圳经济特区数据条例（征求意见稿）》第 4 条第 1 款的规定，"数据是关于客体（如事实、事件、事物、过程或思想）的描述和归纳，是可以通过自动化等手段处理或再解释的素材"。④ 在学界对信息财产法律属性的讨论方兴未艾之时，"大数据"一词又堂而皇之地闯入法学研究领域。在"大数据时代"，数据就是社会资源，大数据在社会资源的配置中无

---

① 在王某买卖合同纠纷案中，法官并未深入分析网络店铺的实质构成，也没有对网店受让人认为网店属于网络虚拟财产的诉求予以正面回应，只是依据网络服务协议的规定将网店视为网店经营者与网络服务平台之间的一组权利义务关系。参见上海市第一中级人民法院民事判决书，(2017)沪 01 民终 8862 号。

② 刘德良教授认为："个人信息财产权是主体对其个人信息的商业价值进行支配的一种新型财产权。"参见刘德良：《个人信息的财产权保护》，载《法学研究》2007 年第 3 期。

③ 参见阳东辉、吴加明：《盗窃数字编码型凭证行为性质的认定》，载《法学》2013 年第 5 期。

④ 参见《深圳经济特区数据条例（征求意见稿）》，载深圳市司法局官网 2020 年 7 月 15 日，http://sf.sz.gov.cn/gkmlpt/content/7/7892/post_7892072.html#2725。

处不在,数据作为互联网世界的记录工具,其本身就是一种财产,即数据财产。[①]《深圳经济特区数据条例(征求意见稿)》更是明确规定自然人、法人、非法人组织可以依法享有数据权。网络虚拟财产作为数据的组合,在属于虚拟财产的同时似乎又属于数据财产的范畴。例如,被当前学界普遍视为典型网络虚拟财产类型的游戏装备,其本质上是由代码编辑而成的一系列数据的集合体。因此,其在法律定性上就存在数据财产与网络虚拟财产的争议。有学者将数据分为初始数据和衍生数据,衍生数据是指利用算法技术对散乱无序、难以直接应用的海量原始数据进行加工处理而生成的预测型、统计型数据,具有超越原始数据的应用价值和商业价值。进而有学者认为,从物理特征来看,以非物质性电磁记录为载体的衍生数据不同于有体物及能量型无体物具备无形性、可复制性、非消耗性等自然属性,从法律特征来看,衍生数据具有非人格性、可控制性、价值性等财产属性,属于智力劳动创造的无形财产,即智力成果。[②] 由此可见,虚拟财产与数据财产之间似乎存在“细细的红线”,这也是《民法典》第 127 条将网络虚拟财产与数据放在一起予以规定的根本原因。

与此同时,虚拟财产与信息也存在千丝万缕的勾连。根据我国《民法典》第 1034 条第 2 款的定义,个人信息是以电子或者其他方式记录的能够单独或者与其他信息结合识别特定自然人的各种信息,包括自然人的姓名、出生日期、身份证件号码、生物识别信息、住址、电话号码、电子邮箱、健康信息、行踪信息等。根据这一定义,个人信息应当将游戏账号、网络社交账号

① 参见刘士国:《大数据背景下民法典编纂应规定的条款》,载《法治研究》2016 年第 6 期。

② 参见刘双阳、李川:《衍生数据的财产属性及其刑法保护路径》,载《学术论坛》2020 年第 3 期。

纳入其范畴。但是，在网络虚拟财产纠纷中有相当部分纠纷是因转让网络账号而引发的，如游戏账号、网络账号。在网络世界中，网络账号不仅具有识别功能，同时也具有控制功能，网络用户对特定服务内容的享有必须要以对网络账号的占有、使用、控制为前提，也正是因为网络账号的这一特殊使用价值决定了其在司法实践中具有客观的交换价值，即某些游戏账号和网店账号在现实生活中价值不菲。正是因为网络账号存在客观的使用价值和交换价值，所以，有的学者认为网络账号也属于网络虚拟财产的范畴。这不仅导致了网络虚拟财产现象的进一步泛滥，而且必将导致网络虚拟财产法律问题研究与个人信息法律问题研究产生进一步的纠纷和冲突。

三、网络虚拟财产的范畴被无限扩大

网络虚拟财产的范畴过大是网络虚拟财产识别标准不清的必然后果，而网络虚拟财产的范畴过大又必然导致网络虚拟财产难以形成稳定的价值内核，网络虚拟财产的法律保护模式最终难以建立。我国学界对网络虚拟财产的研究由来已久，但至今学界尚未对网络虚拟财产的概念内涵与范畴达成共识。林旭霞教授认为："广义的网络虚拟财产是指在网络环境下，模拟现实事物，以数字化形式存在的，既相对独立又具独占性的信息资源。"①马一德教授则认为："广义的网络虚拟财产更加强调'虚拟性'，只要是数字化的、非物化的财产形式，一切存在于网络虚拟空间的、由持有人随时调用的专属性数据资料都被纳入网络虚拟财产的范围，而不管其是否具有交易价值。"马一德教授进而将虚拟财产区分为账号密码型网络虚拟财产、信息资料型网络虚拟财产、信誉型网络虚拟财产、虚拟货币型网络虚拟财产、游

① 林旭霞：《虚拟财产权性质论》，载《中国法学》2009年第1期。

戏装备型网络虚拟财产。[①] 马一德教授的这一分类使网络虚拟财产法律问题的研究又面临新的问题，即网络虚拟财产与信息资料、信誉是什么关系？当二者发生交叉时，究竟应属于信息资料型虚拟财产抑或是虚拟财产型信息资料？就以上学者对网络虚拟财产的定义来看，网络虚拟财产的范畴在一定程度上等同于电子信息或数据资料，而基于网络的数据构成和信息本质，几乎网络上存在的所有类型的事物都可被视为网络虚拟财产。

网络虚拟财产的范畴过大直接导致了滥觞于我国当前社会中的网络虚拟财产现象，大量的网络事物试图假借网络虚拟财产之名进入法律的保护范围。但法律的保护是以义务的强加为实现方式的，对部分社会主体的网络虚拟财产予以法律保护必然是以对其他社会主体施加法律义务和责任为条件的，网络虚拟财产的识别标准不清、范畴过大意味着法律对网络虚拟财产的保护稍有不慎就会损害其他社会主体的合法利益和行为自由。因此，网络虚拟财产法律问题解决的关键就在于厘清网络虚拟财产的识别标准，限缩网络虚拟财产的范畴，以此为基础构建科学、合理的网络虚拟财产法律保护体系，实现不同法律主体之间的利益平衡。而这一目标实现的前提就是对当前出现的各种类型的网络虚拟财产的实质构成和法律性质予以判断，具体而言就是通过类型化和实证分析的研究方法对网络游戏平台、网络社交平台、网络交易平台上存在的网络虚拟事物（游戏装备、游戏币、网络账号、电子照片、电子邮件、虚拟物品、虚拟货币、电子货币、网络店铺等）的实质构成和功能设定予以分析，在此基础上对其法律性质作出判断，识别出真正的网络虚拟财产。

---

① 参见马一德：《网络虚拟财产继承问题探析》，载《法商研究》2013年第5期。

第三节　网络虚拟财产现象导致的法律后果

一、网络虚拟财产的内涵和外延难以确定

网络虚拟财产现象，主要表现在大量的网络事物试图进入网络虚拟财产的范畴。其根本动因在于，我国《民法典》第127条已经对网络虚拟财产作出了概括性的保护性规定，如果网络事物被认定为网络虚拟财产，则其将受到法律的严格保护。毫无疑问，在当前我国互联网空间急剧拓展和网民数量巨量增加的背景下，网络用户和网络经营者都具有将网络事物视为网络虚拟财产的充足动力。就网络用户而言，其本身就是许多网络事物的使用人或所有人，如果赋予该虚拟事物以网络虚拟财产的身份，其便可以享有相应的使用、收益、处分权能。同时，在网络虚拟事物受到损害时，当然可以参照一般财产的法律保护手段予以救济和赔偿。而对于网络经营者而言，往往是特定类型的网络虚拟事物的创造者，因此，按照民事法律关于财产原始取得的规定，网络经营者当然就是网络虚拟财产的原始取得人，当然也就对该虚拟事物享有无可争议的财产权。网络虚拟事物纷纷以网络虚拟财产之名试图进入法律保护范围，导致的直接危害就是网络虚拟财产这一法律概念被严重滥用，网络虚拟财产的内涵和外延难以有效确定。就当前学界对网络虚拟财产的研究可以看出，学者对网络虚拟财产的法律范畴远未达成共识，网络虚拟财产似乎囊括了网络账号、虚拟人物、虚拟装备、虚拟货币、网络店铺、数据资源、比特币等所有具有价值且具有可支配性的数字资源。但问题在于，由于缺乏明确的网络虚拟财产辨别标准，若对以上虚拟事物不做进一步的筛选，任其进入网络虚拟财产的范畴，则必将导致网络虚拟财产这一法律概念沦为大而无当的描述性概念，进而导致难以以此为原点

构建出完善的网络虚拟财产法律保护制度。

二、网络虚拟财产的法权模式难以建立

网络虚拟财产范畴过大必将导致网络虚拟财产的内涵和外延难以确定,网络虚拟财产丧失了作为法律概念必备的准确性,因此导致以此为对象的法权模式难以构造。《德国民法典》和我国《民法典》都把物的范围局限在有体物的范畴,其局限是非常明显的,即难以囊括随着科技发展而出现的新的财产,如电、气、知识产品等。但基于物权模式设计以及法典体系构架的需求,将物局限于有体物的范畴又是势在必行的,因为物权权能构造的主要依据就是物的有体性以及物权行使的排他性。① 一旦将无体物作为物的范畴,则物权的本质特征将难以得到凸显,物债二分的财产法体系也将不复存在,这就是《德国民法典》固守"物必有体"的根本制度动因。因此,网络虚拟财产范畴过大必将导致网络虚拟财产的实质内涵难以确定,大量不具有实质财产价值的网络事物假借网络虚拟财产之名,致使以网络虚拟财产为对象的法权模式迟迟难以建立。当前我国网络虚拟财产法权模式的建立存在多种困难和阻碍,其中最为迫在眉睫需要厘清的就是数据与网络虚拟财产的关系。数据与网络虚拟财产在物理层面存在同质性,但《民法典》分别赋予其法律身份,说明了二者具有不同的法律地位和制度意义。因此,如何将网络虚拟财产从作为网络世界的基本要素的数据中剥离,并赋予其独立的法律意义,便是网络虚拟财产法权模式构造的基本前提。

就当前我国学界的研究成果来看,实际上有的学者已经在网络虚拟财

---

① 参见金可可:《论支配权概念——以德国民法学为背景》,载《中国法学》2006 年第 2 期。

产权的法权模式构建上付出了艰辛的努力，如沈健州发表的《从概念到规则：网络虚拟财产权利的解释选择》，[①]李岩发表的《"虚拟财产权"的证立与体系安排——兼评〈民法总则〉第127条》，[②]李国强发表的《网络虚拟财产权利在民事权利体系中的定位》[③]等论文。但是以上研究成果存在的共同性缺陷在于，其并未对网络虚拟财产的内涵予以必要的澄清，因此导致其权利构建的基础存在先天性缺陷。正如上文所言，我国出现网络虚拟财产现象的根本原因就在于网络虚拟财产判断标准的缺失，因此，网络虚拟财产权构建的根本性前提就应当是廓清其内涵，确定其范畴。除此之外，网络虚拟财产权构建的前置性工作还包括网络虚拟财产权原始取得的法理论证，即网络虚拟财产权是如何取得的。但遗憾的是，对于这一网络虚拟财产研究中至关重要的法律问题，学界至今无人问津。显而易见的是，网络虚拟财产权的构建有赖于对网络虚拟财产取得方式的观察，因为民事法律中财产的取得方式分为原始取得和继受取得，原始取得的是完全财产权，而继受取得的权利则要承受前手的权利负担，除非继受取得人不知道也不应当知道该财产权上的负担。因此，网络虚拟财产权的归属和权能构造有赖于对网络虚拟财产功能指向和实质构成的深刻观察与分析。此时，必须采取类型化和实证主义的研究方法。而网络虚拟财产的类型划分又是建立在网络虚拟财产基本范畴确定的基础上，因此，当前我国网络虚拟财产权法权模式的建立缺乏基本的逻辑起点和构建前提。

---

① 参见沈健州：《从概念到规则：网络虚拟财产权利的解释选择》，载《现代法学》2018年第6期。

② 参见李岩：《"虚拟财产权"的证立与体系安排——兼评〈民法总则〉第127条》，载《法学》2017年第9期。

③ 参见李国强：《网络虚拟财产权利在民事权利体系中的定位》，载《政法论丛》2016年第5期。

三、司法实践中矛盾突出且法律适用困难

（一）因网络虚拟财产法律性质不明导致法律适用困难

网络虚拟财产现象必将导致涉网络虚拟财产纠纷的增多，因为当前我国立法尚未对网络事物是否属于网络虚拟财产、网络虚拟财产的权利归属、侵害网络虚拟财产的赔偿范围等具体问题作出规定。因此，司法实践中围绕网络虚拟财产的性质、归属、赔偿等问题产生了一系列的法律纠纷。例如，在我国“虚拟财产第一案”中，李某某就认为游戏公司未能尽到安全保障义务导致其游戏装备丢失，并且在未经其允许的情况下删除其游戏装备，构成了对其合法财产的侵害——“我认为被告对连线游戏的连线质量和数据的完整性不予保障并对相关损失不负责任的声明是侵犯消费者知情权及人身、财产安全保障权的无效行为，故要求被告承担损失赔偿责任”，“被告将虚拟装备作为商品出售给玩家，即承认为玩家的财产，又以数量不正常为由将玩家的装备任意删除，却不对复制原因进行调查并出示证据。我所有被删装备价值可观，在千元以上，由于游戏改版升级原有的针剂发生变化，不要求恢复，只要求赔偿，按 6∶1 的标准换取生命水或给予 841 元人民币的赔偿”。同时，李某某还认为，其在玩游戏 2 年的时间里，付出了大量的精力及感情，被告的行为不仅影响了其在游戏中的正常娱乐活动，造成其财产损失，同时对其精神造成了极大打击，因此要求被告赔偿其精神损失 10,000 元。而游戏公司则认为，玩家对网络游戏中的物是否具有所有权，虚拟物品的价值如何认定，虚拟物品的具体赔偿标准是什么等问题，目前均没有明确的法律依据。网络游戏中的内容无论装备、分级还是称号，均没有在现实生活中构成实际意义，实质上只是一组数据，本身并不存在。因此，要求其为不存在的东西负责，是没有法律依据的。可见，网络虚拟财产现象的泛滥以

及网络虚拟财产相关法律规范的缺失导致了网络虚拟事物的法律性质不明，网络用户和网络经营者之间存在的矛盾非常突出，在双方发生法律纠纷时，如何对该纠纷予以法律适用，司法实践中存在严重争论。

除了因网络游戏装备引发的法律纠纷外，当前社会中还存在大量的涉及游戏币的法律纠纷。而游戏币是否属于财产，是否属于网络虚拟财产，不仅直接决定了案件的性质与刑事案件中罪名的确定，而且直接决定了法律的救济手段和救济力度。例如，在“肖某破坏计算机信息系统罪一案”中，①被告人肖某原系福建网龙计算机网络信息技术有限公司运维部工作人员，其在没有经过公司审批的情况下，利用之前管理维护公司计算机时获取的CD-KEY 指令，擅自通过公司电脑进入公司开发的“英魂之刃”手游版游戏系统后台数据库，给自己的游戏账户充入需要付费购买的游戏币“魔石”“钻石”，再进入本人游戏账户领取，先后非法获得“英魂之刃”手游版内的300, 147 金币。法院一审判决认为，被告人肖某违反国家规定，破坏计算机信息系统中存储的数据，造成被害单位经济损失 73, 102. 38 元，其行为已构成破坏计算机信息系统罪，且后果特别严重。但二审法院认为，破坏计算机信息系统罪是指违反国家规定，对计算机信息系统功能或计算机信息系统中存储、处理或者传输的数据和应用程序进行破坏，后果严重的行为。本案中上诉人肖某在没有经过公司审批的情况下，利用之前管理维护公司计算机时获取的 CD-KEY 指令，通过公司电脑侵入公司开发的“英魂之刃”手游版游戏系统后台数据库，给自己的游戏账户充入需要付费购买的游戏币“魔石”“钻石”等虚拟财产，供自己游戏体验，其非法侵入计算机系统通过输入

① 参见肖某破坏计算机信息系统罪案，福州市中级人民法院(2019)闽 01 刑终 1259 号刑事判决书。

删除、修改、增加操作指令盗取计算机信息系统中的数据的行为，并未破坏计算机信息系统的数据、应用程序，不构成破坏计算机信息系统罪。上诉人肖某明知自己无权获取不属于自己的计算机信息系统中的数据，违反国家规定，侵入国家事务、国防建设、尖端科学技术领域的计算机信息系统以外的计算机信息系统，获取计算机系统中存储、处理或者传输的数据，情节严重，其行为构成非法获取计算机信息系统数据罪。可见，基于对游戏货币性质、功能的不同认知，在刑法上存在破坏计算机信息系统罪与非法获取计算机信息系统数据罪的争议。

但是，以上对游戏币法律性质的判断绝非定论。在朱某盗窃罪、诈骗罪一案中，①被告人朱某通过远程操控，利用被害人高某的 QQ 号冒用高某的身份，向被害人邵某谎称购买“456 游戏”欢乐豆，骗得被害人邵某“456 游戏”欢乐豆 10 亿(价值人民币 61,500 元)。随后，被告人将部分游戏币予以销赃，从中非法获利人民币 2 万余元。在该案中，公诉人与辩护人争论的焦点就是游戏币的法律性质究竟是数据还是财产。法院裁判认为，游戏币是网络游戏中的一种虚拟财产。游戏运营商按照游戏软件程序本身所产生的游戏账号及游戏装备并不具有财产价值，但游戏玩家以真实货币为对价，通过交易取得虚拟财产，已在该虚拟财产上添附了现实的财产权利，从财产保护的平等性出发，对窃取已添附现实财产权利的虚拟财产的行为，应当以盗窃罪追究刑事责任，且盗窃数额应以所添附的现实财产价值予以认定。因此，关于虚拟货币法律性质的不同认定直接导致对被告人刑法罪名和量刑的不同，而这对被告人的切身利益影响甚巨。可见，当前网络虚拟事物的法

① 参见朱某盗窃罪、诈骗罪案，慈溪市人民法院(2012)甬慈刑初字第 1873 号刑事判决书。

律性质不明已经为司法裁判中的法律适用带来了一定的困惑，这不仅造成了司法实务中同案不同判现象的发生，而且也不利于网络虚拟财产的利益相关人对该类纠纷形成稳定的法律预期。

（二）因网络虚拟财产的权属不明引发法律主体的权利争夺

网络虚拟财产的权属不明必将导致法律主体对其进行权利争夺，对于那些财产价值明显的虚拟财产，法律主体之间的争夺更为激烈，其中尤为突出的是相关利益主体对网络店铺权属的争夺。以淘宝平台上的网络店铺为例，网店经营者对网店享有经营权，并以此开展日常经营，但问题在于能否以此认为网店经营者对网店享有所有权？就字面解释来看，网店经营权显然不能等同于网店所有权，经营权的法律内涵难以涵盖转让、出租、继承、抵押等权能。在网店的商业价值越发凸显的当今社会背景下，网店经营者趋向于对网店主张更为彻底、有力的权利——所有权。但是问题在于，在网络店铺的权属问题上，网店经营者与电子商务平台经营者存在针锋相对的利益冲突。以淘宝平台为例，《淘宝平台服务协议》第 3.2 条的“账户使用”条款规定：由于您的淘宝账户关联您的个人信息及淘宝平台商业信息，您的淘宝账户仅限您本人使用。未经淘宝平台同意，您直接或间接授权第三方使用您淘宝账户或获取您账户项下信息的行为无效。如淘宝平台判断您淘宝账户的使用可能危及您的账户安全及/或淘宝平台信息安全的，淘宝平台可拒绝提供相应服务或终止本协议。该条“账户转让”一款也规定：由于用户账户关联用户信用信息，仅当有法律明文规定、司法裁定或经淘宝同意，并符合淘宝平台规则规定的用户账户转让流程的情况下，您可进行账户的转让。您的账户一经转让，该账户项下权利义务一并转移。除此之外，您的账户不得以任何方式转让，否则淘宝平台有权追究您的违约责任，且由此产生的一切责任均由您承担。同时，该协议第 4.1 条“店铺转让”条款规定：由于店铺与账户的不可分性，店铺转让实质为店铺经营者账户的转让，店铺转让的相关要求与限制请适用本协议第3.2条账户转让条款。[①] 根据淘宝平台协议的规定，网店转让的情形是受到严格限制的，只有结婚、离婚、继承的情形下才发生网店在近亲属之间的转让，除此之外的转让都属于淘宝禁止的范围。无独有偶，在微店平台上，《微店店长服务协议》中的"注册使用条款"也明确规定：您的登录名和密码不得以任何方式买卖、转让、赠与或继承，除非有法律明确规定或司法裁定，并经微店店长同意，且需提供微店店长要求的合格的文件材料并根据微店店长制定的操作流程办理。基于网店的特殊技术构成，经营权对网店账号密码的占有就构成对网店的占有，而网店转让也表现为对账号密码的转让，由于网店平台经营者对特殊情形之外的网店转让不提供后台注册信息变更服务，也就直接导致即使网店经营者将其账号密码交给受让人，受让人对网店予以实际经营，但受让人与网店服务平台经营者在法律层面也尚未建立直接的权利义务关系，基于法律与网络服务协议的维度，网店转让实际上并未发生。[②]

由此可见，在我国当前的电子商务经济中，电子商务平台经营者根本不承认网络店铺具有独立的法律地位，更遑论其权利归属问题。但是，电子商务经济的经营模式和网店自身的价值决定了网店经营者的强烈权利欲望。由于网店转让不能在网络交易平台的后台信息认证中进行注册信息变更，

---

① 参见《淘宝平台服务协议》(2017年8月21日最新修订)，载淘宝网2017年8月21日，https://rule.taobao.com/detail-6116.htm?spm=a2177.7231193.0.0.7ca8ffy6cuzg&tag=self。

② 在我国当前的司法实践中，即使网店已经转让，实际经营权人已经发生变更，如果网店经营者在经营中发生侵权行为，法院也往往以网店登记信息并未发生变更为由，责令转让人与受让人一起承担连带责任。例如，在新百丽鞋业(深圳)有限公司与钟某、张某侵害商标权纠纷案中，一审法院认为：虽然钟某已将涉案淘宝网店转让给张某，但该转让并不符合淘宝网关于店铺过户的规定，且淘宝网站上显示涉案淘宝网店经营者仍然是钟某，故钟某对张某的上述赔偿数额承担连带责任。参见广州市中级人民法院民事判决书，(2014)穗中法知民终字第693号。

因此,司法实践中淘宝网店转让主要是通过转让人向受让人交付网店登录账号密码和支付宝账号密码的方式实现的。交易双方通过签订网络店铺转让协议对网店转让双方的权利义务进行约定,即转让方不得通过服务平台找回或修改网店登录密码和支付宝密码,不能擅自提取支付宝账户资金或进行干扰受让方从事网店经营的活动,而受让方则需要对网店进行合法经营,不得利用支付宝账户进行贷款,更不允许给转让人个人信用带来不良影响。[①] 但问题在于,由于转让双方对自己违反网络服务协议的行为心知肚明,而且网络交易平台上网店的注册信息实际上并未发生变化。[②] 因此,这极大地增加了网店转让引发的道德风险和悖信行为的概率。一方面,网店转让后转让方往往以密码丢失或更换绑定手机号码的名义向网络交易平台申请找回或变更密码,重新获取网店的控制权;[③]另一方面,由于网店受让人并未进行信息变更登记,基于投机或者诈骗心理,其往往恶意利用转让人的支付宝账户信用进行大额贷款且届期不还。面对贷款公司的还款要求,最终只能由转让人作为债务人对贷款公司承担债务清偿责任。除此之外,基于网店转让并不导致网店注册信息发生变更,当前网络空间中滋生了一批以网店买卖为手段实施网络诈骗的犯罪团伙,具体诈骗方法正如上所示。[④]

---

① 参见胡某诉吴某合同纠纷案,杭州市滨江区人民法院(2015)杭滨商初字第1764号民事判决书。

② 参见范某诉龚某买卖合同纠纷一案,上海市第一中级人民法院(2016)沪01民终8029号民事判决书。在该案中,上诉人(原审被告)认为:根据淘宝规则,淘宝店铺不能转让,故范某与龚某的网络店铺转让合同系无效合同,现龚某以无效合同起诉范某没有依据。以此否定自己构成对网店店铺转让合同中义务的违反。

③ 参见刘某诉高某买卖合同纠纷案,上海市闵行区人民法院(2013)闵民一(民)初字第19576号民事判决书。

④ 例如,在潘某诈骗案中,潘某、李某隐瞒真实真相,通过“麦淘网”平台,以人民币14,000元的价格将淘宝店铺假意出售给福建省莆田市的郭某,在得款后又将店铺找回,扣除平台佣金后骗得人民币12,600元。参见嵊州市人民法院刑事判决书,(2017)浙0683刑初12号。

由此可见,在网络虚拟财产性质不清、权属不明的背景下,网络虚拟财产的相关利益主体会采取各种合法或不合法的手段进行网络虚拟财产的抢夺,进而陷入霍布斯笔下的零和博弈的原始状态。

(三)对网络虚拟财产的法律救济存在争议且救济方式乏力

作为一项新生事物,网络虚拟财产的法律性质不清、权属不明,因此,必然导致司法机关对网络虚拟财产纠纷的法律救济存在困难。首先,正如上文所言,由于当前我国存在严重的网络虚拟财产现象,大量的网络虚拟事物实质上并不具有财产性质,因此根本不存在法律保护,特别是采用财产法律规则给予保护的必要性。同时,即使某一网络虚拟事物确实具有财产价值,如网络店铺,但是否要给予法律保护以及对谁予以法律保护,在网络店铺的权利归属尚且存在争议的前提下,司法救济仍难以实现。例如,在浙江淘宝网络有限公司诉李某买卖合同纠纷一案中,①法院判决,淘宝店铺均存在一定程度之信用等级,该信用等级与店主的经营能力及信誉息息相关,是消费者网络购物时的重要参考因素。在缺乏必要、有效公示手段的情形下,店主私自转让淘宝店铺,确会导致经营能力及信誉与信用等级不匹配之状况,对网络交易安全带来不可知、不可控的影响,故淘宝公司之服务协议规定限制淘宝店铺的私自转让,有其合理性。基于该裁判要旨我们可以看出,法院实际上并不认为网络店铺属于财产。同时,我们从该法院裁判说理部分也可看出,法院实际上规避了对网络店铺法律性质和权利归属的论证,仅仅以淘宝服务协议禁止网络店铺转让为由认定网络店铺不发生转移。在当前的电子商务经济中,电子商务平台经营者单方提供的网络服务协议对网店经营

---

① 参见浙江淘宝网络有限公司诉李某买卖合同纠纷案,上海市第一中级人民法院(2015)沪一中民一(民)终字第4045号民事判决书。

活动予以全面规划，并且全面规定了电子商务平台经营者与网店经营者之间的权利义务关系。对网络店铺法律性质与权利归属的判断不能任由网络服务协议予以规定，因为作为格式条款的网络服务协议本身就存在无效的可能。因此，仅基于网络服务协议的规定难以有效化解现实生活中急剧增加的因网店转让而引发的法律纠纷。其次，缺乏公开、科学的网络虚拟财产损害赔偿计算标准。既然网络虚拟财产是财产的一种具体类型，那么网络虚拟财产侵权案件必将涉及对被害人的损害赔偿问题。但是，由于当前社会缺乏统一有效的网络虚拟财产评估机制，从而导致司法实践对网络虚拟财产的法律救济力度极为有限。例如，在李某某诉北京北极冰科技发展有限公司娱乐服务合同纠纷案中，虽然法院认为虚拟装备具有一定的财产价值，但其仍然否定了原告提出的金钱损害赔偿的诉求，而是认为原告主张的丢失物品可由被告通过技术操作对已查实的物品进行回档。最后，法律对网络虚拟财产的救济存在技术依赖，法律救济难以直接实现。网络虚拟财产的技术特征决定了网络虚拟财产的法律救济有赖于网络服务提供者的协助与配合。例如，司法实践中当虚拟财产被他人非法获取后，网络用户往往会选择向网络服务提供者寻求帮助，并要求其提供线索。但网络服务提供者往往以自己已尽到网络安全保障义务，不负有协助义务为由直接予以拒绝，或者以网络用户隐私保护为由对受害人的请求予以委婉拒绝。即使法院作出裁决责令网络服务提供者履行相关协助义务，法院也无法对网络服务提供者的实际履行情况进行跟踪观测。可见，对网络虚拟财产的法律救济在很大程度上依赖于网络服务提供者的协助配合，由于当前法律缺乏对该协助义务的明确规定，网络服务提供者实际上并没有履行该协助义务的压力和动力。

第二章　关于网络虚拟财产现象的法治回应

第一节　我国学界对网络虚拟财产现象的回应

我国2003年就出现了第一起网络虚拟财产案例——李某某诉北京北极冰科技发展有限公司娱乐服务合同纠纷案,就此拉开了网络虚拟财产研究的序幕,林旭霞教授2007年出版的博士学位论文《论虚拟财产权》是我国第一篇专门讨论网络虚拟财产的博士论文。林旭霞教授的该篇论文为网络虚拟财产的研究做出了重要的学术贡献,主要体现在以下几个方面:其一,首次对网络虚拟财产进行了定义,即在网络环境下模拟现实事物,以数字化形式存在的、既相对独立又具独占性的信息资源。[1] 在以后的学术研究中我们可以看到,一部分学者对网络虚拟财产的研究深受该定义的影响,模拟、数字化、独立性、信息资源成为定义网络虚拟财产的关键用语。[2] 其二,其对网络虚拟财产进行了类型划分,即虚拟物、虚拟无形财产、虚拟集合性财产。[3] 林教授对网络虚拟财产类型划分的科学性或许值得商榷,但其意义在于她为我们研究网络虚拟提供了一个有益的思路,即网络虚拟财产的范围是广泛的,对其法律性质的研究以及法律制度的构建必须摆脱"一刀切"的思维定式,要采取类型化的思维对网络虚拟财产的法律性质和权利保护予以研究。其三,其主张用物权规范对网络虚拟财产予以规制。林教授通过对网络虚拟财产法律性质的分析,认为网络虚拟财产在本质上属于"特殊物",只不过与一般的有体物在物理形态上存在差异,通过对"物"的扩张解释就可以将这一特殊物纳入物权的保护范式。因此,对于网络虚拟财产的法律保护,林教授立足于传统的财产法体系给出了自己的答案,其不仅维护了传统大陆法上财产权物债二分体系的完整性,而且对网络虚拟财产亟须的法律保护提供了制度供给。

自林旭霞教授博士学位论文首次研究网络虚拟财产这一主题之后,后进学者对这一研究主体保持了浓烈的学术激情。例如,2008 年余俊生博士撰写《网络虚拟财产法律问题研究》一文;[4]2010 年张凌寒博士撰写《网络虚

---

① 参见林旭霞:《论虚拟财产权》,福建师范大学 2007 年博士学位论文,第 27 页。

② 例如,梅夏英教授认为:"虚拟财产是依附于虚拟世界,以数字化形式存在且能为人力所支配、兼具竞争性、永久性、互联性和用户可使其增值性的信息资源。"参见梅夏英、许可:《虚拟财产继承的理论与立法问题》,载《法学家》2013 年第 6 期;刘明祥教授认为,"广义上的虚拟财产是指一切存在于特定网络虚拟空间的专属性的虚拟物,包括 QQ 账号、电子邮箱、虚拟货币、虚拟装备等。"参见刘明祥:《窃取网络虚拟财产行为定性探究》,载《法学》2016 年第 1 期。

③ 参见林旭霞:《论虚拟财产权》,福建师范大学 2007 年博士学位论文,第 29 ~ 31 页。

④ 参见余俊生:《网络虚拟财产法律问题研究》,中国政法大学 2008 年博士学位论文,第 114 页。

拟财产侵权责任研究》一文;[1]2013 年江波博士撰写《虚拟财产司法保护研究——以民法的适用为核心》一文;[2]2015 年唐震博士撰写《网络虚拟财产研究》一文;[3]2015 年许可博士撰写《论虚拟财产的法理》一文。[4] 笔者本人也于 2018 年 12 月完成了博士学位论文《网络虚拟财产法律问题研究》。[5]可以说学界对网络虚拟财产法律问题的研究是连续的,而且这一领域的研究人员主要是青年学者,这在很大程度上保障了对这一研究主题的逐步深入推进以及逐渐达成共识。例如,许可博士在《网络虚拟财产物权定位的证立——一个后果论的进路》一文中对网络财产法律性质的判断以及对网络虚拟财产保护模式的探究采取了一种"后果论"的进路,即放弃网络虚拟财产"债权说"与"物权说"这种纯粹的学理之争,进而转向一种更具法律实益的结果论上的考察路径,通过纠纷类型化和法经济学的交叉运用,从债权与物权在纠纷解决的配置效率上反推物权制度适用于网络虚拟财产保护的合理性。[6]

除了以上博士学位论文外,近年来围绕网络虚拟财产法律问题的研究还涌现出了一批具有重要启示意义的学术著作和论文,尤其是自网络虚拟财产被规定在《民法典》总则以后,学界围绕网络虚拟财产的法律性质与保护掀起了新一轮的虚拟财产研究浪潮。梁慧星教授认为:"虚拟财产,如网络中的虚拟货币、宝物、装备以及电脑或其他设备中的电磁记录(数据),不

① 参见张凌寒:《网络虚拟财产侵权责任研究》,吉林大学 2010 年博士学位论文。

② 参见江波:《虚拟财产司法保护研究——以民法的适用为核心》,吉林大学 2013 年博士学位论文。

③ 参见唐震:《网络虚拟财产研究》,武汉大学 2015 年博士学位论文。

④ 参见许可:《论虚拟财产的法理》,对外经济贸易大学 2015 年博士学位论文。

⑤ 参见赵自轩:《网络虚拟财产法律问题研究》,西南政法大学 2018 年博士学位论文。

⑥ 参见许可:《网络虚拟财产物权定位的证立——一个后果论的进路》,载《政法论坛》2016 年第 5 期。

属于民法上的物。所谓虚拟财产，是假想出来的，存在于一个由参与者形成的关系（圈子）里，加入这个关系（圈子）的人承诺遵守预先拟定的协议条款，按协议的规定，认可、接受、交易该虚拟财产。虚拟财产只能在关系（圈子）内才被视为'财产'并互相交易，一旦超越其关系（圈子），不仅不被视为'财产'，而且将归于'虚无'。"①杨立新教授则认为："网络虚拟财产是指虚拟的网络本身以及存在于网络上的具有财产性的电磁记录，是一种能够用现有的度量标准度量其价值的数字化的新型财产。"并将网络虚拟财产作为一种特殊物来看待。② 梅夏英教授则将网络虚拟财产理解为"依附于虚拟世界，以数字化形式存在且能为人力所支配，兼具竞争性、永久性、互联性和用户可使其增值型的信息资源"，并将虚拟财产区分为"虚拟入口"和"虚拟资产"。③ 网络虚拟财产的概念与特征是研究网络虚拟财产问题的基本前提，学界还有其他著名学者对网络虚拟财产作出了自己的定义，在此不再一一列举。④ 总体来看，我国学界对网络虚拟财产现象的回应具有以下特点：

其一，对网络虚拟财产的法律保护主要存在"物权说"、"债权说"与"虚拟财产权说"的争论。自 2003 年我国出现第一例网络虚拟财产纠纷案例以后，虽然有个别学者对网络虚拟财产予以研究，但是在高级别的法学期刊上发表的专门研究网络虚拟财产的论文并不多，⑤就当时学界对网络虚拟财产

---

① 梁慧星：《民法总论》（第 5 版），法律出版社 2017 年版，第 155 页。

② 参见杨立新：《民法总则规定网络虚拟财产的含义及重要价值》，载《东方法学》2017 年第 3 期。

③ 梅夏英、许可：《虚拟财产继承的理论与立法问题》，载《法学家》2013 年第 6 期。

④ 参见马一德：《网络虚拟财产继承问题探析》，载《法商研究》2013 年第 5 期。学界研究网络虚拟财产并卓有建树的青年学者，如李岩教授、许可博士、张凌寒博士都对网络虚拟财产给出了自己的定义。

⑤ 以"中文社会科学引文索引"（CSSCI）来源期刊为例，2004 年其上面发表的期刊有 3 篇，2005 年发表了 2 篇，2006 年发表了 4 篇，2015 年发表了 7 篇，2016 年发表了 13 篇，2017 年到目前为止则发表了 16 篇。

法律性质的研究成果来看,其主要存在"物权说"①、"债权说"②、"知识产权说"③、"无形财产权说"④、"虚拟财产权说"⑤之间的争议。但是近3年来,随着《民法典》对网络虚拟财产法律保护的确立,学者们的讨论逐渐集中于"债权说""物权说""虚拟财产权说"的争论,"知识产权说""无形财产权说"逐渐式微。究其原因,这可能与我们《民法典》固守物债二分的财产权体系有关。⑥ 持"债权说"观点的学者认为,网络虚拟财产在本质上是网络运营商提供网络服务的内容,其本身并没有单独的法律地位,网络虚拟财产仅是作为一种网络用户要求服务商提供服务的"债权凭证"而已。⑦ 而持"物

---

① "物权说"的核心观点是将网络虚拟财产视为无体物,并采取物权保护模式对其提供保护。支持这一观点的学者主要有杨立新教授、林旭霞教授、许可博士。参见杨立新、王中合:《论网络虚拟财产的物权属性及其基本规则》,载《国家检察官学院学报》2004年第6期;林旭霞、蔡健晖:《网上商店的物权客体属性及物权规则研究》,载《法律科学(西北政法大学学报)》2016年第3期;许可:《网络虚拟财产物权定位的证立——一个后果论的进路》,载《政法论坛》2016年第5期。

② "债权说"的核心观点是将网络虚拟财产视为网络服务的内容,其属于网络用户享有的债权的范畴,因此应该用债权对其提供保护。持这一观点的学者主要有王雷教授、刘明博士等人。参见王雷:《网络虚拟财产权债权说之坚持——兼论网络虚拟财产在我国民法典中的体系位置》,载《江汉论坛》2017年第1期;刘明:《网络虚拟财产权权利客体研究》,载《社会科学研究》2015年第2期。

③ "知识产权说"论者的主要观点是,网络虚拟财产的实质是知识产品,应当采取知识产权的权利模式对其予以保护。参见黄宏生:《网络虚拟财产的性质与法律保护》,载《东南学术》2009年第6期。

④ 持"无形财产权说"观点的学者认为,网络虚拟财产不能被现有的财产权体系所涵盖,网络虚拟财产属于无形财产,应该通过构建无形财产权对网络虚拟财产以及其他的无形财产提供法律保护。参见吴汉东:《无形财产权基本问题研究》,中国人民大学出版社2013年版,第44页。

⑤ "虚拟财产财权说"是近年来逐渐形成的一种新的理论学说,其认为网络虚拟财产是一种新的财产类型,对这一财产的保护要通过构建网络虚拟财产权予以实现,虚拟财产权实质上属于绝对权、财产权、支配权。参见李岩:《"虚拟财产权"的证立与体系安排——兼评〈民法总则〉第127条》,载《法学》2017年第9期。

⑥ 参见王竹:《〈物权法〉视野下的虚拟财产二分法及其法律规则》,载《福建师范大学学报(哲学社会科学版)》2008年第5期。

⑦ 参见徐彰:《盗窃网络虚拟财产不构成盗窃罪的刑民思考》,载《法学论坛》2016年第2期。

权说”观点的学者认为,网络虚拟财产作为一种新生事物,其具有使用价值和交换价值,并在客观上表现为电磁记录(或数据)。应该将其视为无体物,并使其受到《物权法》的保护。[①] “虚拟财产权说”是基于网络虚拟财产的特殊性质而提出的一种新的网络虚拟财产法律保护路径,持该观点的学者认为,网络虚拟财产的独特性足以使其成为一种新的民事权利客体,应采取虚拟财产权的立法构建对网络虚拟财产的主体、客体、行使、公示与变动等内容予以规定。[②]

其二,网络虚拟财产与信息财产、数据财产的概念存在一定程度的混淆。信息财产的概念的兴起直接发端于人们日益增长的个人信息受法律保护的迫切诉求,在信息社会人们逐渐认识到信息尤其是网络信息在具有人格利益的同时还具有财产价值,需要受到法律的确认与保护。[③] 因此,当前的学术研究中信息财产权成为讨论的热点话题。齐爱民教授认为,信息财产是指固定于一定的载体之上,能够满足人们生产和生活需要的信息。广义的信息财产,应该包括纸面信息、电子(计算机)信息两大类。[④] 从网络虚拟财产的物理构成来看,其本身就属于计算机信息的一部分,网络虚拟财产的利用在本质上就是计算机信息在用户客户端与网络运营商的服务器之间互相交换的过程。同时,根据当前学者对数据的定义,“数据即为在计算机及网络上流通的在二进制的基础上以 0 和 1 的组合而表现出来的比特形式”。由此可见,在概念的界定上网络虚拟财产与信息财产存在一定程度的交叉。因此,网络虚拟财产作为数据的组合,它在本质上似乎又属于数据财

① 参见张明楷:《非法获取虚拟财产的行为性质》,载《法学》2015 年第 3 期。

② 参见李岩:《“虚拟财产权”的证立与体系安排——兼评〈民法总则〉第 127 条》,载《法学》2017 年第 9 期。

③ 参见刘德良:《个人信息的财产权保护》,载《法学研究》2007 年第 3 期。

④ 参见齐爱民:《论信息财产的法律概念和特征》,载《知识产权》2018 年第 2 期。

产的范畴。而我国《民法典》第 127 条将网络虚拟财产和数据放置于同一法条，则进一步暗示了二者之间具有千丝万缕的关系。

其三，网络虚拟财产“物权否定论”的观点越发凸显。可以说，在网络虚拟财产研究的早期阶段，将网络虚拟财产作为一种“特殊物”看待的观点居于主导地位。但是，就近年来网络虚拟财产法律问题的研究成果来看，“物权否定论”的观点似乎正在成为主流观点。之前，我国司法实践将窃取网络虚拟财产的行为视为盗窃罪，将网络虚拟财产当作财物的一种特殊形态。2010 年最高人民法院出台了《最高人民法院研究室关于利用计算机窃取他人游戏币非法销售获利如何定性问题的研究意见》（以下简称《最高院研究室意见》），认为窃取网络虚拟财产不构成盗窃罪，而被视为非法进入计算机信息系统罪和非法获取计算机信息系统数据罪。立法的转变在很大程度上是对网络虚拟财产“物权说”的否定，但即使如此，网络虚拟财产“物权说”仍在学术界占有重要地位。

第二节　我国立法对网络虚拟财产现象的回应

民事主体之间的财产关系是民法的主要调整对象，在我国民法典编纂过程中，网络虚拟财产作为一项重要议题受到了立法者的重点关注。2016 年 7 月 5 日发布的《民法总则（草案）》第 104 条规定：“物包括不动产和动产。法律规定具体权利或者网络虚拟财产作为物权客体的，依照其规定。”紧接着，2016 年 10 月 18 日，由中国民法学研究会主办、腾讯研究院承办的学术研讨会“网络虚拟财产的民法典立法保护研讨会”在北京举办，围绕《民法总则（草案）》第 104 条，就网络虚拟财产的立法模式、类型化研究、司法裁判等问题展开讨论。但是，2016 年 11 月 18 日的《民法总则（草案二次审议稿）征求意见》改变了《民法总则（草案）》对网络虚拟财产的立法保护模式，其在第124条规定："法律对数据、网络虚拟财产的保护有规定的，依照其规定。"最终，这一立法表述被原封不动地规定在我国《民法典》第127条中。遗憾的是，该条文并没有对网络虚拟财产的概念、内涵、法律性质与保护问题作出详细规定，并没有解决网络虚拟财产法律保护面临的根本性问题，即什么是网络虚拟财产，对网络虚拟财产该如何予以保护。

除民事基本法明确规定了网络虚拟财产外，我国还通过法律法规和规范性文件对具体的网络虚拟财产类型作出了规定。例如，《国家税务总局关于个人通过网络买卖虚拟货币取得收入征收个人所得税问题的批复》、《文化部、商务部关于加强网络游戏虚拟货币管理工作的通知》（以下简称《虚拟货币管理通知》）、《文化部关于规范网络游戏运营加强事中事后监管工作的通知》（以下简称《游戏监管通知》）等，对虚拟货币的取得、使用、个人所得税计算、取回情形予以了规定。值得注意的是，《虚拟货币管理通知》对网络游戏虚拟货币的定义作出了规定，即指由网络游戏运营企业发行，游戏用户使用法定货币按一定比例直接或间接购买，存在于游戏程序之外，以电磁记录方式存储于网络游戏运营企业提供的服务器内，并以特定数字单位表现的一种虚拟兑换工具。并详细地列举了网络游戏虚拟货币的具体类型，包括网络游戏的预付充值卡、预付金额或点数等形式。同时，明确指出网络游戏虚拟货币不包括游戏活动中获得的游戏道具。而《网络交易服务规范》《网络交易监督管理办法》《网络交易平台合同格式条款规范指引》《电子商务法》则对网络交易平台与该平台上经营空间的法律关系进行了梳理。例如，《网络交易监督管理办法》第7条第2款规定："本办法所称网络交易平台经营者，是指在网络交易活动中为交易双方或者多方提供网络经营场所、交易撮合、信息发布等服务，供交易双方或者多方独立开展网络交易活动的法人或者非法人组织。"其中,这里的"网络经营场所"应当指涉的是作为网络交易平台上分割空间的网络店铺。并且,该办法第10条还规定:"平台内经营者申请将网络经营场所登记为经营场所的,由其入驻的网络交易平台为其出具符合登记机关要求的网络经营场所相关材料。"将网店类比为网络经营场所意味着,网店具有独立的使用性、价值性和支配性,已经具备了成为财产的构成要件。但遗憾的是,该办法并未明确规定"网络经营场所"属于虚拟财产,且未对其权利归属和利用方式作出明确规定。

同时,作为网络安全保护性法规的《全国人大常委会关于维护互联网安全的决定》、《网络安全法》、《全国人民代表大会常务委员会关于加强网络信息保护的决定》、《电信和互联网用户个人信息保护规定》、《刑法》(第283条、第285条、第286条)也都从维护网络信息安全的角度间接地对网络虚拟财产的法律保护作出了规定。

从我国立法对网络虚拟财产现象的回应可以看出,无论是法律或其他法律规范性文件,我国的网络虚拟财产立法都不够完善,虽然有个别具体的法律规范性文件可以对具体类型的网络虚拟财产提供保护,但其并不能对网络虚拟财产的范畴、识别标准、性质、法律保护等关键问题作出统筹性安排。由此可见,我国当前立法对网络虚拟现象的回应是无力的,这一无力感主要体现为网络虚拟财产范畴、识别标准、法权构建、保护体系的阙如。同时,立法对网络虚拟财产保护作出的原则性规定进一步刺激了人们对网络虚拟财产占有和支配的欲望,并为人们的这一支配欲望提供了法律上的正当性,从而导致了当前社会中的网络虚拟财产问题。

第三节　我国司法对网络虚拟财产现象的回应

虽然现行法律并未对网络虚拟财产的法律属性和权利归属问题作出规定,但法院在司法实践中必须要面对各种的网络虚拟财产纠纷并作出裁判。当前司法实践中发生的网络虚拟财产法律纠纷主要有以下几种类型:其一,因网络游戏装备、游戏币丢失引发的纠纷;其二,因网络店铺转让引发的纠纷;其三,因网络账号转让、继承引发的纠纷;其四,因比特币交易而引发的纠纷。当前社会实践中,纠纷发生最为突出的就是网络游戏装备和游戏币丢失或被盗取而引发的纠纷。在这些纠纷中,法律必须对游戏装备或游戏币的法律性质作出判断,而不同的法律性质认定直接决定了不同的法律救济方式。[①] 例如,在张某与北京华清飞扬网络股份有限公司网络侵权纠纷案中,法官就认为:"虽然虚拟财产以数据形式存在,但由于其具有一定价值,虚拟财产的主体可以在一定条件下使用、处分该财产,甚至可以因其所具有的特殊财产属性而在一定情况下因交易行为而给虚拟财产权利主体带来经济利益。"[②]充分肯定了游戏装备所具有的财产属性。而在另外一件第三人非法获取游戏装备的案件中,法院则认为,游戏币和游戏装备在现实生活中没有实际的使用价值,其价值现无法评估,因此,被告人虽有盗窃的行为,但其行为不构成盗窃罪。[③] 最终认为被告人的行为构成非法获取计算机信息系统数据罪。由此可以看出,当前我国法院对游戏装备、游戏币的法律性质

---

① 参见张冬梅:《论网络虚拟财产继承》,载《福建师范大学学报(哲学社会科学版)》2013年第1期。

② 参见张某诉北京华清飞扬网络股份有限公司网络侵权纠纷案,北京市高级人民法院(2018)京民申2813号民事裁定书。

③ 参见蔡某、张某甲盗窃案,惠东县人民法院(2016)粤1323刑初144号刑事判决书。

存在不同的观点,并直接导致法院裁判结果的差异。

网络店铺具有较为显著的财产价值,因此往往被视为网络虚拟财产的代表类型,社会实践中因网店的转让产生了诸多的法律纠纷。基于网络店铺转让纠纷相关法律规范的缺漏,最高人民法院于2018年8月16日发布了"第一批涉互联网典型案例",其中的王某诉汪某、周某、上海舞泡网络科技有限公司网络店铺转让合同纠纷案[①]就专门对网络店铺转让纠纷作出了处理。在该案中,法院并没有认可网店的财产的地位,仅是将其视为网店经营者与网络服务平台提供者之间的一组权利义务关系,由于网络服务协议禁止网店的转让,因此,网店转让人与受让人之间的《网络店铺转让协议》无效。但是,法院对网络店铺法律性质的认识并非完全一致,例如,在浙江淘宝网络有限公司诉李某买卖合同纠纷案中,一审法院认为,李某与姚某线下转让店铺之行为并未违背淘宝公司制定淘宝服务协议之目的,不存在双方恶意串通以损害淘宝公司利益之情况,亦无悖于相关法律规定,故确认李某与姚某签订的转让合同合法有效,系争淘宝店铺归李某所有,从而在实际上将网络店铺认定为网络虚拟财产的一种具体类型。[②] 尽管最终二审法院撤销了一审法院的判决,但一审法院的裁判思路对于我们理解网络店铺的实质性质,以及检测网络店铺转让的实际社会效果具有宝贵的教育意义和现实价值。

近年来,随着风投资金的大量注入,比特币被资本市场一再炒作,在其财产价值节节攀升的同时,围绕比特币的交易引发了大量的纠纷案件。当

① 参见王某买卖合同纠纷案,上海市第一中级人民法院(2017)沪01民终8862号民事判决书。

② 参见浙江淘宝网络有限公司诉李某买卖合同纠纷案,上海市闵行区人民法院(2015)闵民一(民)初字第10711号民事判决书。

前立法并未对比特币的法律性质予以定性，因此，司法实践中法院对于比特币纠纷案件的法律适用就呈现混乱的状况。例如，在冯某诉北京乐酷达网络科技有限公司合同纠纷案中，针对如何对比特币进行法律定性的问题，一审法院认为，虽然比特币本身不包含固有价值，比特币持有人须通过分布存储且全网确认的“公共记账簿”（数据库）所记载的信息而行使占有、使用、收益、处分的权能，但鉴于我国现行法律没有将比特币等网络虚拟财产规定为物权法上的“物”，因而基于物权法定原则，原告无法按照所有权的法律规定（如孳息）而要求被告交付比特币“分叉”所产生的比特币现金。应当看到，比特币的交易现实存在，持有者仍然希望借此获取利益，在网络环境下的商品交换过程中，比特币的价值取决于市场对比特币充当交易媒介的信心，所以，比特币属于合同法上的交易对象，具有应当受到法律保护的“民事利益”。[①] 在这一案例中我们可以看到由于比特币法律性质不明给司法实践带来的裁判困境，以及法院在面临该困境时作出的“应急性”应对策略。同时，在闫某诉李某财产损害赔偿纠纷案中，[②]法院更是基于财产法理论详细且富有逻辑地论证了比特币的法律属性。在该案中，法院认为，比特币属于网络虚拟财产，应受法律保护。理由如下：第一，我国《民法典》总则编第127条规定：“法律对数据、网络虚拟财产的保护有规定的，依照其规定。”因此，法律对网络虚拟财产的保护持肯定态度。第二，系争比特币属于网络虚拟财产，应受法律保护。比特币是以区块链技术为基础的加密型“货币”，其生成机制为：通过“矿工”“挖矿”生成，“挖矿”可以由身处全世界任何地点的

① 参见冯某诉北京乐酷达网络科技有限公司合同纠纷案，北京市海淀区人民法院（2018）京0108民初24805号民事判决书。

② 参见闫某诉李某财产损害赔偿纠纷案，上海市第一中级人民法院（2019）沪01民终13689号民事判决书。

任何人担任,"挖矿"是指"矿工"根据设计者提供的开源软件,提供一定的计算机算力,通过复杂的数学运算,求得方程式特解的过程,求得特解的"矿工"得到特定数量的比特币作为奖赏。比特币的物理形态为成串复杂数字代码。要获得比特币,既需要投入物质资本用于购置与维护具有相当算力的专用机器设备,支付机器运算损耗电力能源的相应对价,也需要耗费相当的时间成本,该过程及劳动产品的获得凝结了人类抽象的劳动力。同时,比特币可以通过金钱作为对价进行转让,并产生经济收益。因比特币具有价值性、稀缺性、可支配性等特点,故其具备了权利客体的特征,符合虚拟财产的构成要件。中国人民银行等部委曾发布《关于防范比特币风险的通知》、《关于防范代币发行融资风险的公告》(2017 年)等文件,虽然否定了此类"虚拟货币"作为货币的法律地位,但上述规定并未对其作为商品的财产属性予以否认,我国法律、行政法规亦并未禁止比特币的持有。《关于防范比特币风险的通知》中更提及,"从性质上看,比特币应当是一种特定的虚拟商品"。因此,比特币具备虚拟财产、虚拟商品的属性,应受到法律的保护。由此,法院实际上认可了比特币作为网络虚拟财产属于交易客体的法律地位。同时,以上法院对于比特币法律属性的判断以及权利归属问题的探讨为学界对比特币法律性质的判断、转让机制的设计、损害赔偿额度的计算都具有重要的研究意义。

当前我国法院尚未对网络账号继承问题作出过判决,网络账号的继承问题尚停留在学术讨论的层面,但网络账号的性质和继承问题在社会层面已经成为人们热议的话题,①我国司法迟早要对这一问题做出正面回应。特

---

① 2015 年某女士的丈夫在车祸中丧生,她想整理出他 QQ 邮箱里的信件和照片做纪念,但向腾讯求证、交涉后却无法拿到密码。腾讯表示,QQ 号非用户个人财产,所有权归腾讯,不是法律可继承的遗产。该事件在社会中引发了人们的热议,其核心问题就是对 QQ 账号法律性质的判断。参见《QQ 账号等虚拟身份和网络虚拟财产能不能被继承?》,载知乎官网,https://www.zhihu.com/question/19881554,2020 年 9 月 3 日访问。

殊类型的网络账号具有一定的财产价值，由此便产生了网络账号作为一种交易客体在民事主体之间进行转让，并直接引发了一系列法律纠纷。在网络账号转让法律纠纷中，法院首先面临的法律问题便是如何对网络账号的法律性质和权利归属予以判定。在张某诉广州交易猫信息技术有限公司、陈某网络服务合同纠纷一案①中，原告陈某在交易猫平台以 5000 元的价格购得名为“梦话西游”的游戏账号，陈某购得该游戏账号后又出售该账号。随后，原告张某在交易猫平台以 5000 元的价格购买陈某出售的该游戏账号。之后，该账号被他人冻结并更改游戏账号内所有信息、绑定身份证信息，张某在事实上失去了涉案账号的登录权限。另查明，张某与陈某在交易猫平台进行涉案游戏账号的交易过程中，买卖双方并未签订交易猫公司所提供的交易合同，对于涉案游戏账号的归属权、合同的权利义务、违约责任的承担等并未作出约定。同时，目前涉案账号的绑定信息亦非陈某本人信息，涉案账号实际控制人仍未查明。据此，被告张某以网络购物合同纠纷进行起诉并要求陈某承担责任。由此可见，被告人认为网络游戏账号作为交易标的与一般的动产或不动产并无二致。但是，面对这一新生网络事物，法院在司法裁判中客观上面临无法可依的窘境。因此，法院判决，原《合同法》第 130 条规定，买卖合同是出卖人转移标的物的所有权于买受人，买受人支付价款的合同。网络购物合同属于通过网络签订或履行的买卖合同。张某和陈某作为“梦幻西游”游戏的玩家，均认可《网易游戏使用许可及服务协议》，且该协议并未违反法律、行政法规的强制性规定，故该协议对张某和陈某具有约束力。该协议第 6 条、第 9 条、第 10 条、第 32 条约定，账号数据信

① 参见张某诉广州交易猫信息技术有限公司、陈某网络服务合同纠纷案，广州互联网法院(2018)粤 0192 民初 1615 号民事裁定书。

息、角色数据信息、等级及虚拟物品数据等所有权归网易公司,用户只有使用权。张某与陈某之间的交易,实质是转让涉案游戏账号使用权及与游戏账号使用有关的权利义务。根据原《合同法》第124条的规定,本案张某和陈某之间对涉案游戏账号的转让形成权利义务概括转让法律关系,故本案不属于网络购物合同纠纷。张某坚持以网络购物合同纠纷进行起诉并要求陈某承担责任,缺乏法律依据,法院不予支持。法院的以上裁判理路看起来似乎有理有据,但实际上却是在逃避对网络游戏账号法律性质和权利归属问题的正面回应。在本案中,不管游戏账号在法律上究竟如何定性,此时都不能回避的一个问题就是游戏账号作为交易客体实质上已经发生了转移,并且原告为此指出了对价。此时,原告因交易目的不能实现而受有损失,其就必然要诉诸法律救济。根据民事纠纷法院不得拒绝受理的一般原则,此时法院必须要有所作为,但遗憾的是在本案中法院并未有所作为。

第四节　域外对网络虚拟财产现象的回应

一、美国对网络虚拟财产现象的立法回应

美国网络信息的技术发达,同时其引发的法律问题也较为显著。因此,自互联网诞生之日起,美国联邦和各州的立法机构就通过立法对各种网络问题予以规制,如联邦立法机构1986年出台的《电子通讯隐私法》(Electronic Communication Privacy Act,ECPA)以及它的组成部分——《储存通信法》(The Stored Communications Act,SCA)和《计算机欺诈和滥用法》(The Computer Fraud and Abuse Act,CFAA)。这些法律中的大部分内容是对个人隐私的保护,并不涉及对网络虚拟财产的保护问题。美国《联邦法典》(United States Code)第18章第2701条至第2712条是对储存通信法的

规定，[1]其目的在于“通过创设隐私权保护网络系统中的电子通信内容和文件，使其免于遭受服务提供者的披露”。该法案颁布的目的就是防止服务提供者将用户的个人信息泄露给某些公司或个人。依据《储存通信法》的规定，未经授权使用或者超越授权使用网络用户信息的被视为犯罪行为。[2]《计算机欺诈和滥用法》规定在美国《联邦法典》第 18 章第 1030 条。该条文规定，对那些使用他人密码访问他人账户的人应施加民事或者刑事处罚。

由此可见，美国早期的网络立法关注的重点是网络安全和公民隐私保护，但随着网络技术的发展以及随之风起云涌的网络虚拟财产现象，美国社会逐渐从公民隐私权的保护转移到网络虚拟财产的法律保护。这一焦点的变化最先体现在地方各州的立法中，在 2014 年美国已经有 7 个州对数字资产（digital property）进行了规定，即康涅狄格州、爱达荷州、印第安纳州、内华达州、俄克拉何马州、罗得岛州、弗吉尼亚州。俄克拉何马州是美国第一个对数字财产继承进行立法的州，它规定，“除非被继承人另有授权（where otherwise authorized），遗产管理人或者执行人有权控制、管理、继续、终止死者在任何社交网站、微博、短消息服务网站、电子邮件服务网站上的账户”。[3]类似地，爱达荷州的立法仅仅允许管理人“控制、管理、继续、终止被保护人在任何社交网络、微博、短消息服务网站、电子邮件服务网站上的账户”。[4]印第安纳州的立法在 7 个州中是最广泛的，它规定“对他人的文件或者信息提供储存服务的个体，有义务对死亡时居住在印第安纳州的人的个人代表（personal representative）提供访问和复制其以电子形式储存的死者全部文件

---

① 18 U. S. C. § § 2701 – 2712 (2006).

② Crispin v. Christian Audigier, Inc. , 717 F. Supp. 2d 965, 971 – 72 (C. D. Cal. 2010).

③ OKLA. STAT. ANN, Tit. 58, § 269(2013).

④ IDAHO CODE ANN, § 15 – 5 – 424(2013).

和信息的服务”。[1] 这意味着该法律适用于该州的任何网络服务提供者，不仅是社交网络、微博或短信息服务网站或电子邮件服务提供者。各州的立法终于成了燎原之势，其迫使美国统一州法委员会于2014年出台了《统一受托人访问数字资产法》（Uniform Fiduciary Access to Digital Assets Act，UFADAA）。该法案在2015年被我国黄忠教授翻译为中文并由《私法研究》予以发表。[2]《统一受托人访问数字资产法》对受托人访问委托人数字资产的一系列问题予以了规定，包括对各类主体的定义、数字资产的范围、法律适用范围、受托人的权限、管理人的豁免权等问题都予以了规定。但需要说明的是，美国《统一受托人访问数字资产法》仅具有示范意义，并不具有强制执行效力，其法律目的的实现还有赖于各州立法机关的采纳。但遗憾的是，该法案出台以后受到了网络公司巨头的强烈抵制，它们通过组建游说组织在各州采取了一系列的阻击措施，因此，最终只有特拉华州对该法案予以采纳。

正是基于UFADAA在处理用户隐私利益和网络公司利益时的错误举措，美国统一法律委员会不得不举办开门会议，经过多次的讨论、妥协，最终形成了《修订版的统一受托人访问数字资产法》（Revised Uniform Fiduciary Access to Digital Assets Act，RUFADAA）。通过“三层优先访问体系”（three-tier system of priority）设计，电子通信内容默示隐私（Default Privacy）[3]设定，网络管理人权利与免责事由[4]等多项立法举措实现了相关法律主体间利益的动态平衡。但是就该法案的具体规制来看，其将数字资产的范围局限于

① IND. CODE § 29 - 1 - 13 - 1.1(2013).

② 参见《美国〈统一受托人访问数字资产法〉》，黄忠、钱家欢译，载陈小君主编：《私法研究》（第17卷），法律出版社2015年版。

③ See RUFADAA. § 7、9、11、12(2015).

④ See RUFADAA. § 6(2015).

网络社交平台中的数字资产,而没有涉及网络游戏中的数字资产以及网店。并且我们就该法案的名字也可以看出,其关注的重点是数字资产的访问问题,因此并未有效触及社会实践中亟须解决的数字资产转让和继承问题。这一立法缺陷直接导致了美国对网络虚拟财产现象的立法回应是明显不足的,后续的立法必须继续推进,囊括全部的数字资产范围,并对数字资产的转让和继承问题作出回应。

二、欧洲国家对网络虚拟财产现象的法治回应

从笔者目前掌握的资料来看,当前欧洲国家对网络虚拟财产的研究成果并不多见,就欧盟国家已经出台的涉及个人数据(信息)保护的立法来看,其关注的对象更多的是对个人信息安全的保护,而非对个人信息的利用。欧盟议会与欧盟理事会 1995 年出台的《数据保护指令》第 1 条第 1 款规定:“成员国应当依据本指令保护自然人的基本权利和自由,特别是有关个人数据处理中的隐私权。”第 2 条第 a 项则将个人数据(personal data)定义为“与一个身份已被识别或者可识别的自然人(数据主体,data subject)相关的任何信息”。第 3 条第 1 款规定,“本指令适用于全部或部分自动方式对个人数据的处理行为,以及通过自动方式以外的其他方式旨在形成个人数据存档系统部分内容的个人数据处理”。其第 2 款规定:“本指令不适用于下列情形中的个人数据处理——自然人在纯属私人或家庭活动过程中进行的个人数据处理。”①可见《数据保护指令》主要规制的是数据控制者、数据处理者与数据主体之间的法律关系,而其主要目的就是保护自然人的基本权利

① 高富平:《个人数据保护和利用国际规则:源流与趋势》,法律出版社 2016 年版,第 144 ~ 146 页。

和自由,尤其是数据主体的隐私权。因此,《数据保护指令》对个人数据的保护是消极的,个人数据并不被视为一种具有独立的经济价值的财产。2016年欧盟委员会出台的《统一数据保护条例》延续了这一个人数据保护理念,第1条第1款规定:"本条例旨在确立个人数据处理中的自然人保护和个人数据自由流通的规范。"第2条第1款规定:"本条例适用于全部或部分通过自动化手段进行的个人数据处理行为,以及通过自动化手段以外的其他方式进行的、构成或旨在构成归档系统一部分的数据处理行为。"第2款第c项规定:"自然人实施的纯粹个人或家庭活动,不适用本条例的规定。"①根据《统一数据保护条例》对个人数据的定义,个人数据指的是与已识别或者可识别的自然人(数据)相关的任何数据。② 可以说欧盟诸国当前对个人数据的保护,其关注的不是数据主体的财产利益而是人格利益,即对数据主体隐私利益的保护。

2018年7月12日,德国联邦法院对一起脸书(Facebook)继承案件作出了判决,该案件一波三折,在德国学界引发较大的争议,激发了人们对网络虚拟财产法律性质和继承性的争议。在该案件中,德国一名15岁的少女在地铁站跳向列车导致死亡,此后其父母想登录她的Facebook账号通过了解其日常状态以了解其死亡原因。但是,当他们登录死者的Facebook账号时发现该账号已经被作为"纪念账户"处理,导致他们无法登录。为此他们请求Facebook公司允许他们登录账号查看女儿生前发的状态和有关通信内

① 高富平:《个人数据保护和利用国际规则:源流与趋势》,法律出版社2016年版,第218页。

② 《统一数据保护条例》第4条第1款规定:"个人数据,是指与已识别或者可识别的自然人(数据主体)相关的任何数据;可识别的自然人是指尤其通过姓名、身份证号、定位数据、网络标识符号以及特定的身份、心理、基因、精神状态、经济、文化、社会身份等识别符能够被直接或间接识别到身份的自然人。"

容,但 Facebook 公司以用户隐私保护为由拒绝了他们的请求,于是死者父母诉诸法院请求法院判决 Facebook 公司向他们披露死者的有关信息。一审法院认为,社交账号存储在网络服务提供者的服务器中,虽不占据物理空间但以数字形式客观存在。根据服务协议的约定,账号所有权归网络服务提供者所有,用户仅享有使用权,且该权利是一种基于服务合同取得的债权。依据服务协议第 8 条、第 9 条,禁止用户向第三方提供密码、禁止未经书面同意的账号转让,Facebook 看似为用户提供高度个人化的人身专属性的服务内容,但实际上这两条属于合同第四部分“注册与账号安全”的内容,目的在于保护社交网络安全,而非当然导致服务内容具有人身专属性。而允许继承,并不会损害社交网络安全、违背服务协议的上述约定。Facebook 公司不服该判决提出上诉,上诉法院审理后认为,原告的请求源于《德国民法典》第 1922 条(某人死亡后,其财产作为总体转移给一个或两个以上的继承人),且既包括通信内容也包括账号所有内容。判决执行该主张需由 Facebook 对账号所有内容数据进行审查,判断具体内容的情况,会违反《电信法》第 88 条规定的电信保密原则。另外,《德国民法典》第 1922 条并没有为继承死者的账号提供直接依据。所以,上诉法院判决支持了 Facebook 的上诉请求,推翻了一审判决。死者父母不服上诉判决向德国联邦最高法院提出诉讼,联邦最高法院推翻了上诉法院的判决,恢复了一审判决。由于判决原文还未公开,所以我们只能从报道中看到联邦最高法院的主要考量因素:其一,《德国民法典》第 1922 条规定了死者遗产的普遍继承原则,死者的父母可以继承女儿的遗产,包括其享有的合法债权;其二,Facebook 网络服务协议作为格式条款不能限制死者父母对死者享有的合同权利的继承;其三,死者账户的数字资产内容类似于传统的日记和信件,从继承的角度来看,没有理由排除继承人对账户中数字化内容的继承。但是,不得不说的是,法院这一类比思维在司法实践中存在严重的法律问题,Facebook 作为社交媒介,数字资产的存在环境决定了其本身具有强烈的人格属性,就该数字资产权利人而言,根据其可以推知的意愿,其极有可能不愿向其他人(包括其亲属)披露该数字资产的内容。因此,一概将社交网络中的数字资产视为传统财产看待,不仅罔顾了数字资产中蕴含的人格属性,而且增加了网络用户的个人隐私被泄露的巨大风险。

第五节 当前我国对网络虚拟财产现象的法治回应

一、当前我国对网络虚拟财产现象法治回应的不足

在立法方面,2020 年 5 月 28 日,第十三届全国人大第三次会议表决通过了《民法典》,并自 2021 年 1 月 1 日起施行。虽然《民法典》第 127 条对网络虚拟财产的保护进行了原则性规定,但是这一概括性规定显然不能满足当前司法实践的现实需求。《民法典》并未对网络虚拟财产的概念予以界定,也未对网络虚拟财产纠纷的规制提供实际可用的法律适用规范。而且该条同时对网络虚拟财产和数据进行了规定,似乎是同时承认了网络虚拟财产和数据都可以成为法律的客体。但问题在于,网络虚拟财产实际上是由数据构成的,在承认数据独立法律客体地位的前提下,网络虚拟财产是否还具有成为法律独立客体的必要性?同时,我国《民法典》第 1034 条第 2 款对个人信息作出了定义:个人信息是以电子或者其他方式记录的能够单独或者与其他信息结合识别特定自然人的各种信息,包括自然人的姓名、出生日期、身份证件号码、生物识别信息、住址、电话号码、电子邮箱、健康信息、行踪信息等。根据《民法典》对个人信息的规定,网络账号当属于个人信息

的范畴,这就必然导致个别类型的网络事物处于个人信息与虚拟财产的交叉地带。例如,当前在社会实践中作为客体被普遍交易的游戏账号,其究竟是属于个人信息还是网络虚拟财产?可见,我国当前对网络虚拟财产现象的立法回应是非常有限的,由此导致大量的虚拟财产纠纷案件面临无法可依的境地。同时,当前我国立法中还存在的一个明显趋向是,关于数据、个人信息的立法文件数量远超关于网络虚拟财产的立法文件。例如,近年关于数据、个人信息的各个级别的规范性文件,包括《个人信息保护法(草案)》《贵州省政府数据共享开放条例》《信息安全技术网络数据处理安全规范》《北京国际大数据交易所设立工作实施方案》《金融数据安全　数据安全分级指南》《移动互联网程序(App)个人信息保护常见问题及处置指南》《数据安全法(草案)征求意见》《检察机关办理侵犯公民个人信息案件指引》《信息安全技术　个人信息安全规范》《最高人民法院、最高人民检察院关于办理侵犯公民个人信息刑事案件适用法律若干问题的解释》。与此形成鲜明对比的是,除《民法典》外,近年来我国直接涉及网络虚拟财产的法律规范性文件的数量竟然为零。因此,当前我国对网络虚拟财产法律纠纷的处理存在立法供给不足。

在司法方面,就当前我国法院对网络虚拟财产现象的回应来看,同案不同判的现象时有发生,难以使社会公众形成稳定的心理预期。例如,法院对网络游戏装备法律性质的认知存在严重的分歧,始终在网络虚拟财产、数据、网络服务内容之间徘徊。而网络游戏装备的法律性质直接决定了侵权人责任后果的承担和法律的救济。同时,法院在司法实践对网络虚拟财产法律纠纷的处理还缺乏必要的论证说明,因此导致了法院的裁判难以获得当事人的充分认同。例如,在王某买卖合同纠纷一案中,法院对网络店铺法律性质的判断只是一味地接受网络服务协议的规定,这就相当于只听取了网络交易平台提供者的一面之词,没有对网络店铺的实质构成以及网络服务协议的法律效力予以认真思考和判断。虽然司法实践中有的法院结合某一具体类型的网络虚拟事物的自身特征将其认定为网络虚拟财产,但这一应对本身缺乏必要的法理支撑和充分的论证说明,因此,在当前我国网络虚拟财产立法存在缺漏的背景下,这一裁判结果就难以获得当事人的认同。同时,司法实践中法院对网络虚拟财产纠纷案件的处理还呈现明显的消极态度,因此难以发挥司法对法制革新的能动作用。在闫某与李某等财产损害赔偿纠纷案中,法院已经将比特币视为网络虚拟财产,但在损害赔偿金额的确定上无视比特币发行网站上的确定价值,以网站并非我国认可的虚拟币交易价格信息发布平台为由,未将该网站上比特币的交易价格数据直接作为被上诉人损失的认定标准。不能不说,法院的这一故步自封的行为在一定程度上导致该案的裁判结果存在前后差异,未能够基于司法视角推动网络虚拟财产法律问题的深入思考。因此,当前我国法院对网络虚拟财产纠纷的裁判实践决定了当前我国司法对网络虚拟财产现象的回应是消极且无力的,其直接导致社会实践中发生的网络虚拟财产纠纷无法得到妥善的解决,并且未能发挥司法实践引导立法的重要功能。

在学术方面,当前我国学界对网络虚拟财产现象的研究也存在不足。首先,我国学者对网络虚拟财产法律问题的研究已经近 20 年。在此期间虽然研究成果汗牛充栋,但遗憾的是,至今为止,学者尚未能够对网络虚拟财产的概念、内涵、范畴问题达成一致共识。其背后的直接原因是网络虚拟财产识别标准的欠缺,其间接原因则是学者们都习惯于将网络虚拟财产作为当然的研究前提而忽略了这一概念本身的模糊性和不确定性。其次,网络虚拟财产法律问题的研究缺乏财产基本理论的有力支撑。就网络虚拟财产这一法律术语本身来看,其应当属于广义的财产范畴。这就意味着,无论网络虚拟财产在存在形态上如何特殊，其都与一般的财产共享着某些共同的性质和特征。就此而言，关于网络虚拟财产权利归属、权能内容、交易规则与继承方法的设计都应当服膺于财产法律制度的基本内容。学者们对网络虚拟财产法律问题的研究很少涉及财产的一般概念和内涵，由此导致网络虚拟财产虽有财产之名，但其似乎与传统的财产法律制度没有任何的“血缘关系”。因此导致我国学界对网络虚拟财产法律问题的研究处于一种“火爆”但不“精深”的尴尬局面。最后，当前学界对网络虚拟财产权的制度构建缺乏理论基础。当前学界有不少“构建派”学者试图尝试对网络虚拟财产权的具体内容予以设计，但在实质内容上仍未脱离物权制度的窠臼，这一新瓶装旧酒的做法在理论创新上乏善可陈，在社会实践效果上也注定不尽如人意。

二、当前我国网络虚拟财产现象的应对

网络虚拟财产现象产生的根据动因是网络经济的兴起，令人眼花缭乱的虚拟事物极大地刺激了人类的占有欲望和权利欲望，可以说虚拟财产法律纠纷的产生正是人性占有欲望的一种“副作用”。但是，占有欲望源自人性之“恶”，对此难以进行法律上的对错判断。然而，如果将该占有欲望上升为一种权利欲望，进而取得法律的保护，则必须经受当前立法理论的试炼，因为一国立法作为“民族意志”之凝聚，断然不能以个人的主观欲望或意志为转移。因此，网络虚拟财产现象的首要应对之道就应该是对人民大众进行必要的法治教育，使其认清财产的实质内涵，以及自己可以拥有的财产的范围。以上工作的开展对于网络虚拟财产现象的应对以及网络虚拟财产纠纷的减少具有重要意义。例如，就网络账号而言，由于其具有可支配性和使用价值，因此被个别网络用户视为虚拟财产。但是，仔细阅读各网络服务平台的服务协议就可知，我们对网络账号根本不拥有转让、继承的权利。基于

网络服务协议的契约性质(假设服务协议合法有效),如果该协议不构成无效的格式条款,那网络用户的权利就必须受到该服务协议的限制,不能任意主张根本不属于其合法利益的权利内容,这是现代社会契约精神的基本要求与体现。同时,在我国网络实名制的背景下,网络账号直接与个人真实身份绑定,网络账号实际上属于个人信息的范畴。由此可见,网络虚拟财产现象应对的关键就是要在具体的网络环境中看清虚拟事物的实质构成和功能意义,只有在此基础上才能祛除基于人性占有欲望的财产观。同时,我们还需注意的是,网络虚拟财产现象的产生和泛滥与网络虚拟财产概念和范畴的模糊存在密切关系。网络虚拟财产作为一个描述性概念决定了其法律内涵具有极大不确定性,因此,必然需要立法解释予以阐明、厘清。其中最为关键的方法便是确定网络虚拟财产的判断标准,以此对纷繁复杂的虚拟事物进行识别,将那些根本不具有财产性质的虚拟事物排除。就此而言,该判断标准的确定便成为网络虚拟财产法律问题研究的关键所在。至于网络虚拟财产的判断标准该如何提取,就涉及本书研究的关键性问题——什么是财产。因为网络虚拟财产既然属于财产,其就必然与财产共享着某些共同的特性,那么,基于财产的一般特性,另外融和虚拟财产的个性特征,便可以提取出网络虚拟财产的识别标准。基于该识别标准的确立,网络虚拟财产的范畴便可予以确定,进而为网络虚拟财产权法律制度的构建提供了一个可靠且坚定的基础。

基于以上网络虚拟财产识别标准的提炼,我们可以对网络虚拟财产的基本范畴予以锁定,在此基础上,基于类型化和功能主义的研究方法,我们可以对网络虚拟财产予以类型划分,并分别研究不同类型网络虚拟财产的性质、特征、功能以及面临的法律纠纷。在此基础上,我们可以考虑采取“责任模式”或“权利模式”对网络虚拟财产纠纷提供法律救济。

第三章　网络虚拟财产的判断标准与基本范畴

第一节　网络虚拟财产的判断标准

一、虚拟性

网络虚拟财产存在于网络世界,而网络世界作为一种技术和数据的组合,其通过虚拟投射技术实现了对现实世界的模仿和扩展,网络虚拟财产作为网络技术的产物,其产生、使用和转让都离不开网络空间,正如鱼离不开水一样。因此,虚拟性就构成了判断网络虚拟财产的第一项基本标准。所谓“虚拟”是指:其一,虚拟财产在存在形态上是不能直接触及的。虚拟财产存在于网络上,看得见、摸不着,因此与现实生活中能够看得见、摸得着的实体财产存在本质区别。其二,虚拟财产在形态和功能上模拟现实事物。虽然虚拟财产存在于网络空间中,但是网络技术的可塑性与投射性使网络虚拟财产可以被识别和控制。并且网络虚拟财产在功能上往往是模拟现实世界的事物,如虚拟货币,其在游戏世界中仍然充当着流通和兑换功能。虚拟性作为一项识别标准,使网络虚拟财产与无形财产区分开来。无形财产的范围极为广泛,包括无体物、财产权利、知识产品。无体物主要是指电力、天然气等其他没有外在形体的财产类型,它们在现代社会具有使用价值和交换价值,已经普遍被视为财产。[①] 财产权利的范围也非常广泛,如地役权、建设用地使用权,它们具有使用价值或交换价值,被视为无形财产。[②] 知识产品的范围随着社会的进步而不断发展,一般认为包括创造性成果、经营性标记、经营性资信。第一类发生于科学技术及文化领域,第二类和第三类产生于工商业经营领域。[③] 从广义上来看,网络虚拟财产也属于无形财产的范畴,但就具体的构成和作用来看,网络虚拟财产与无形财产存在显著的差别——网络虚拟财产存在于网络中,其由网络数据构成并具有虚拟性。网络虚拟财产作为财产的一种新生类型,虚拟性构成了其最为引人注目的特征。虚拟性主要是指网络虚拟财产在形态和功能上都模仿现实世界事物,进而构建出各种形态的虚拟世界。例如,游戏装备、游戏币、电子照片等,实际上都是在模仿现实世界事物的基础上予以设计的。网络虚拟财产的虚拟性构成了其与数据的实质区别,就虚拟财产的物理构成而言,其当然是基于代码和数据构成的。但是,虚拟财产的功能指向和独立形态构成了与其构成部分(数据)的实质区分。就此而言,数据类似于分子,分子是物质中能够独立存在的相对稳定并保持该物质物理化学特性的最小单元,不同的分子结构构成了不同的物质形态。但是,

① 参见王卫国:《现代财产法的理论建构》,载《中国社会科学》2012年第1期。
② 同上。
③ 参见吴汉东:《无形财产权基本问题研究》,中国人民大学出版社2013年版,第60页。

在法律制度层面,众所周知的是,民事法律的规制路径是以可感知的实物为客体的,而非作为其构成部分的不可见的分子。

就此而言,网络虚拟财产虽然是由数据构成的,但是网络虚拟财产的虚拟性和独立性特性决定了虚拟财产虽然由数据组成,但是其实际上已经是独立的、客观存在的价值实体,因此,网络虚拟财产本身就构成了法律直接规制的对象。《民法典》第 127 条对网络虚拟财产和数据予以规定,其本身就说明了网络虚拟财产与数据分属不同的法律客体,分别具有不同的法律意义。

二、创造性

在网络信息时代,互联网作为“第五疆域”的地位逐渐获得了人们的一致认同,随着网络技术的发展和人们新的日常生活方式的养成,网络空间逐渐成为人们生产、生活必不可少的构成部分。创造性作为网络虚拟财产的识别标准符合财产的实质构成要件。洛克认为,一个人能耕耘、播种、改良、栽培多少土地和能用多少土地的产品,这多少土地就是他的财产……上帝将世界给予人类共有时,也曾命令人类从事劳动,同时人类处境的匮乏也需要人类的劳动。上帝和人类理性指示人类垦殖土地(subdue the Earth),即为了生活的需要对土地改良,基于此,人类具有了施加于其上的东西——劳动。[①] 劳动为什么能为私有财产的证成提供正当基础?洛克接下来论证,我认为,如果说在有利于人生的土地产品中 9/10 是劳动的结果,这不过是最为保守的计算:如果我们正确地把供我们使用的东西加以估计并计算有关

---

① 参见[英]洛克:《政府论》(下篇),叶启芳、瞿菊农译,商务印书馆 1982 年版,第 141 页。

它们的各项费用——哪些纯然是得自自然的，哪些是从劳动得来的，我们就会发现，在绝大多数的东西中，99%全然要归之于劳动。[①] 因此，洛克认为劳动是一种理性的(或意欲的)、增益价值的行为，而非任何施加能力于外在物体上的行为——破坏行为或单纯的娱乐行为当然不适合，而只是那些能保存与舒适我们存在的行为。因此，洛克劳动财产理论中的“劳动”实际上是作为一种因生活需要而进行的“创造性行为”。斯蒂芬·巴克勒也认为，劳动之所以能作为获取财产的工具，一则因为人类在更为宏大的上帝所意愿的整个造物秩序里扮演的角色，二则因为劳动乃保存自身与他人义务所需要的改良与增加价值的行为。[②] 基于以上学术巨擘对创造性劳动的论断我们可以得知，不是任何的行为都能称为劳动，劳动必然是创造价值的过程，而非一种毫无意义的消耗行为。就此看来，游戏开发人员开发游戏的行为可以视为劳动行为，而游戏玩家打游戏的行为则不是劳动行为，既然打游戏不是劳动行为，也就排除了通过打游戏而取得游戏中虚拟事物财产权的法律路径。

有形财产的产生需要人们的创造性行为，同样，无形财产的产生也同样需要人们的创造性行为。知识产权是“人们对自己智力创造活动中的成果和经营管理活动中的标记、信誉所依法享有的权利”。[③] 以其中的专利权为例，我国《专利法》第22条第1款规定，授予专利权的发明和实用新型必须具备新颖性、创造性和实用性。这里的创造性就是要求该发明必须是发明人依据自己的经验和智慧而进行的一项“前无古人”的创造性成果，一旦该

---

① 参见[英]洛克：《政府论》(下篇)，叶启芳、瞿菊农译，商务印书馆1982年版，第143页。

② 参见[澳]斯蒂芬·巴克勒：《自然法与财产权理论：从格劳秀斯到修谟》，周清林译，法律出版社2014年版，第145页。

③ 吴汉东：《无形财产权基本问题研究》，中国人民大学出版社2013年版，第34页。

成果已经被他人发明出来,尽管还未投入使用,但其他人无论如何也不能对该成果申请授予专利权,①因为此时他并未满足必需的创造性条件。所以,同样作为无形财产的网络虚拟财产,其之所以能够得到法律的承认和保护,原因就在于网络虚拟财产中凝结了人们的创造性劳动。在网店经营中,网店经营者通过提供优质的产品和服务以取得消费者的青睐,同时,网店经营者还通过各种方式展开产品营销活动,以扩大产品的影响力。这些方式都可以视为网店经营者为了网店经营投入的创造性劳动。创造性劳动是网络虚拟财产形成的主要方式,因此,网络虚拟财产获得了独立于网络服务平台的地位。就网络游戏而言,作为计算机技术的产物,其产生主要经过以下流程:首先,由相关美工人员结合游戏情景需要,对游戏人物、武器、服装、山川等形象和外观予以设计,在这一过程当中人物是静态的,仅描绘出虚拟财产的外在形象;其次,由游戏配音人员结合故事情景的要求对游戏人物、动物和具体场景的声音予以设计合成;最后,由游戏代码编写人员结合已经完成的故事图形和音效,通过数据编辑器将以上游戏素材进行数字化处理,在游戏代码和游戏服务器的运作下,原来静态的人物图形就以栩栩如生的动态形象在显示器上呈现出来。因此,网络游戏世界的诞生经历了将图形、声音、色彩等游戏元素数字化,再由科研人员用代码对其进行编辑组合的过程。因此,作为一个整体,网络游戏的开发过程浸透着开发者的创造性劳动和智慧。同时,将创造性作为网络虚拟财产的判断标准还意味着将虚拟财产与根本不具有创造性的虚拟事物形成有效区分。例如,在当前的学术研究中被普遍视为虚拟财产的电子照片、邮件、通信记录。其在本质上是对人们日常生活的记录,一般不具有财产价值。当然,这也不排除个别摄影师拍

---

① 参见李杨、许清:《知识产权人停止侵害请求权的限制》,载《法学家》2012年第6期。

摄的照片可能具有一定的财产价值，但此时其完全可以借助版权法予以保护，并无网络虚拟财产法律保护的必要性。

在数据层面，虽然单个的数据并不具有财产价值，但是随着大数据产业的发展以及大数据在现代智能制造中的重要性逐步凸显，基于大数据分析、计算、整合的数据产品便具有了重要的财产价值。从数据到大数据再到数据产品，这一过程呈现出了数据的内涵的丰富和价值的增加，也让我们进一步看到了财产的动态生产过程。例如，在淘宝（中国）软件有限公司与安徽美景信息科技有限公司不正当竞争纠纷案①中，法院认为，网络大数据产品不同于原始网络数据，其提供的数据内容虽然同样源于网络用户信息，但经过网络运营者大量的智力劳动成果投入，经过深度开发与系统整合，最终呈现给消费者的数据内容，已独立于网络用户信息、原始网络数据之外，是与网络用户信息、原始网络数据无直接对应关系的衍生数据。“生意参谋”数据产品中的数据内容系淘宝公司付出了人力、物力、财力，经过长期经营积累而形成的，具有显著的即时性、实用性，能够为商户店铺运营提供系统的大数据分析服务，帮助商户提高经营水平，进而改善广大消费者的福祉，同时也为淘宝公司带来了可观的商业利益与市场竞争优势。“生意参谋”数据产品系淘宝公司的劳动成果，其所带来的权益应当归淘宝公司所享有。由此可见，无论是传统社会中的体力劳动，还是互联网社会中的智力劳动，其本质上都是人们主观能动性的体现，正是在劳动创造财产的鼓舞下，人类才迸发出了无限的潜能。也正是因为创造与劳动的这一社会共益性价值，各国立法才一致性地规定保护基于创造性劳动的财产性成果。可见，创造性是网络虚拟财产获得其自身独立法律地位的关键性因素，因此，网络虚拟财

① 参见杭州铁路运输法院民事判决书，(2017)浙8601民初4034号。

产与大量存在的毫无创造性的虚拟事物形成了显著区别。

三、实用性

实用性是无形财产的共同特征,电力之所以在近现代社会中被视为财产,其原因就是电力作为一种稀缺性资源能够在客观上满足人们生产生活的需要。我国《专利法》第22条第1款也明确规定发明和实用新型要具有实用性价值,而实用性主要是指“该发明或者实用新型能够制造或者使用,并且能够产生积极效果”。[①] 这里的“积极效果”指的就是能为增加人们幸福和社会福祉,而非发明人主观臆想的效果。实用性也是判断网络事物是否属于网络虚拟财产的关键因子,网络虚拟财产身份赋予意味着法律对其提供强制性保护和救济,而法律的强制性保护和救济就必然意味着其对部分社会主体行为自由的限制,以及必要的立法、执法、司法成本支出。因此,网络虚拟财产所具有的实用性就意味着网络虚拟财产带有一种社会公共品性,其作为一种财产能够在客观上增加整个社会的福祉,并为其他社会成员带来一定的便利。根据中国互联网络信息中心(China Internet Network Information Center,CNNIC)发布的第42次《中国互联网络发展状况统计报告》统计,2018年上半年,全国网上零售额达4.08万亿元,同比增长30.1%。其中,实物商品网上零售额为3.13万亿元,同比增长29.8%,增速比同期社会消费品零售总额增速高出20.4个百分点。[②] 因此,在电子商务产业如火如荼发展的今天,网络店铺已经成为市场经济中一种最为普遍的经营方式。网店作为一种客观存在的经营实体,其对人们生活的影响是客观存在的,网

① 崔国斌:《知识产权确权模式选择理论》,载《中外法学》2014年第2期。

② 参见第42次《中国互联网络发展状况统计报告》,载中国国家互联网信息办公室官网,http://www.cac.gov.cn/2018-08/20/c_1123296882.htm。

店作为一种新的商业经营形式已经获得了人们的普遍信赖和承认。

同时,网络虚拟财产的实用性还意味着其本身具有独立的使用功能和使用价值。例如,网络游戏中,从技术构成上来看,网络游戏可以区分为人机对战型游戏与多人在线型游戏(massively multiplayer online game)。在人机对战型的游戏中,一般只允许几个人同时进行游戏,而且在游戏结束时,相关数据直接清除归零;而在多人在线游戏中,成千上万的游戏玩家可以同时在虚拟世界中进行游戏,并且在玩家离线时游戏服务器自动为其保存相应数据,玩家再次登录游戏可以继续游戏进程。当前在游戏市场中占据主导地位的是多人在线游戏,如《魔兽世界》《王者荣耀》《梦幻西游》,该类游戏又被称为"角色扮演型游戏",游戏玩家通过选择自己喜爱的虚拟替身(avatar),从而开始在网络游戏世界中的征战或探险。多人在线网络游戏的故事内容各有不同,但基本上都是通过故事线设计,赋予游戏人物特定的"伟大任务",而该任务的完成则需要经受种种"考验"。在网络游戏中,大量的构成游戏背景的虚拟物品仅是作为游戏世界的构成要素,其根本不具有独立的法律地位,游戏玩家也根本不能对其予以独立支配和使用,因此,作为背景性构成的游戏虚拟物品就根本不具有实用性。

同时,需要注意的是,作为网络虚拟财产判断标准的实用性是一种被普遍接受或承认的性质,而非个别网络用户所自身感知的实用性。再以电子照片为例,个别网络用户可能会认为电子照片对自己而言具有重要的使用价值,特别是家人的照片,在孤单的时候能够排遣寂寞,以解相思。但是,此时电子照片的实用性主要是针对个人而言的,而非被普遍承认的一种实用性,因此难以成为网络虚拟财产。

四、网络虚拟财产须具备价值性

网络虚拟财产的落脚点是财产,而价值性则是财产最为显著的特征。一般而言,财产的价值包括了使用价值和交换价值两个部分。就有体物而言,部分有体物仅具有使用价值,其交换价值并不明显,如家庭祭祀祖先的牌位,其对家庭成员而言是具有使用价值的,但并不具有交换价值。[①] 就有体物而言,其有无交换价值对其财产身份的认定并无太大的负面影响,因为有体物作为一种事实存在,其对主体的价值意义因人而异。同时,有体物作为一种人力可及的实体,人们对有体物的占有和利用不需要借助于国家和社会公众的积极配合,因此,无论有体物本身蕴含财产价值的多寡,一律赋予其财产身份,并不会导致对社会公众行为自由的不当限制。[②] 网络虚拟财产的虚拟性意味着一般的社会主体难以对其形成事实占有,社会主体对其权利的享有主要依赖于网络服务提供者的技术配合和司法机关的强制保护措施。如果对网络虚拟财产的财产价值不作强制要求,则必将导致网络虚拟财产范围的泛滥,同时,法律的强制保护也可能导致对其他社会主体行为自由的不当限制。因此,将价值性作为网络虚拟财产的识别标准,可以有效地应对当前出现的已成泛滥之势的网络虚拟财产现象。

需要注意的是,对作为网络虚拟财产价值性的判断并不以个别主体的主观感受为依据,此处的价值所指的是得到人们普遍公认的客观价值。例如,虽然当前我国网络游戏人群众多,但就总体而言其仍属于少数人的兴趣爱好。同时,就某种具体的网络游戏来看,虽然其可能拥有数以百万的游戏

---

① 参见冷传莉:《人格物确立的法理透视》,载《政法论坛》2010 年第 6 期。

② 参见谢立斌:《论宪法财产权的保护范围》,载《中国法学》2014 年第 4 期。

玩家,但其游戏装备的价值仍然局限在特定的网络游戏用户群体中。因此,就整个社会而言,游戏装备的财产价值难以获得社会共同体的一致承认。就此而言,网络店铺的财产价值是明显的,当前社会实践中已经出现了众多的网店价值评估公司,并已对网店财产价值的评估形成了一套固定的操作标准和考察指标。① 而且网店经营的营利性本质也决定了与游戏装备相比,网店的财产价值更容易获得社会公众的认可。当然,对网络虚拟事物的财产价值是否得到社会公众认可的判断绝不是恣意的,尽管我们不可能获知社会每一个人对网络虚拟事物法律性质的观点,但我们可以通过对社会实践中出现的网络虚拟事物交易、转让方式的考察对其作出判断。例如,淘宝公司已于 2013 年开通了网络店铺过户的网络端口,为离婚、继承而发生的网络店铺转让变更登记信息,实际上承认了网络店铺的财产价值。而社会实践中出现的网络店铺估值公司,以及日渐频繁的网店转让行为也证明了网店作为一种新的财产类型已经获得了社会公众的认可。同时,基于我国民事立法中人身权与财产权的二元划分,网络虚拟财产的价值性指的是其蕴含的财产利益,而非人格利益。就此而言,具体类型的网络虚拟事物要想成为法律所认可的网络虚拟财产,就必须具备显在的财产价值,而且这一财产价值必须是客观、普遍的,而不能是网络用户的个人主观感受。例如,在我国学界对网络虚拟财产的研究中,学者们往往将电子照片作为网络虚拟财产的一种具体类型,但是,必须予以澄清的是,电子照片作为对人物的电子载体,其功能与作用与传统的纸质照片并无实质区别,对于大部分人来

① 在网络上输入“网店价值估值”这一词组出现的相关链接多达 270 万条,众多的网络服务平台提供网店价值估值服务,当前规模比较大的平台有“利易达”“舞泡”“淘铺王”“麦淘网”。在这些平台上输入自己的网店编号就可以进行网店价值评估。以淘宝网店为例,价值评估的指标主要有店铺信誉、好评率、创店时间、是否提供货源、店铺资质、违规情况、客户人数、收藏量,等等。

说,电子照片仅具有人格利益,而不具有财产利益,因此,大部分的电子照片根本不具有财产价值,因此也就不属于网络虚拟财产。至于那些由专门的摄影师拍摄的珍贵的照片,其本身可能具有一定的财产价值,但是,对于这一类型的电子照片也不需要借助于网络虚拟财产制度予以保护。因为我国的版权法律制度已经足以对其进行保护。因此,价值性作为网络虚拟财产的识别标准在当前我国网络虚拟财产泛化的背景下具有极为重要的现实意义。

综上所述,对于某种网络虚拟事物是否具有财产价值的判断主要应从以下两个方面入手:其一,网络虚拟事物须具有明显的财产价值。这就意味着根本不具有财产价值以及财产价值不明显的虚拟事物可以通过保护性法律或者人格权的法律保护途径予以实现,不具有通过网络虚拟财产制度予以保护的必要性。其二,网络虚拟财产须具备交易需求与可能。一项事物要成为法律中的财产,其除了具有价值外,还须具备市场交易的现实需求和可能。例如,记录生活事实的电子照片对于个人而言是具有价值的,但是这一价值不具有市场交易需求与可能。以虚拟性、创造性、实用性、价值性作为网络虚拟财产的识别标准,其具有一定的内在逻辑性。虚拟性是网络虚拟财产的个性特征,它将网络虚拟财产与其他类型的无形财产区别开来;创造性、实用性、价值性是网络虚拟财产与一般财产所共同具有的作为财产的本质特征,它们将网络虚拟财产与一般的网络虚拟事物区分开来。因此,以虚拟性、创造性、实用性、价值性作为网络虚拟财产的识别标准,我们可以对当前普遍讨论的网络虚拟事物的法律属性作出判断,并以此确定网络虚拟财产的实质范畴。

第二节 网络虚拟财产的基本范畴

一、网络店铺

（一）网络店铺的产生与规制

1. 网店类型与产生程序

当前我国的网络店铺依据经营主体的不同可以区分为两种不同的类型——个人店铺与企业店铺，个人店铺主要存在于以 C2C（Consumer to Consumer）为经营模式的网络交易平台（network transaction platform）上，其典型代表为淘宝交易平台。企业店铺主要存在于以 B2C（Business to Consumer）为经营模式的网络交易平台上，其典型是京东平台和天猫平台。网店是网络用户申请注册获得的，用户在淘宝平台上注册网店，其首先要选择我是“卖家”，然后选择注册主体是“个人”或者“企业”。因为淘宝平台属于典型的 C2C 交易模式，其网店注册用户主要是个人，在具体操作程序上，个人用户需要上传自己的身份证，绑定手机号码和支付宝，然后设置自己的用户名和密码。以上材料经过淘宝后台认证之后，用户就可以通过账户和密码登录进淘宝平台分配给自己使用的网络空间。卖家可以为自己的网络店铺设计商号，通过付费对自己的店铺进行“装修”，上传自己物品的图片。同时，用户还可以在淘宝网一级域名（Taobao. com）之下申请与自己店铺相连接的二级域名，在网上点击该域名可以直接进入自己的网络店铺。企业店铺的技术生成大致与个人网店相同，不同的只是企业店铺往往有自己的实体店铺和经营场所，网店只是作为企业拓展其销售渠道的一种手段。[1] 值得说明的是，自 2017 年 6 月 1 日我国《网络安全法》生效实施以后，网络店铺统一进行实名认证，各个网络交易平台都在网页上明确声明之前未予以实名认证的网店应在一定期间内予以认证，否则做注销处理。

经过以上注册程序，网店经营者就获得了在网络交易平台上开展商业经营活动的资格，但与实体店铺不同的是，网店的经营活动在很大程度上依赖于网络交易平台提供者（network transaction platform provider）的技术支持，其主要体现为以下几个方面：首先，网店的经营离不开经营者对网店账号密码的有效控制。网店账号和密码相当于经营者在网络空间中的电子ID，只有掌控了账号密码才能被网络交易平台视为适格的服务对象，进而为其提供网络技术服务。[2] 其次，网店经营活动的展开依赖于网络交易平台提供的搜索服务、域名服务、云计算服务、物流服务。在网络交易平台上商家数量极其庞大，据统计，截至 2008 年，淘宝上的个人商家已经达到百万之多，在如此海量的商家之中消费者如果想找到特定的商家只能依赖于交易平台提供的搜索服务和链接，由此潜在的消费者和潜在的经营者之间才能进行交易。除此之外，网络交易平台提供者还为网店经营提供了必不可少的云计算服务，例如，计算消费者对网店经营的好评度、网店收藏人数、关注人数、访问人数、网店发货速度等项目指标。个别的网络交易平台还为网店经营者提供物流服务，例如，京东平台就利用“京东物流”为网店经营者提供货运服务，但更多的还是通过商业合作利用专门的物流公司（如韵达、顺丰）

---

① 参见林旭霞、蔡健晖：《网上商店的物权客体属性及物权规则研究》，载《法律科学（西北政法大学学报）》2016 年第 3 期。

② 《淘宝平台服务协议》第 3.2 条规定：“由于您的淘宝账户关联您的个人信息及淘宝平台商业信息，您的淘宝账户仅限您本人使用。未经淘宝平台同意，您直接或间接授权第三方使用您淘宝账户或获取您账户项下信息的行为无效。”参见《淘宝平台服务协议》，载 https://www.taobao.com/go/chn/member/agreement.php，2022 年 2 月 19 日访问。

提供物流服务。然后,网络交易平台提供者为网店经营提供信用评价体系。网络交易平台提供者通过整合与网店相关的信誉评价指标(如产品质量、发货速度、售后服务、产品评价、关注人数、收藏人数、访问人数、交易数量)对网店的信用进行打分并评级(钻石、皇冠),将那些信誉度高的店铺放置于引擎搜索结果的前列,使其获得更大的缔约概率。最后,网络交易平台通过提供线上支付工具(如支付宝、微信、京东支付)为网店经营提供信用支付渠道。除了以上基本服务内容,网络交易平台提供者还针对网店经营的特殊需求开通了相应的增值收费服务,例如,在“双十一”期间,淘宝平台为网店提供促销宣传服务和链接推广服务。当前在淘宝网开设个人网店是不收费的,但对附加的增值服务项目收取一定的服务费。

2. 当前立法与网络服务协议对网店的相关规定

当前我国电子商务交易体量庞大,并且呈极具扩展之势,针对这一趋势我国政府因势利导出台了一系列的规范性文件对这一新兴事物予以规制。综观我国当前规制网店经营的规范性法律文件,其内容主要以宏观的政策性指导为主,基本停留在概念界定与价值指引的维度,对相关主体具体权利义务内容的配置很少涉及。对网店概念的界定基本还是以传统民法中物的概念为指涉对象,例如,《网络交易平台合同格式条款规范指引》第 18 条规定,本规范指引所称网络交易平台是指第三方交易平台,即在网络商品交易活动中为交易双方或者多方提供网页空间、虚拟经营场所、交易规则、交易撮合、信息发布等服务,供交易双方或者多方独立开展交易活动的信息网络系统。在这一规定中立法者无疑是将网店当成了与实体经营场所相对应的

“虚拟经营场所”。[1] 而《网络交易监督管理办法》和《电子商务法》则将平台内经营者所使用的网络空间视为“网络经营场所”。立法者将网店视为“网络虚拟空间”,并将网络交易平台提供者的服务视为“虚拟空间租赁”,实际上还是采取了类比实体店铺的做法。由此可见,立法者对网店法律性质的认定实际上是采取了一种类比的观察视角,将网络交易平台视为大型的虚拟商城,并其将商城切割成为一个个具有独立网络空间的网店,然后将其出租给广大商户,网店经营者通过与网络交易平台提供者签订租赁合同,获取了在相应空间里开展经营活动的权利。在这一情景设定中,网络交易平台提供者当然享有对网店的所有权,而网店经营者享有的是一定期限内对网店的租赁权和经营权。

我国当前立法对网店法律性质的认定采取了一种类比实体店铺的做法,即将网店视为一种虚拟经营场所,网络交易平台作为网络商城设立者享有对虚拟经营场所的所有权,其将特定的网络空间租赁给网店经营者使用,二者之间成立租赁法律关系。然而,网络服务协议对网店法律性质的判断却采取了一种更具技术意义的认定。由于网店的获取、经营、转让离不开对网店账号、密码的控制,因此,网店便和网店账号融为一体,并直接反映为网店经营者与网络交易平台之间的一组交互式法律关系。网店法律性质的认定直接决定了网店在具体民事法律关系中的地位,并直接影响了以网店为对象的市场交易活动的司法效果。当前立法将网店视为一种虚拟空间,各大网络平台的网络服务协议都将网店视为一组法律关系的总和,由此必然导致的法律效果是未经网络交易平台提供者同意,网店经营者无权处分网

---

① 参见陈琛:《信息产品使用者权利研究:论信息记录支配权之确立——兼谈虚拟财产保护“物权”说的理论缺陷》,载《河北法学》2016 年第 12 期。

店。但是,与这一现实规制直接冲突的是网店在市场经济的评价体系中所具有的突出的商业价值,以及由此产生的巨大的转让需求,并且已经在市场中成为珍贵的商业经营资源。网店作为一种新生事物,属于网络虚拟财产的范畴,网络虚拟财产存在的场域和特点决定了对其调整的法律关系异质于传统民法的规范范式。传统民法对网店的规制存在制度供给空白和制度供给失灵的双重困境,而这一困境直接导致了法院对网店法律纠纷处理的误判与错判,进一步激化了转让人与受让人、网店经营者与网络交易平台之间的利益冲突。本书遵循古老的经验主义的知识发现路径,着重研究网店的实质构成与法律特征,以及司法实践中网店转让的基本方式与突出问题,以期为网店法律性质的判断与纠纷的处理提供可供参考与批判的一管之见。

(二)网络店铺的实质构成与独立性分析

1. 网络店铺的实质构成

依据经营主体的不同,可以将当前网络交易平台上的网络店铺分为个人店铺与企业店铺两种。个人店铺往往是由单个自然人或家庭经营,而企业店铺的经营主体则多是注册成立的公司。在社会实践中,网络店铺转让纠纷集中存在于个人网店转让的场域,因为企业店铺的经营主体是公司,企业网店往往是作为公司资产的一部分而存在的,所以网店的转让可以通过公司股东变更的形式予以实现。当前社会的网店转让法律纠纷主要是因个人网店而发生的,个人网店主要存在于以 C2C 为交易模式的网络交易平台上,由于经营主体是个人,故其难以像公司一样借用现代商业交易规则实现网店的流转。因此,对个人网店是否可以流转的判断就必然涉及对个人网络店铺法律性质的分析,而对网店法律性质分析的基本前提就是认清网络店铺的实质构成。然而,司法实践中法院和当事人对个人网店的实质构成存在极大的分歧与争议。在王某网店转让案中,法院认为,网络店铺表现为电磁记录,其由店铺名称、虚拟空间、交易记录、信用记录、交易评价等要素组成。因此,就以上构成事实,我们可以基于两个不同的视角对网络店铺的实质构成予以观测:一是电磁记录,这是基于网络的数据本质对网络店铺的物理构成做出的事实性判断;二是由店铺名称、虚拟空间、交易记录、信用记录、交易评价组成的有机统一体,这是从网络店铺构成要素的内容层面对其做出的价值判断。虽然我国《民法总则》第127条对数据的法律保护进行了规定,但就当前我国学界对数据的研究成果来看,数据往往被视为网络世界的最小构成单位,并未将其作为法律上的特殊客体予以承认。① 将网络店铺视为电磁记录或者数据,只是对网络店铺物理构成的一种客观描述,并未将网络店铺放置于现行法律规范的组织体系中,因此也就不具有法律评价意义,无助于网络店铺法律性质的厘清与法律纠纷的解决。对网络店铺实质构成的第二种描述是基于社会评价的角度作出的,虽然其在一定程度上表征出了网店在当前社会中具有的某些价值面向,但店铺名称、虚拟空间、交易记录、信用记录、交易评价这些词汇只是对网店各个构成要素的片段式描述,未能反映作为有机统一体的网络店铺的独立价值意义和法律意义。尽管如此,基于以上构成要素对网店的实质构成予以分析的研究思路,对我们逐步分析、研究、理解网络店铺的法律性质具有极为重要的实证分析意义。它避免了我们在一个极为模糊的前提下讨论网络店铺的概念和性质,为深入了解网络店铺的法律实质提供了切实可行的具有实证主义的研究路径,因此,我们接下来有必要对网店各个构成部分的法律性质和价值意义予以

---

① 虽然在学界的研究中往往出现"个人数据"一词,但该词语实际上等同于"个人信息",数据作为互联网世界的组成细胞实际上尚未取得独立地位。参见梅夏英:《数据的法律属性及其民法定位》,载《中国社会科学》2016年第9期。

研究。

(1)网店信誉。网店信誉是网络交易平台对网店经营的综合性评价,主要评价指标包括网店的产品质量、好评率、开店时间。在当前的网络交易平台上,网店商业信誉的显示主要有两种途径,一种是数字评分,另一种是资质授予(如皇冠、钻石、白金)。不同的评分或资质代表了不同的网店信誉,而网店信誉则是消费者在购物时选择经营者的主要考量因素,并因此成为网络店铺转让时对网店价值评估极为重要的衡量指标。正是因为网店信誉在电子商务经济中属于核心经营资源,所以网店经营者都千方百计地想要增加网络店铺的商业信誉,甚至不惜借助网络水军对网络信誉进行炒作——刷单炒信。①

(2)网店经营时间。经营时间是网店经营者利用网店从事电子商务交易的时间,长期经营的网店不仅意味着其已经积累了较多的客户群体,而且经营时间本身就是网店商业信用的重要体现。就此而言,网络店铺与实体店铺具有极大的相似性,例如,全聚德、同仁堂这些知名实体店铺都会在广告宣传中特别强调它们作为"百年老店"的悠久历史,从而向消费者暗示它们具有更为优良的信用和品质。就当前网店交易市场的实际情况来看,网店经营时间在很大程度上决定了网店转让的价值,经营时间长、信誉良好的网店往往备受青睐。

(3)网店访问、收藏人数。网店的访问、收藏人数是指在一定时期内消费者在某一网络交易平台上访问网店的总次数和收藏网店的总人数。在互联网时代,网店的访问、收藏人数不仅可以为网店带来量上的直接观感,而

---

① 参见高艳东:《信息时代非法经营罪的重生——组织刷单案评析》,载《中国法律评论》2018年第2期。

且还能为经营者的营收带来实际的好处。在大数据时代，网络用户浏览网店留下的痕迹都会被其所浏览的网站自动保存，平台提供者凭借强大的数据计算、整合能力，对用户访问网店的信息予以大数据加工、整合，[①]并将其结果以可视的方式反映出来，网店的访问人数和收藏人数便是网店经营状况可视化的方式之一。网店的访问和收藏人数对网店经营者具有重要的商业价值，网络用户访问、收藏网店的行为表明了网络用户购买该网店产品或服务的潜在可能性。同时，基于网络用户画像技术的成熟，网店经营者可以对访问人和收藏人进行精准的产品推荐，以此将庞大的网店访问和收藏群体转化为重要的商业经营资源。[②] 正基于此，网店访问和收藏人数成为评估网店价值的一项重要指标。

(4)网店名称。网店名称是网店经营者将其产品或服务与其他经营者的商品或服务予以区分的主要手段，网络交易平台上一些口碑极佳的网络店铺名称(如“三只松鼠”)具有重要的商业价值，如果网店转让时连同网店名称一并转给受让人，则受让人支付的对价中包含了继受使用该网店名称的价金。网店转让是否包括网店名称由当事人双方协商而定，因为有的受让人想要的只是网店积累的客户资源和销售渠道，接手网络店铺后改用自己的网店名称。

(5)网店好评率。网络好评率在实质上属于网店信誉的范畴，但是基于电子商务经济作为信用经济的本质，网络交易平台提供者除了明确显示网

---

① 参见谢琳：《大数据时代个人信息使用的合法利益豁免》，载《政法论坛》2019 年第 1 期。

② 特别是考虑到当前愈演愈烈的个人信息、数据买卖事件，足见当前网络信息资源已经成为一项极为重要的商业资源，其中蕴含的价值不可估量，甚至于个别电子商务经营者竟然采取“刷单炒信”的方式获取继续的网络信息资源。参见高艳东：《信息时代非法经营罪的重生——组织刷单案评析》，载《中国法律评论》2018 年第 2 期。

店商业信誉的综合情况外，还另外专门开辟了消费者网络评分渠道，使消费者在购物时可以对商品或服务的质量、物流、售后服务进行评分和评价，网络交易平台以消费者的评价为依据并采取不同的权重对网店的好评率、差评率予以大数据统计。在以"增强用户体验"为目标的电子商务市场中，网店好评率在很大程度上决定了网店经营者的生死存亡，因此，网店好评率的高低也成为网店转让时决定受让人是否愿意购买以及支付多少价款的关键性因素。

互联网经济是平台经济，平台经济又被称为信用经济，网络经营者的成败直接取决于经营者所依赖的平台是否具有大量的客户群体，以及该经营平台是否具有足够高的商业信用。[①] 网店经营是平台经济（信用经济）最为典型的代表，网店经营者的经营收益直接取决于网店的经营信誉、经营时间、访问人数、收藏人数、网店好评率等因素。在传统的商业经营模式中，以上因素往往是被作为实体资产以外的无形资产看待的，但在互联网信息时代，一切的信息都被数据化，凭借计算机强大的数据处理能力和算法可以将散状分布的各项数据信息加工为精准反映分析对象各项指标的"大数据"。[②] 法院在王某网店转让案中认为网络店铺由店铺名称、虚拟空间等要素组成，同时认为网店的各个组成部分依附于网络经营平台，根本不具有独立的法律意义。但将网络店铺分解为店铺名称、虚拟空间、交易记录、信用记录、交易评价等要素，容易造成"管中窥豹"的效果，对网络店铺法律性质的分析与理解并无助益。我们必须要看到的是，网络店铺并非以上元素的简单组合，其自身乃是一个独立、自在的整体。因此，我们必须对以上因素

① 参见曹阳：《互联网平台提供商的民事侵权责任分析》，载《东方法学》2017 年第 3 期。

② 参见［英］维克托·迈尔－舍恩伯格、［英］肯尼思·库克耶：《大数据时代》，盛杨燕、周涛译，浙江人民出版社 2012 年版，第 89 页。

有机结合而成的网店的独立地位和法律意义予以分析。

2. 网络店铺是独立存在的价值实体

在王某网店转让案中,法院认为网店不具有独立地位,其主要原因有二:其一,网络店铺依附于网络交易平台。即网络店铺得到的是淘宝网络交易平台分配的二级域名,同时网店经营者的运营需要依托淘宝的服务器才能开展经营,网络店铺与其依附的淘宝平台具有不可分性。其二,网络店铺的构成要素具有较强的人身依附性,不符合民法中物的基本特征。网络店铺在经营过程中累积的交易记录、信用记录等信誉具有较强的人身依附性,网络店铺不具有区分于网络交易平台和网店经营者的独立地位。对网络店铺独立性的判断是探讨网络店铺法律属性的根本前提,法院在该案中试图从独立性入手对网络店铺的法律客体地位予以全面否定,但就法院的裁判内容来看,其对网店独立性的论证在逻辑和内容上都存在明显的缺陷,不足以否定网络店铺的独立法律地位。主要理由如下:

第一,网络店铺不属于物,不足以否定网络店铺的独立地位。在王某网店转让案中,法院基本的论证逻辑是,网络店铺不属于物,因此,网店不具有法律上排他的支配可能性或管理可能性。但问题在于,法律中只有物才能成为支配权的客体吗?就我国当前的民事立法和民法理论来看,不属于物的人格利益、知识产品都属于支配权(人格权、知识产权)的客体。虽然人格利益和知识产品都没有可见的外观,甚至知识产权的行使还需要国家机关的积极协助和配合,但这都不能否定人格利益和知识产品作为特殊的利益形态具有独立的法律地位。因此,以网络店铺不具有物的一般特征作为否定网店独立法律地位的裁判思路有悖于正常的法律逻辑。

第二,网络店铺与网络交易平台分属两个不同的对象范畴。根据《互联网域名管理办法》的规定,域名是指“互联网上识别和定位计算机的层次结构式的字符标识，与该计算机的 IP 地址相对应”。在我国的域名体系中，“. CN”和“. 中国”是国家顶级域名，顶级域名“CN”之下，设置“类别域名”[①]和“行政区域名”两类英文二级域名。因此，可以看出网络域名作为一种网络识别方法，其实质上与商标起着同样的作用，用来将不同产品、服务的提供者区分开。淘宝公司以网络店铺使用的是其一级域名之下的二级域名为由否定网络店铺的独立地位，但其似乎忘记了其自身(taobao. com)也是作为国家“类别域名”(com)之下二级域名的基本事实。因此，淘宝公司以域名层级否定网络店铺独立法律地位的同时也否定了自身存在的独立性，这必然不是淘宝公司所愿接受的后果。同时，《电子商务法》第 38 条第 1 款规定：“电子商务平台经营者知道或者应当知道平台内经营者销售的商品或者提供的服务不符合保障人身、财产安全的要求，或者有其他侵害消费者合法权益行为，未采取必要措施的，依法与该平台内经营者承担连带责任。”根据我国民事法律的一般理论，承担连带责任的基本前提是存在两个以上的独立法律主体，[②]而且，就我国《电子商务法》第 9 条的规定来看，我国立法已经明确承认了电子商务平台经营者与平台内经营者(网店经营者)分属不同的独立民事主体。在民事立法理论中，主体与客体是一对互为表里的概念，不同的主体必然对应着不同的客体范围，由此可知，网络店铺具有独立于网络交易平台的法律地位。

第三，网店作为经营工具独立于网店经营者。网店的实质构成要素包

---

① “类别域名”分别为：AC——适用于科研机构；COM——适用于工、商、金融等企业；EDU——适用于中国的教育机构；GOV——适用于中国的政府机构；MIL——适用于中国的国防机构；NET——适用于提供互联网络服务的机构；ORG——适用于非营利性的组织；政务——适用于党政群机关、政务部门等；公益——适用于非营利性单位。

② 参见杨立新：《〈民法总则〉民事责任规定之得失与调整》，载《比较法研究》2018 年第 5 期。

括了网店信誉、经营时间、网店访问(收藏)人数、网店名称、好评率,法院认为以上构成因素都与经营者的个人信用密切相关,网络店铺是依附于特定人身的“信誉”,如果任由经营主体买卖网店则会冲击整个网络交易平台的信用。但这里需要说明的是,网络店铺与依附于自然人的商业信誉在产生和内容上存在本质区别。网络店铺作为一种经营实体,是集网店商誉、经营时间、网店访问(收藏)人数、网店名称、好评率、销售渠道而形成的有机统一体,绝对不能等同于基于商品质量而对经营者个人信誉的评价。即网络店铺与个人信誉之间是包含与被包含的关系,网络店铺作为网络社会中一种新型的生产组织工具具有独立于经营者的法律地位。同时,网店作为一个经营实体是计算机科技催生的新生事物,与传统的商铺存在显著不同。在传统的商铺经营中,不管经营者在商铺上积累了多少优良的商业信誉和客户资源都无法将其予以单独转让,只能通过协商的途径获得商铺交易价格的提升。但是在网店转让的场景中,网店各个构成因素都被格式化为一组储存下来的数据,因此,网店转让也就意味着与其相对应的大数据的转让。所以,网店的数据构成意味着其作为经营工具获得了独立的法律地位,其可以作为独立的经营实体和价值实体被利用、转让。

第四,网店转让必然导致网络交易秩序紊乱的假设难以成立。客观上讲,当前社会实践中网店转让确实导致了法院所说的某些不良社会效果,但这些不良后果并非因网店转让而直接导致的,或者说网店转让并不是以上不良后果产生的唯一或主要原因。就司法实践中网店转让引发法律纠纷的实质来看,网店转让诱发违法行为的根本原因在于网络交易平台拒绝协助网店转让双方当事人进行网店注册信息变更登记。网店转让后,网店实际经营者的信息并未予以公示,由此,在客观上极大地诱发了转让人和受让人的违法或投机心理,并因此对转让人、受让人、消费者的合法利益造成了损害。[①] 网络交易平台以网店转让导致的某些负面后果作为禁止网店转让的“正当事由”，实际上是一种逃避自身法律义务的“借刀杀人”之计。

（三）网络店铺作为网络虚拟财产之法理依据

1. 现代社会对财产的认知变化：从财产到财产权

民法是观察财产制度的一个绝佳视角，这是由民法作为市民社会基本法调整人身关系和财产关系的功能所决定的，以罗马法为渊源，世界各国民法（特别是大陆法系民法）都规定了财产制度，并基本上形成了以债权、物权、知识产权为核心的财产权体系。基于特定的社会发展阶段，罗马法中物权的客体只能是实体物，即可见的、可触摸的物体，以实体物为认知基础，罗马人承认的物权包括所有权、役权、永佃权、地上权。[②] 罗马法中债（*obligatio*）的历史起源产生于对私犯（*ex delicto*）的罚金责任，契约之债只是随后出现并从属于这一概念的。在债的起源时期，其标的是债务人自身，在债务清偿之前债务人一直处于受奴役状态，直到后来立法规定债权人必须先向债务人请求给付“罚金”（*poena*）或“债款”（*pecunia* 或 *res credita*），[③]否则不能直接对债务人的人身采取行动，此时债的财产权意义才得以凸显出来。由此可知罗马法中的财产主要包括物权和债权两个部分，但当我们使用债权和物权这两个术语描述罗马法中的财产制度时我们就不自觉地陷入了一种“知识陷阱”，因为物权和债权的概念是近代概念法学的发明，而诞生于神启自然法时代的罗马法尚未发明出这一抽象概念。事实上，罗马法是

---

① 在司法实践中，因网店转让而发生的非法行为大部分是因为网店经营信息不能变更而引发的。例如，网店转让人在网店转让后向网络交易平台申请变更密码，以重新获得网店控制权，网店受让人则利用网店贷款并逾期不还，最终由转让人偿还贷款。参见潘某诈骗案，嵊州市人民法院（2017）浙 0683 刑初 12 号刑事判决书。

② 参见［意］彼德罗·彭梵得：《罗马法教科书》，黄风译，中国政法大学出版社 2005 年版，第 141 页。

③ 同上书，第 216 页。

在物质层面理解财产的，以至于它将物权和债权视为“无体物”看待，并将其统一纳入物的范畴。罗马法的这一认知模式直接影响到了《法国民法典》的立法者们，并得到了《法国民法典》的忠实继承。［如《法国民法典》第526条规定：“下述权利，依其客体，为不动产：（1）不动产的使用收益权；（2）以土地供役使的权利；（3）目的在请求返还不动产的诉权。”］[①]但罗马法的这一财产立法模式并未被《德国民法典》所继受，为了保持法典的严谨性和纯洁性，民法典立法者们将物的范畴局限于有外部实体的动产和不动产，以至于当时已经成为生活不可或缺的财产形态，如电、气、热等自然力都被排斥出了民法典物的范畴，用益物权、地役权被视为他物权，债权则成为财产权的另一大板块。[②] 进入20世纪以后，随着科学技术的极大发展，知识对生产力的促进作用及其创造的人类财富举世瞩目。科学家和知识分子在获得巨大荣誉的同时，迫切需要将其智慧成果进行兑现，因此，智慧成果作为一种新兴的财产类型就逐渐得到了各国知识产权立法的承认与保护。而在大陆法系国家，由于传统的财产权体系难以容纳该新型财产，因此往往采取单独的知识产权立法对其予以保护。

以上可以看出，从动产、不动产、债权到知识产权，近现代以来财产的存在形态经历了从有形财产到无形财产的蜕变，这让我们惊叹于财产形式纷杂多样的同时，也令我们陷入了巨大的困惑——在财产存在形态摆脱物质实体束缚的当下，如何判断某种无体物是否属于法律上的财产？实际上，法律中的财产从来都不是以其具体表现形态作为判断标准的，实质上，财产表

---

① 参见《拿破仑法典（法国民法典）》，李浩培、吴传颐、孙鸣岗译，商务印书馆2006年版，第69页。

② 参见金可可：《私法体系中的债权物权区分说——萨维尼的理论贡献》，载《中国社会科学》2006年第2期。

征着一种人与人之间的法律关系，即拥有一种被其他主体所尊重并负有义务的权利，而这一权利受到法律的强制性保护。就某一动产或不动产，当我们将其称为财产时，实际指的是我们对其享有一定的权利（所有权或他物权），即行使该项权利时其他主体不得加以干涉。① 债权的客体虽然仅是债务人的给付行为，但这一给付的内容是金钱，同时该给付又是受法律强制保护的义务，因此，债权的财产属性就得到了彰显。我国《民法典》第205条规定："本编调整因物的归属和利用产生的民事关系。"但从其具体内容来看，其规制的对象并不局限于物，尤其是不局限于实体物。例如，在抵押权部分，《民法典》第394条明确规定，抵押的对象是债务人或者第三人不转移占有的财产，而第395条规定的抵押财产的类型除了不动产、动产外，还包括以不动产为客体的权利，如建设用地使用权、海域使用权、采矿权，以及"法律、行政法规未禁止抵押的其他财产"。由此可见，我国《民法典》实际上已经对《德国民法典》物债二分的财产法律体系予以了突破，通过"具体列举+兜底条款"的方式，间接地完成了由"物权法定"到"财产法定"的历史性蜕变。②

2. 近代财产理论对财产实质内涵的揭示

洛克在《政府论》（下篇）第五章"论财产"中说：上帝把地给了世人，给人类共有。可是我将设法说明，在上帝给予人类为人类所共有的东西中，人们如何能使其中的某些部分成为他们的财产，并且这还不必经过全体世人的明确协议。洛克认为，既然劳动是劳动者无可争议的所有物，那么对这一

---

① 斯蒂芬·芒泽认为："一个人把某物作为其财产，就必然使其他人(1)无法把这些物作为他们的财产；(2)并能认识到这些物已经属于他人了。"参见[美]斯蒂芬·芒泽：《财产理论》，彭诚信译，北京大学出版社2006年版，第60页。

② 参见杨立新：《民法分则物权编应当规定物权法定缓和原则》，载《清华法学》2017年第2期。

有所增益的东西,除他以外就没有人能够享有权利,至少在还留有足够的同样好的东西给其他人所共有的情况下,事情就是如此。① 此后,洛克花费大量篇幅论证了劳动财产理论的正当性。他不仅设置了劳动获取财产的两个限制性条件——"败坏规则"②与"一样多同样好规则",③而且重点论述了个人劳动的公共品性——"一个人基于他的劳动把土地划归私用,并不减少而是增加了人类的共同积累""我们会发现,在绝大多数的东西中,百分之九十九全然要归之于劳动"。④ 洛克的主要贡献是其在淡化人类如何弃绝原始共有协议这一疑难问题后,另辟蹊径地证成了私有财产存在的正当性基础——劳动。为什么劳动能够创造财产?洛克认为劳动是一种理性的(意欲的)、增益价值的行为,而非任何施加能力于外在物体上的行为——"破坏行为或单纯的娱乐行为当然不适合",而只是那些能保存与舒适我们存在的行为。因此,洛克劳动财产理论中的"劳动"实际上是作为一种因生活需要而进行的"改良行为"。作为洛克财产论文的伟大阐释者,斯蒂芬·巴克勒也认为,劳动之所以能作为获取财产的工具,一则因为人类在更为宏大的上帝所意愿的整个造物秩序里扮演的角色,另一则因为劳动乃保存自身与他人义务所需要的改良与增加价值的行为。⑤

---

① 参见[英]洛克:《政府论》(下篇),叶启芳、瞿菊农译,商务印书馆1997年版,第18页。

② "谁能在一件东西败坏之前尽量用它来供生活所需,谁就可以在那个限度内以他的劳动在这件东西上确定他的财产权;超过这个限度就不是他的份所应得,就归他人所有。"参见[英]洛克:《政府论》(下篇),叶启芳、瞿菊农译,商务印书馆1997年版,第20页。

③ "谁有同那已被占用的东西一样好的东西可供利用,他就无须抱怨,也不应干预旁人业已用劳动改进的东西……而除了已被占有的以外,还剩有同样好的土地,而且比他知道如何利用或他的勤劳所能及的还要多。"参见[英]洛克:《政府论》(下篇),叶启芳、瞿菊农译,商务印书馆1997年版,第22页。

④ [英]洛克:《政府论》(下篇),叶启芳、瞿菊农译,商务印书馆1997年版,第26页。

⑤ 参见[澳]斯蒂芬·巴克勒:《自然法与财产权理论:从格劳秀斯到休谟》,周清林译,法律出版社2014年版,第141页。

基于洛克的劳动财产理论我们可以看出，自然存在之所以能够渐变为私有财产，主要原因在于其中蕴含了改良性的人类劳动，因此也就获得了法律对其提供保护的正当性基础。可以说，洛克的劳动财产权理论虽然带有相当浓厚的"神启"色彩，但其毕竟在尊崇上帝意愿之外极力凸显出了个人对财产创生的主观能动作用，使我们看到了财产的核心构成要素，使我们能够在实物财产之外发现更多类型的财产形态。例如，知识产品没有一个可见的外在形体，但知识产品（特别是重要的知识产品）的产生无不是经过了劳动者反复思考和实验。因此，知识产品之所以成为现代社会中一项重要的财产形态，就是因为其中包含了洛克强调的"理性的、增益价值的行为"。洛克劳动财产权理论的提出具有"开天辟地"的重大社会进步意义，洛克理论对人类劳动价值的承认与钦叹不仅使人从自己所属的自然系统中解放出来，在人—物的自然系统中取得了主动和支配地位，同时，劳动财产权理论还为私人所有权的正当性提供了近乎完美的理论支撑，为近代民事法律制度的形成与发展作出了重大理论贡献，为近现代财产法律制度的构建提供了最基本的逻辑起点。

劳动财产理论在《德国民法典》中直接体现为加工的动产取得功效，其第950条规定，以加工或改造的价值不显著小于材料的价值为限，通过加工或改造一件或两件以上材料制作新动产的人，取得新物的所有权。① 加工的具体类型包括书写、做记号、绘画、印刷、雕刻或对表面的其他类似处理。加工行为的法律效果直接见诸我国民法教学实践中经常列举的一个案例——甲的一块宝玉被乙窃取，乙将其卖给不知情的丙，丙是一名雕刻家，将其雕琢成一件精美的玉器，且价值不菲，请问此时谁享有该玉的所有权？就当前

① 参见《德国民法典》，陈卫佐译，法律出版社2015年版，第351页。

的"标准答案"来看，其答案是丙基于加工行为而对该玉器享有所有权。[1]根据我国当前立法规定，盗赃物不适用善意取得制度，即使第三人是善意的，失主仍然可以对该玉器行使返还原物请求权。在该案例中，为何加工人可以取得盗赃物的所有权？其中缘由就在于加工行为具有创造财产之"开天辟地"的功效，在加工行为创造的价值远大于原材料价值的情形下，加工人对加工物的所有权就获得了道德上的正当性，此时，法律就通过赋予创造更大价值一方财产所有权的方式对其合法利益予以保护。这就是我国《民法典》第322条规定的"按照充分发挥物的效用以及保护无过错当事人的原则"，确定因加工、附合、混合而产生的物的归属的实际运用。

我们由此看到，近现代以来我们对财产的理解和立法路径经历了从"实体财产"到"财产权利"的范式转移。财产的类型不再局限于看得见、摸得着的触觉认知，而是向更为广泛且抽象的"价值认识"的方向发展，财产实际上已经进化为一种反映人们某种价值需要的权利。基于此，财产作为一个与主体对应且反映主体价值需求的法律概念，对于某一事物是否属于法律中财产的判断就需要结合该事物的价值生成、使用方式、功能指向等内容予以综合判断。

3. 网络店铺作为网络虚拟财产之理论证成

（1）网络店铺是经由劳动创造的新型财产。网络店铺存在于网络交易平台上，在王某网络店铺转让案中法院并不认为网络店铺是独立于网络交易平台的事物。而网络交易平台提供者更是从根本上对网络店铺的独立地位予以否定，将其仅视为网络交易平台提供者与网店经营者之间服务关系

① 参见《2017年司法考试卷三〈民法〉备考试题及答案(3)》，载无忧考网2016年12月5日，https://www.51test.net/show/7960351.html。

的载体，一旦网络交易平台提供者不再提供技术服务，网店经营者就只能选择“净身出户”，不能从网络交易平台上带走任何东西。我国当前电子商务市场运作的一般模式是，网络公司通过技术手段搭建网络交易平台吸引商家在其平台上开设网络店铺，网络交易平台提供者在电子商务交易中提供技术服务，虽然网络交易平台也会基于大数据分析功能为网店经营者提供商品（服务）信息推送服务，[①]但就整个交易过程来看，交易的直接主体是网店经营者和消费者。电子商务经营的这一特点激发了电子商务经营者从事网店经营的巨大热情，为此他们采取各种手段提升自家网店的商誉和竞争力，其中包括提升商品（服务）质量、增加广告投入、完善售后服务以及薄利多销等。最终，自然是产品质量好、商业信誉评价高的网络店铺可以在电子商务交易中取得更多的利润，信誉度高、关注人数多的网店是电子商务市场中一种极具商业价值的经营资源。分析网店的实质构成与价值生成过程我们可以看出，网店的生成过程极大地契合了洛克的劳动财产权理论，其本质上是网店经营者借助于网络这一新型生产工具将自身劳动转变为财产的过程，网店经营的过程实质上是一种看似新潮实际传统的财产创造方式。[②] 因此，网络店铺是网店经营者创造的一种具有巨大商业价值的网络财产，网络店铺与其依赖的网络交易平台存在本质区别。

（2）网络店铺具备了法律中财产的实质条件。基于上文分析可知，一项事物要想成为法律中的财产必须满足两个基本条件：其一，该事物必须具备某种价值以满足社会主体的某种需要。财产本身就意味着其具有的某种价

① 参见赵鹏：《超越平台责任：网络食品交易规制模式之反思》，载《华东政法大学学报》2017年第1期。

② 参见欧达婧：《电子商务平台经营者的“通知—删除”义务及其责任承担——从〈电子商务法〉第42条展开》，载《重庆邮电大学学报（社会科学版）》2019年第6期。

值满足了人们的某种功用，正是因为该价值的存在才促使人类共同体必须设计出合理的财产制度，以避免人们因财产的利用而陷入恶性竞争甚至引发霍布斯笔下的“零和博弈”困境。[①] 网店实质上是由网络技术、商业信誉、销售渠道、经营秘密、客户资源结合而成的经营实体，在商事交易中该经营实体往往被视为企业的营业资产。[②] 在传统商业环境中自然人经营者的商业信誉和客户资源具有强烈的身份属性，虽然商业信誉和客户资源在商业经营和竞争中具有重要价值，但其往往难以被量化为具体的金钱价值，而公司的商业信誉和客户资源则可以通过专门的会计师事务所进行评估，并将其反映在公司的资产负债表中。在电子商务经济中，交易信息的透明和网店评估模式的成熟使网络店铺的财产价值变得明确且公开，网络店铺因此成为一种稀缺的财产类型。其二，该事物获取财产身份必须要经过法律的认可。满足了价值性和稀缺性的事物并不必然是法律中的财产，例如，毒贩炼制的毒品无论其价值多大，都难以成为法律中的财产，财产作为一个法律概念，天生带有合法性的印记。因此，对网络店铺是否属于法律中财产的判断必须要以价值性和合法性作为根本判断标准。基于以上分析我们可以看到，网络店铺具有无可否认的财产价值，因此，网络店铺是否属于财产的关键性问题在于其是否具有合法性。作为一种新生事物，当前世界各国法律并未对网络店铺的法律属性予以明确规定，因此，现行立法并不能为网络店铺财产身份的获取提供直接依据。就当前法律中财产的具体类型来看，国家禁止某一事物获取财产身份主要是基于公共利益的考虑，例如，我国法律禁止将人体器官作为一般物体看待，其主要原因就是出于保护公民人身安

---

① 参见[英]吉米·边沁：《立法理论》，李贵方译，中国人民公安大学出版社 2004 年版，第 56 页。

② 参见王文胜：《论营业转让的界定与规制》，载《法学家》2012 年第 4 期。

全,禁止私人之间买卖器官的考虑。[①] 然而,网店获取财产身份并不会产生危及社会公共利益的负外部性效果,近20年来,电子商务作为一种新型商业交易模式实现了对传统商业模式的颠覆与重构。在这一过程中我们看到的是新的商业生态正在逐渐成长、成熟,它给我们带来的是网络信息社会所特有的便捷、迅速、高效,电子商务经济正在以一种不可遏制的蓬勃之力继续向前发展。虽然网店转让在社会实践中引发了一些负面问题,但这些问题仍然瑕不掩瑜,不能掩盖网络店铺在电子商务经济中起到的网络资源整合作用。因此,承认网络店铺的财产价值并认可其财产身份是发展共享经济和确保电子商务市场未来繁荣发展的关键内容。

(3)网络店铺契合了网络虚拟财产的实质内涵与基本特征。学界对网络虚拟财产的研究由来已久,但吊诡的是至今尚未对网络虚拟财产的概念和内涵达成共识。林旭霞教授认为,广义的网络虚拟财产是指在网络环境下,模拟现实事物,以数字化形式存在的既相对独立又具独占性的信息资源。并进一步将其区分为虚拟物、虚拟无形财产、虚拟集合性财产。[②] 梁慧星教授则认为,虚拟财产只能在关系(圈子)内才被视为"财产"并互相交易,一旦超越其关系(圈子),则将归于"虚无"。[③] 而杨立新教授认为,网络虚拟财产是指虚拟的网络本身以及存在于网络上的具有财产性的电磁记录,是一种能够用现有的度量标准度量其价值的数字化的新型财产。杨教授还认为网络虚拟财产作为一种新的财产类型与传统的动产和不动产在法

① 参见杨立新:《人的冷冻胚胎的法律属性及其继承问题》,载《人民司法》2014年第13期。

② 林旭霞教授认为虚拟物包括账户、道具、游戏人物、货币;虚拟无形财产是对现实环境中无形的非物质财富的模拟,主要是指域名;虚拟集合性财产是指虚拟有形财产与虚拟无形财产的集合,如网站。参见林旭霞:《论虚拟财产权》,福建师范大学2007年博士学位论文,第27~29页。

③ 参见梁慧星:《民法总论》(第5版),法律出版社2017年版,第155页。

律上并不存在本质区别，仅是存在的具体形态不同而已。[①] 梅夏英教授在《虚拟财产继承的理论与立法问题》一文中将网络虚拟财产理解为，依附于虚拟世界，以数字化形式存在且能为人力所支配，兼具竞争性、永久性、互联性和用户可使其增值性的信息资源。[②] 以上各位学者对网络虚拟财产的定义和论述实际上已经勾勒出了网络虚拟财产的核心法律特征——虚拟性、价值性、创造性、实用性。因此，在网络信息时代，一项事物是否属于真正的网络虚拟财产必须要经过以上核心特征的检验。网络店铺存在于网络信息系统中，网络店铺的存在形态和经营模式模拟的都是实体店铺，因此具有虚拟性。同时，网络店铺作为电子商务经济的经营实体，其已经成为当今共享经济不可缺少的关键环节，并因此获得了巨大的商业价值。因此，网络店铺具有显著的财产价值。最后，虽然网络店铺经营活动的开展有赖于网络交易平台提供的技术服务，但就电子商务交易的整个过程来看，从磋商、缔约到合同履行、售后服务，网络店铺经营者占据着绝对支配地位。网络店铺完全符合网络虚拟财产的虚拟性、创造性、实用性、价值性特征，并因此成为互联网信息时代网络虚拟财产的典型代表。

以往的历史经验已经向我们证明，新生事物被人们认可并接受必然要经受一个漫长的试炼过程，同时历史还告诉我们，人们对财富积累的不懈追求是人类世界不断发展、进步的不竭动力。就财产的历史进程来看，其遵循着从有形财产到无形财产的演进路线，同时共享着财产的共同特征。网络虚拟财产形成于互联网空间，其犹如一只“黑天鹅”，使传统面向实物财产的

---

① 杨立新教授将网络虚拟财产分为虚拟不动产和虚拟动产，虚拟不动产如网站，虚拟动产如比特币和网络游戏装备。参见杨立新：《民法总则规定网络虚拟财产的含义及重要价值》，载《东方法学》2017 年第 3 期。

② 参见梅夏英、许可：《虚拟财产继承的理论与立法问题》，载《法学家》2013 年第 6 期。

法律规范对其无所适从，同时，这只“黑天鹅”正在奋力展翅，各种新生的网络虚拟财产类型正在大量涌现。此时，直接面向社会实践的司法本应当趁机发挥司法能动的优势，决然扛起“重新发现法律”的重任，但遗憾的是，法院在王某网络店铺转让案中并未向网络虚拟财产迈出勇敢的一步。然而，实践毕竟是检验真理的唯一标准，2020 年 5 月 6 日，我们欣喜地看到作出该案终审判决的上海市第一中级人民法院作出了比特币属于网络虚拟财产的判决。因此，我们可以看出，网络虚拟财产正在以不可阻挡之态势向世人昭示其客观存在与巨大价值，为此我们也有理由相信，在不久的将来，司法实践必将重新检视网络店铺的法律属性和权利归属，从而为我国电子商务经济的繁荣发展扫清障碍并提供法律保障。

二、虚拟货币

我国原文化部、商务部 2009 年发布的《虚拟货币管理通知》第 1 条规定，“网络游戏虚拟货币是指由网络游戏运营企业发行，游戏用户使用法定货币按一定比例直接或间接购买，存在于游戏程序之外，以电磁记录方式存储于网络游戏运营企业提供的服务器内，并以特定数字单位表现的一种虚拟兑换工具。网络游戏虚拟货币用于兑换发行企业所提供的指定范围、指定时间内的网络游戏服务，表现为网络游戏的预付充值卡、预付金额或点数等形式，但不包括游戏活动中获得的游戏道具”。但 2016 年发布的《游戏监管通知》中对货币型游戏装备的范围进行了一定的扩张，其第 4 条规定：“网络游戏运营企业发行的，用户以法定货币直接购买、使用网络游戏虚拟货币购买或者按一定兑换比例获得，且具备直接兑换游戏内其他虚拟道具或者增值服务功能的虚拟道具，按照网络游戏虚拟货币有关规定进行管理。”这里所指的“具备直接兑换游戏内其他虚拟道具或增值服务功能的虚拟道具”

主要指的是以各种形式存在的游戏币，如 QQ 币、元宝、银子，这些虚拟货币往往与法定货币之间存在一定的兑换比例。但需要说明的是，这种类型的虚拟货币除了可以用法定货币兑换外，游戏运营商为了吸引游戏玩家往往也会在游戏中通过做任务的方式奖励用户一定量的游戏币。游戏虚拟货币虽然是虚拟的，但其在客观上确实能够与现实世界的金钱发生勾连，因此，《虚拟货币管理通知》从市场准入、发行和交易上对游戏虚拟货币的发行进行了严格的限制。其第 4 条规定："企业申请从事'网络游戏虚拟货币发行服务'业务的，除依法提交相关材料外，须在业务发展报告中提交虚拟货币表现形式、发行范围、单位购买价格、终止服务时的退还方式、用户购买方式（含现金、银行卡、网上支付等购买方式）、用户权益保障措施、技术安全保障措施等内容。"其第 6 条规定："网络游戏运营企业应当依据自身的经营状况和产品营运情况，适量发行网络游戏虚拟货币。严禁以预付资金占用为目的的恶意发行行为。网络游戏运营企业发行虚拟货币总量等情况，须按季度报送企业所在地省级文化行政部门。"《虚拟货币管理通知》第 11 条则规定："网络游戏运营企业计划终止其产品和服务提供的，须提前 60 天予以公告。终止服务时，对于用户已经购买但尚未使用的虚拟货币，网络游戏运营企业必须以法定货币方式或用户接受的其他方式退还用户。"

由上可知，游戏世界中的虚拟货币，包括预付充值卡、预付金额、点数和各种类型的游戏币。就司法实践中发生的涉及游戏虚拟货币的纠纷类型来看，侵害的主体主要包括游戏运营商、游戏币代售企业、游戏用户等三类。笔者认为，对虚拟货币的法律性质应该结合不同的虚拟货币类型和不同的纠纷类型予以具体分析。从《虚拟货币管理通知》中对游戏虚拟货币的定义来看，游戏货币可以分为游戏玩家直接或者间接购买的游戏虚拟货币；玩家在游戏程序中获得的游戏虚拟货币；游戏运营商持有的尚未被游戏玩家购买的游戏虚拟货币。而这三种类型的游戏虚拟货币的法律性质是不相同的。就游戏玩家直接或间接购买的虚拟货币来看,其实际上是法定货币在游戏世界中的体现,游戏玩家通过一定的兑换比例,直接用法定货币换取一定量的虚拟货币,以此在游戏世界中消费,而游戏运营商通过收取游戏币的形式为游戏玩家提供相应的游戏服务。因此,游戏玩家对虚拟货币的取得是经过金钱交易而继受取得的合法财产,其财产价值是毋庸置疑的,这也是为什么法院认为经过法定货币购买的虚拟货币是“添附了现实财产权利的合法财产”。[①] 在社会现实中游戏运营商在自己发行游戏虚拟货币的同时也会授权给其他公司代售游戏虚拟货币,代售公司用法定货币购买获取的游戏虚拟货币与游戏玩家购买的虚拟货币在本质上应无区别。[②] 而对于那些游戏玩家在游戏中通过完成游戏任务获取的游戏虚拟货币,其本质上仍属于游戏道具的一种,按照《游戏监管通知》第 4 条的规定,其实际上并不属于虚拟货币的范畴,因此其法律属性也就不同。游戏虚拟货币在游戏世界中充当着一般等价物的功能,与法定货币相比只不过是存在形态和存在场景发生了变化,其核心的价值功能是没有改变的。这也是为什么《虚拟货币管理通知》和《游戏监管通知》都明确规定,在网络服务商终止提供网络游戏服务时一定要采取法定货币或其他玩家认可的方式将游戏货币对应的财产价

---

① 参见朱某盗窃罪、诈骗罪案,慈溪市人民法院(2012)甬慈刑初字第 1873 号刑事判决书。

② 例如,在崔某盗窃案中,崔某利用非法获取的绍兴希望网络科技有限公司网站的账号、密码,在广州市岭南区一网吧内登录该公司网站后台,将该公司在数网 SUP 供货平台上代售的 Q 币和网易一卡通点卡的价格由人民币 1 元/个篡改为人民币 0.01 元/个,并以此窃走价值人民币 60,760 元的 62,000 个 Q 币和价值人民币 34,416 元的 34,764 个网易一卡通。法院认为,网络虚拟财产具有现实的财产价值,被告人崔某的行为直接指向他人的现实财产利益,案发时具有确定性,崔某以非法占有为目的,秘密窃取他人财物,数额巨大,其行为已构成盗窃罪。参见绍兴市越城区人民法院刑事判决书,(2016)浙 0602 刑初 1205 号。

值予以返还。而法院也对游戏玩家与游戏运营商解除网络服务合同时,对游戏装备和虚拟货币也给予了不同的处理方式。

黄某诉北京华清飞扬网络股份有限公司网络服务合同纠纷案直接指向了游戏装备和虚拟货币的法律性质问题。① 北京市第二中级人民法院认为:涉案网络游戏中虚拟战舰、人物等虚拟财产,以数据形式存在于特定的电子虚拟空间中,一种模拟财产的电磁记录,在一定元游戏环境和技术条件下,虚拟财产可能具有经济价值。例如,网络游戏存在期间,其价值限于能够满足同样参与游戏用户对某些游戏功能的需求,一般情况下一款网络游戏终止时或者用户注销时,虚拟财产即灭失。游戏用户在获得虚拟财产时占用一定时间并可能支付一定的费用,同时接受游戏经营者提供的游戏服务,享受游戏的乐趣。黄某、华清飞扬公司同意解除服务合同关系并由华清飞扬公司对黄某账号进行封号处理时,黄某创建账号、角色、获取的战舰等虚拟物品不再具有经济利益,但黄某剩余的“钻石”系充值或在游戏过程中所获,是要求华清飞扬公司继续提供服务的凭证,故在双方合同解除后,华清飞扬公司应对该部分“钻石”对应的经济利益进行弥补,具体数额,法院将参照充值购买“钻石”比例进行酌定。在这一案例中实际上法院对游戏虚拟财产进行了二元划分:一类是虚拟人物、虚拟物品和游戏账号;另一类是虚拟货币,并对以上两种类型虚拟财产的法律性质作出了不同的认定,即游戏账号、虚拟角色和物品的本质是“模拟财产”的电磁记录,其仅仅在游戏环境中具有经济价值,其随着游戏服务的终止而灭失,在本质上属于游戏服务的一部分。而虚拟货币则属于具有实际财产价值的虚拟物品,由于其与法定货币

---

① 在该案中黄某与北京华清飞扬网络股份有限公司发生纠纷而解除合同,黄某要求北京华清飞扬网络股份有限公司退还服务费10,792元并增加赔偿服务费的两倍。参见北京市第二中级人民法院民事判决书,(2016)京02民终第1044号。

之间存在一定的兑换比例，因此，在服务合同解除的时候，应该按一定的比例兑换成法定货币返还给游戏玩家。

笔者认为，与法定货币存在兑换比例的游戏虚拟货币，其具有使用价值和交换价值，在特定的游戏程序中虚拟游戏货币的投放数量与网络游戏的市场潜力和价值紧密相关，再加上国家对其发行数量和兑换比例的规制，因此，游戏虚拟货币具有稀缺性和价值稳定性。因此，游戏虚拟货币具有虚拟性、创造性、实用性、价值性。游戏虚拟货币虽然存在于网络空间，但是其源于法定货币的转换，在网络世界中充当兑换工具的作用，游戏玩家对其享有支配权，任何人都不得对其予以侵犯。游戏货币的财产价值非常显著，属于网络虚拟财产的典型类型，财产价值极为突出。

三、网络社交平台上的虚拟物品

在网络社交平台上最为常见的虚拟物品就是虚拟货币和虚拟道具，以花椒直播平台为例，其平台上存在的虚拟货币为"花椒豆"，而虚拟道具则主要表现为"玫瑰""飞机""飞吻"等。在花椒直播平台上，人民币与"花椒豆"之间，"花椒豆"与虚拟道具之间都存在固定的兑换比例，1 人民币兑换 7 个"花椒豆"，购买"玫瑰花"需要 888"花椒豆"，购买"飞机"需要 8888"花椒豆"。[①] 网络社交平台上的虚拟物品与网络游戏中的虚拟物品存在很大不同，主要表现为以下几个方面：首先，获取方式不同。在网络游戏中，游戏装备、游戏道具本身是作为游戏内容的一部分而存在的，游戏道具的功能受制于代码（code）的控制，因此，游戏装备往往是依据网络游戏开发者设计的掉

---

① 参见《花椒直播用户充值协议》，载花椒直播平台 2019 年 6 月 3 日，https://www.huajiao.com/agree/admin。

落率随机取得的,即通过杀掉怪物获得,或者通过在游戏中做任务获得。但网络社交平台上的虚拟道具则是完全独立于直播内容的,而且虚拟道具的获取也完全取决于网络用户的意愿,通过购买的方式予以获取。其次,价值不同。网络游戏中虚拟物品的价值在很大程度上是不确定的,虽然有的网络游戏运营商通过设置游戏交易平台允许用户之间的虚拟物品交易,但是虚拟物品价值的确定主要是买卖双方之间的磋商,虚拟物品的价值并没有一个官方的价格。而网络社交平台上的虚拟物品则是明码标价的,人民币与虚拟货币之间,虚拟货币与虚拟道具之间的兑换比例都是固定的。最后,交易类型不同。有些类型的网络游戏如"梦幻西游"系列,该游戏中内设有游戏物品交易平台——"藏宝阁",允许游戏玩家之间进行游戏物品交易,并且提供结算和提现服务。但是在网络社交平台上,虚拟物品的交易仅存在于网络用户与平台提供者,以及网络用户与网络直播内容提供者之间,不存在网络用户之间的虚拟物品交易渠道。

2009 年《虚拟货币管理通知》第 1 条规定:"本通知所称的网络游戏虚拟货币,是指由网络游戏运营企业发行,游戏用户使用法定货币按一定比例直接或间接购买,存在于游戏程序之外,以电磁记录方式存储于网络游戏运营企业提供的服务器内,并以特定数字单位表现的一种虚拟兑换工具";第 8 条规定:"网络游戏虚拟货币的使用范围仅限于兑换发行企业自身所提供的虚拟服务,不得用以支付、购买实物产品或兑换其它企业的任何产品和服务"。同时,2016 年原文化部出台的《游戏监管通知》对游戏虚拟货币的管理做了进一步的细化,其第 9 条规定:"网络游戏运营企业不得向用户提供网络游戏虚拟货币兑换法定货币或者实物的服务,但是网络游戏运营企业终止提供网络游戏产品和服务,以法定货币方式或者用户接受的其它方式退还用户尚未使用的虚拟货币的情况除外。"通过对以上文件的字面解读可以看出,文件直接规制的是网络游戏中的虚拟货币,并不适用于网络社交平台上的虚拟货币。但如果跳出狭隘的字面解释的窠臼,我们或许在功能意义上发现网络游戏中虚拟货币和网络社交平台上虚拟货币的更多的共性,如虚拟性、独立性、实用性、价值性。因此,基于二者的功能实质的一致性,本书认为网络社交平台上虚拟货币的法律性质应与网络游戏中虚拟货币的性质一致,即其作为法定货币在网络世界中的虚拟体现,不应因其具体形态的变化而否定其财产价值。

例如,在俞某诉北京陌陌科技有限公司不当得利纠纷案中,[①]原告俞某与柴某系夫妻关系,2020 年 2 月 1 日,柴某因患癌症去世。被告程某系陌陌直播平台主播。柴某自 2017 年 9 月开始在原告不知情的情况下,使用夫妻共同财产购买虚拟货币“陌陌币”,再使用“陌陌币”在被告直播间购买虚拟的礼物进行打赏,并私下保持不正当男女关系,柴某对被告打赏合计人民币 404,513.3 元。原告俞某向被告程某说明情况要求归还打赏赠与款项,但被告拒不退还。原告认为,柴某对被告程某的充值打赏赠与行为,非法处置了原告的夫妻共同财产。未经原告同意,将共同财产用于充值打赏,侵害了原告的合法权利。而被告认为,其取得柴某的打赏系基于合同取得,并非不当得利;柴某使用陌陌软件与被告形成合法有效的网络消费服务合同关系,柴某的消费行为是有效的民事行为,被告不负有返还义务;柴某对充值打赏的财产享有处分权,被告为善意第三人,原告所谓“柴某未经其同意处置夫妻共同财产而主张充值打赏行为无效”不能对抗被告。在这一案件中,对该法律纠纷的处理就涉及打赏行为的法律定性,而对打赏行为的法律定性则必

① 参见俞某诉北京陌陌科技有限公司不当得利纠纷案,金华市婺城区人民法院(2020)浙0702 民初 3102 号民事判决书。

须判明“陌陌币”的法律性质。法院最终认为，柴某使用夫妻共同财产购买虚拟货币“陌陌币”，再使用“陌陌币”在被告直播间购买虚拟的礼物进行打赏一事中，购买“陌陌币”的行为仅仅是对财产存在形式的转换，并未发生实质上的减损，处分夫妻共同财产并发生减损的行为应该是在被告程某直播间赠送礼物的行为。观看直播并未设置门槛，“陌陌”用户可以任意观看直播节目，并不要求其赠送礼物或规定必须赠送的数额，因此，用户赠送礼物的行为与主播的表演行为或平台的运营行为均非对待给付义务，故不能视其为消费行为，故应认定为赠与行为。被告直接通过柴某的赠与行为获取了收益，而非通过提供了所谓的有偿服务或者其他法律行为所获取。因此，柴某与被告之间形成赠与合同关系。同时，该行为系出于对不正当男女关系的追求，违反了公序良俗，应属无效，被告理应返还该部分财产。可见，虚拟物品与虚拟货币在功能和法律实质上是不同的，虚拟货币作为法定货币在虚拟世界的表现形式具有真实财产价值，其法律性质不因所处场域的变化而变化，应该被视为真正的网络虚拟财产。

网络社交平台上虚拟道具的法律性质为何，其与虚拟货币是否属于同一法律属性？这是接下来亟待解决的问题。在当前的网络社交平台上，虚拟道具的获得途径有二，一是直接充值获得，二是先充值获得虚拟货币，然后再通过虚拟货币购得。同时，通过比较分析我们可以得知网络社交平台上的虚拟道具与网络游戏中的虚拟道具也存在不同，因此，即使网络游戏中虚拟道具的法律性质存在明确的定性，其也不能简单地套用于网络社交平台上的虚拟道具。我们必须从网络社交平台上虚拟道具的产生过程和实际功能出发，对其法律性质予以探究。仍以花椒直播平台为例，花椒《用户注册协议》第1条规定：“花椒平台是花椒团队（以下统称‘本团队’）向用户提供的一种更方便的进行视频直播、观看视频直播服务并与注册用户进行互动的视频社交平台。花椒平台将为用户提供虚拟礼物、技术支持、流量入口等进行视频社交所需的服务。"第 9 条规定:"凡是下载、浏览和发布内容的用户均为花椒平台用户。您可在花椒平台进行视频直播(此时您称为'主播')、观看视频直播服务并与其他注册用户互动,赠与或接受其他注册用户或花椒平台赠与的虚拟礼物,赠与的虚拟礼物一经送出即不可撤销。但您与花椒平台不构成任何法律制度层面的雇佣、劳动或劳务关系。"①由此可见,花椒直播平台只是作为直播服务平台提供者,而非网络直播内容提供者。其盈利模式主要是吸引网络直播内容提供者和消费者在其平台注册,并提供基本的技术支持,对网络直播内容提供者在平台上的盈利抽取一定比例作为管理费,就花椒平台来看,其提取的比例占博主收入的 20% ~ 30% 。其具体的盈利模式是,直播平台通过提供虚拟物品兑换服务,将网络用户(消费者)的法定货币兑换为可以在该平台上消费的虚拟货币,然后消费者可以虚拟货币购买相应的虚拟道具打赏(赠与礼物)喜欢的网络主播,网络直播平台通过为网络主播提供结算服务,将网络直播收取的虚拟货币兑换成相应金额的人民币,扣去一定比例的管理费之后,将剩余款项打给博主,从而实现直播平台与博主的互利共赢。

因此,我们可以看出,在功能意义上,网络社交平台上的虚拟道具和虚拟货币实际上扮演着同样的角色,即购买网络直播服务的信用工具,其在本质上与法定货币并无区别,只是表现形态发生了变化而已。在网络社交平台上,不管是虚拟货币或者是虚拟道具,网络用户都对他们享有绝对的支配权,而这种支配权的实现并不受代码的约束,因为无论是网络用户的兑换行

① 参见花椒直播《用户注册协议》,载 https://www.huajiao.com/agreement.html,2022 年 2 月 19 日访问。

为还是其赠与行为,都是网络用户意思自治行使的结果,其对虚拟物品的支配性是绝对且排他的。因此,本书认为,网络社交平台上的虚拟道具与虚拟货币在法律性质上是一致的,其作为具有明显的财产价值的虚拟物品与一般财物并无区别,只是其表现形态有所不同,其应该被视为真正的网络虚拟财产,并受到财产法的保护。

四、比特币

比特币本质上是由分布式网络系统生成的数字货币,比特币之所以被部分人视为新型货币——"黄金货币",[①]主要是基于以下论点:其一,比特币具有稀缺性,类似于黄金低产出和数量有限的特点。比特币在全网的数量固定在2100万个,并且已在2014年被全部挖完。其二,比特币具有交易媒介功能。在社会商业实践中,比特币作为一种货币已经得到了个别商家的承认,同时比特币还可以被分解到小数点后第8位,方便微型支付。[②] 其三,比特币具有储藏功能。比特币作为一种数字存在形式,其可以被储存在计算机系统中,如果需要将比特币的价值兑现,则可以登录电脑系统按照当时的汇率将其兑换为法定货币。其四,比特币具备世界货币的功能。比特币以去中心化为本质特征,不存在以国家主权信用为担保的发行中心,这决定了比特币可以在世界范围内被广泛地使用。因此,有学者认为比特币具有货币的价值和使用价值。与此同时,反对比特币为虚拟财产的学者认为,在民法中货币(纸质货币)被视为特殊动产,该动产之所以被视为财产并不是因为其本身包含了多少无差别的人类劳动,而是其本身作为国家信用的

---

① 参见于江:《新型货币"比特币":产生、原理与发展》,载《吉林金融研究》2013年第5期。

② 参见贾丽平:《比特币的理论、实践与影响》,载《国际金融研究》2013年第12期。

体现被强制性地赋予了一般等价物的地位，并代表了一定的财产价值。[①] 但比特币价值的产生则与之截然不同，比特币完全没有财产担保，没现金储备，算出来的数字符号没有资产支持，没有法律基础，一旦失去信用保证，就真的只剩下一堆数字符号。[②] 正基于此，《关于防范代币发行融资风险的公告》中明确规定："代币发行融资中使用的代币或'虚拟货币'不由货币当局发行，不具有法偿性与强制性等货币属性，不具有与货币等同的法律地位，不能也不应作为货币在市场上流通使用。""融资主体通过代币的违规发售、流通，向投资者筹集比特币、以太币等所谓'虚拟货币'本质上是一种未经批准非法公开融资的行为。"[③]

根据网络虚拟财产的判断标准和比特币的自身特点可知，判断比特币是否属于网络虚拟财产的关键在于确定比特币是否具有虚拟性、创造性、实用性和价值性。比特币是计算机技术而催生的一种新货币形态，其存在于网络空间中，在功能上模拟法定货币充当一般等价物，因此其虚拟性毋庸置疑。同时，就比特币是否具有创造性而言，我们必须结合比特币的产生过程予以判断。比特币的产生遵循着"去中心化"这一特殊的规则，比特币的产生是一场计算机算法的大比拼，掌握最为强大算法的用户就可以获得最新产出的比特币，而算法比拼的背后则是"淘金者"在算法计算能力和电量供应能力上的对决。由此可见，比特币的存在场景与劳动财产理论假设的自然状态极为相似，而算法作为一种更为高级的智力劳动，本质上仍属于人类

---

① 参见李锡鹤：《作为种类物之货币"占有即所有"无例外吗——兼论信托与捐赠财产的法律性质》，载《法学》2014 年第 7 期。

② 参见吴洪、方引青、张莹：《疯狂的数字化货币——比特币的性质与启示》，载《北京邮电大学学报(社会科学版)》2013 年第 3 期。

③ 参见《关于防范代币发行融资风险的公告》，载中国证监会官网 2017 年 9 月 4 日，http://www.csrc.gov.cn/pub/newsite/zjhxwfb/xwdd/201709/t20170904_323047.html。

“改良性劳动”的范畴，因此，比特币符合财产的创造性特征。

因此，判断比特币是否属于网络虚拟财产的关键是对其是否具有实用性和价值性的判断。对此，我们可以通过具体的案件予以剖析。在闫某等与李某等财产损害赔偿纠纷案中，一审法院认为，目前我国未认可比特币、天空币等所谓“虚拟货币”的货币属性，禁止其作为货币进行流通使用等金融活动，但并未否定上述虚拟货币可以作为一般法律意义上的财产受到法律的平等保护。二审法院上海市第一中级人民法院进一步认为，比特币属于网络虚拟财产，应从法律上予以保护。理由如下：第一，原《民法总则》第127条规定：“法律对数据、网络虚拟财产的保护有规定的，依照其规定。”法律对网络虚拟财产的保护持肯定态度。第二，要获得比特币，既需要投入物质资本用于购置与维护具有相当算力的专用机器设备等，也需要耗费相当的时间成本，其间凝结了人类抽象的劳动力。同时，比特币可以进行转让并产生经济收益。因比特币具有价值性、稀缺性、可支配性等特点，具备权利客体的特征及虚拟财产的商品属性，符合虚拟财产的构成要件。① 而在另外一个案例中，被告人刘某创建“BTCETH担保交易群”微信群，以对以太坊虚拟币提供交易担保的名义发展成员。2017年12月30日，被害人朱某在该微信群里发布出售以太币的信息，刘某通过微信联系朱某并谎称以每个以太币5000多元的价格收购朱某50个以太币。当日15时许，朱某将50个以太币转到刘某指定的以太坊钱包后，刘某即将朱某的微信“拉黑”并“踢出”微信群。同日，刘某以同样手段获取被害人倪某10个以太币。此后，刘某

① 参见闫某诉李某等财产损害赔偿纠纷案，上海市第一中级人民法院（2019）沪01民终13689号民事判决书。

将获取的60个以太币等虚拟货币出售套现30余万元。[①] 一审法院以非法获取计算机信息系统数据罪对该案予以处理。但是,检察院抗诉认为,一审判决适用法律不当,定性错误。首先,被告人的主观目的是非法占有被害人的以太币,非法获取计算机信息系统数据只是被告人为了实现非法目的而采取的犯罪手段,本质上属于以非法占有为目的骗取他人财物的诈骗行为。其次,虽然2017年9月中国人民银行等七部委联合发布公告,禁止中间交易平台从事"比特币"等虚拟货币的平台兑换、买卖业务,但并未否认虚拟货币的经济价值,像数字货币这样仅被禁止作为货币流通的有"虚拟商品属性"的财产,应当作为犯罪对象。最后,被害人朱某等人付出人民币对价后得到以太币,不仅是一种特定的虚拟商品,而且代表着被害人在现实生活中实际享有的财产,其损失的财产应受刑法保护。

从以上案例可以看出,比特币交易网络为比特币提供了准确的价格发现机制,比特币的交易模式的建立为比特币的价值实现提供了可靠的法律路径。因此,比特币的财产价值非常明显。虽然七部委发布通知禁止比特币等虚拟货币作为货币进行流通使用等金融活动,但是该规定并未否定比特币等虚拟货币作为网络虚拟财产的法律正当性。正如上文所言,财产的实质是法律主体之间的一组权利义务关系的总和。根据民法的一般原理,只要法无禁止性规定,则一般应认定当事人之间的法律行为有效,其形成的法律关系应受法律保护。因此,在当前法律并未禁止比特币持有和转让的情况下,应当承认比特币属于网络虚拟财产的一种类型。

---

① 参见孟某、刘某非法获取计算机信息系统数据、非法控制计算机信息系统罪案,温州市中级人民法院(2019)浙03刑终1117号刑事裁定书。

五、游戏装备

（一）游戏装备的运行机理与获取方式

游戏用户选择使用某款网络游戏必须经过以下程序：首先，游戏用户需要在自己的电脑或手机上下载安装该款游戏的客户端，在这一过程当中，游戏运营商往往会把该款游戏的《用户服务协议》、《最终用户许可协议》或《玩家守则》通过文本或者链接的形式呈现给玩家，并以此作为进行下一步安装程序的必要条件；其次，玩家需要在客户端里设定自己的用户名和密码，以此作为自己在该游戏世界里面的电子ID；最后，玩家进入游戏世界，选择自己喜欢的人物角色，挑选各种武器装备和游戏模式，开始网络虚拟世界的冒险。游戏用户在网络游戏里纵横拼杀充分体验虚拟世界带来快感的同时，游戏用户的电脑和网络运营商的游戏服务器之间进行着快速的数据交流与切换。例如，当玩家在游戏中竭尽全力绞杀一头"怪兽"，当这个"怪兽"已濒临死亡，亟须致命一击的时候，玩家果断点击鼠标，使用道具"屠龙刀"，试图完成对该"怪兽"的绝杀。此时，玩家的游戏客户端就向游戏服务器发出使用"屠龙刀"的请求，游戏中央服务器通过对客户端用户资料的分析，对玩家等级、技能、生命值等使用该"屠龙刀"的资质进行认定，如果玩家符合资质要求，则立刻对该申请予以批准，并指令玩家客户端里面构成"屠龙刀"的相关数据迅速组合，以实现对"怪兽"的斩杀。与此同时，中央服务器还要处理来自另一方（"怪兽"）的数据请求，通过对该角色的故事设定、技能和生命值进行分析，作出该代码运行程序已经终结的指令，使该代码开始进入休眠状态，具体表现为该"怪兽"死于"屠龙刀"下。因此，游戏用户参与网络游戏的过程也就是玩家客户端与游戏服务器之间数据信息的交换过程。之所以对游戏装备的技术构成与运行机理予以概述，目的是为大家揭示绚烂的游戏世界背后的法律关系实质，为我们进一步探析游戏装备的法律性质与保护奠定良好的基础。

在当前我国网络游戏市场中，深受广大游戏爱好者青睐的是多人在线游戏，多人在线网络游戏的故事内容各有不同，但其基本模式是通过故事线的设计，赋予游戏人物特定的目标，该目标的实现往往需要完成众多的“艰难”任务，也正是因为任务的“困难”，才使游戏玩家必须借助于一定的游戏装备和道具。游戏装备在游戏当中主要表现为宠物和武器，如各种神兽、刀、剑、斧、锤等，这些虚拟物品的主要作用是辅助虚拟角色在游戏中进行各种冒险活动，就当前我国网络游戏的规则设置来看，游戏装备的获取一般有以下三种渠道：其一，玩家可以通过在游戏中做任务、打怪获得。在打怪升级的游戏类型里面，网络游戏运营商对具有特殊功能的游戏装备都设计一定的掉落率，玩家如果在游戏中打败对手，就有机会获取。其二，游戏玩家可以直接在游戏商店中购买获得。例如，在《魔兽世界》这款游戏中，游戏里内置有虚拟商店，出售各种虚拟装备，玩家可以通过人民币充值获取游戏币，进而购买相应的装备。就打怪升级类网络游戏而言，玩家的等级和装备质量直接决定了其在游戏中的地位和技能，因此，个别玩家不惜重金购买游戏装备，以取得在游戏中的“王者”地位，这些游戏玩家被网友称为“人民币玩家”。其三，游戏装备可以通过玩家之间的转让、买卖或赠与获得。而玩家之间转让、买卖、赠与游戏物品的具体路径又可以分为三种：第一种途径是通过网络游戏内置的网络商品交易服务平台进行交换，如《梦幻西游》系列游戏里的“藏宝阁交易平台”。第二种途径是通过第三方成立的网络游戏交易服务平台进行，如“5173 网络游戏服务平台”，以及存在于淘宝网等第三方网站上的游戏商品交易平台。由于大部分从事网络游戏商品交易的第三方服务平台往往未获得游戏运营商的许可，且缺少必要的网络交易监管措施,在第三方交易平台上不乏出现以牟利为目的的买卖盗窃所得虚拟财产的不法行为。第三种途径是游戏玩家直接通过线下协商线上转让的方式予以实现的。

(二)网络游戏服务协议对游戏装备的相关规定

《魔兽世界》(World of Warcraf)是由美国暴雪娱乐股份有限公司(Blizzard Entertainment,Inc.)开发的一款大型多人同时在线角色扮演游戏。该款游戏以精彩的故事剧情和逼真的视听体验在全球范围内赢得了广大游戏玩家的青睐,同时其游戏的运作模式也受到其他游戏开发公司的效仿,因此,其合同文本中对网络游戏虚拟财产归属和行使的设计具有代表意义。《魔兽世界》中直接涉及游戏虚拟财产归属和交换的合同文本有《魔兽世界中文版使用条款》和《魔兽世界最终用户许可协议》。其中《魔兽世界中文版使用条款》第7条规定了虚拟物品的所有权以及交易行为:“暴雪对程序中出现的所有内容拥有所有权、许可权或其他权利,暴雪通过与运营方的排他性安排在区域内发行上述内容。您同意您对这些内容不具有权利,包括程序中出现的或原产于程序的虚拟物品(包括但不限于程序内货币、材料、装备,等),或者其他与账号相关的或存储在服务器上的内容。暴雪和/或运营方不承认在程序之外的发生的虚拟物品的转让行为或在‘真实世界’中发生的任何与程序有关的销售、转让或交易行为。所以,您不得在程序之外出售物品获得‘真实’货币或交易有价值的物品。如运营方断定您违反本条规定,运营方有权单方决定采取处理措施以保护服务和程序,包括但不限于收回违反本条款而获得或转移给他人的虚拟物品、倒扣数值、暂时或永久冻结该账号。”《魔兽世界最终用户许可协议》第3条是对所有权的规定,即“暴雪拥有《魔兽世界》游戏及其副本(包括但不仅限于账号数据、客户服务历史、聊天室脚本、角色信息、游戏内的游戏记录,以及包括您账号内的游戏角色与物品在内的其他全部相关信息)的全部权利、所有权以及知识产权”。所以,从该合同文本可以看出,在《魔兽世界》中网络游戏运营商保留了对包括游戏账号、物品、角色在内的全部游戏信息的权利,虽然该种权利的性质究竟是所有权还是知识产权尚未得知。但合同文本明确规定的是,玩家对该游戏中的虚拟财产既不享有任何权利,也不得在游戏设定程序之外销售、转让或交易游戏财产。游戏用户享有的“权利”仅是按照游戏程序设定接受游戏服务,体验参与游戏带来的乐趣。

我国网易公司运营的《梦幻西游》系列游戏中的网络服务条款对网络游戏虚拟物品的权属问题进行了更为详细的规定。《网易游戏使用许可及服务协议 v1.0.0》[①]第6条对游戏道具的所有权进行了规定:“游戏虚拟物品(或简称‘虚拟物品’)包括但不限于游戏角色、资源、道具(包括但不限于游戏中的武器、坐骑、宠物、装备等)等,其所有权归网易公司,用户只能在合乎法律规定的情况下,根据游戏规则进行使用。”并对网络游戏虚拟物品的转让方式进行了限定,即第16条第10款规定:“用户只可在游戏内或者通过网易公司认可的交易平台(如有)进行游戏虚拟物品交易。对于用户在任何非网易公司事先认可的充值平台或其他交易平台进行充值或进行其他交易的相关行为(包括但不限于用户通过第三方进行充值或游戏内虚拟物品的购买),网易公司将予以严厉打击和处罚。一经查证属实,网易公司有权视具体情况采取各种处理措施,包括但不限于如下一项或几项:警告、倒扣数值、冻结或回收游戏虚拟物品、暂时冻结玩法、永久冻结玩法、强制离线、封停账号、删除档案及采取其他技术措施防止用户从事该等行为;情节严重

① 参见《网易游戏使用许可及服务协议 v1.0.0》,载 http://update.unisdk.163.com/html/latest_v5.html,2022年2月19日访问。

的，网易公司保留追究用户法律责任的权利。”同时，在该款游戏中可以通过交易平台交易的虚拟物品只能是那些没有带有“已绑定”和“禁止交易”标识的虚拟物品。与此同时，在《〈梦幻西游〉手游服务条款》第7条(“用户的义务”)第10款中，网易又对可交易的虚拟物品的范围和目的进行了严格限制：“为避免破坏游戏的公平性或平衡性，用户同意并理解其只能通过产品和服务进行正常的娱乐互动，以及基于该等娱乐互动的需要而于网易公司提供或认可的交易平台上交易游戏道具。除上述情形之外的游戏道具交易或其他任何牟利情形将被视为牟取不正当利益，包括但不限于用户利用多个游戏角色以营利为目的交易游戏道具、充当游戏道具交易中介收取中介费等。”由此可见，在《梦幻西游》这款游戏中，依据合同条款，游戏玩家仅享有使用网络游戏虚拟财产的权利，其所有权则归网易公司所有。①

腾讯公司就其旗下开发的游戏产品统一制订了《腾讯游戏许可及服务协议》②，其中第4条第8款规定：“您充分理解并同意：游戏虚拟道具及其他游戏增值服务等均是腾讯游戏服务的一部分，腾讯在此许可您依本协议而获得其使用权。您购买、使用游戏虚拟道具及其他游戏增值服务等应遵循本协议、游戏具体规则的要求。同时，游戏虚拟道具及其他游戏增值服务等可能受到一定有效期限的限制，即使您在规定的有效期内未使用，除不可抗力或可归责于腾讯的原因外，一旦有效期届满，将会自动失效。如相关游戏虚拟道具及其他游戏增值服务没有标明使用期限，或者标明的使用期限为

① 网易公司有权对牟取不正当利益的用户同时采取以下措施：对所有参与牟取不正当利益的账号(包括但不限于获得、转移、出售游戏道具的账号)进行倒扣数值、回收游戏道具、暂时隔离、永久隔离、强制离线、封停账号、删除档案及采取其他技术措施防止用户从事该等行为；情节严重的，网易公司保留追究用户法律责任的权利。

② 参见《腾讯游戏许可及服务协议》，载腾讯游戏网，https://game.qq.com/contract.shtml，2022年2月19日访问。

'永久'或其他具有与'永久'相同或类似意思的内容的(如'无限期''无限制'等),则其使用期限为自您获得该游戏虚拟道具或其他游戏增值服务之日起至该游戏终止运营之日止。"并在第4条第16款中规定了免责声明,未经腾讯许可,您不得擅自与其他用户进行游戏虚拟道具及其他增值服务的交易,或从第三方通过购买、接受赠与或者其他方式获得游戏虚拟道具及其他增值服务。腾讯不对第三方交易行为(第三方交易,是指您从第三方通过购买、接受赠与或者其他的方式获得游戏虚拟道具及其他增值服务的行为)负责,并且不受理因任何第三方交易发生纠纷而带来的申诉。在第6条第5款第8项中规定,未经腾讯许可,擅自与其他用户进行游戏虚拟道具及其他游戏增值服务等交易,或从第三方通过购买、接受赠与或者其他方式获得游戏虚拟道具及其他游戏增值服务,腾讯将对其按照本条款规定的一种或多种方式进行处理。因此,依据腾讯公司提供的服务合同文本,游戏道具、游戏装备属于腾讯公司提供的游戏服务的一部分。基于以上网络服务协议对游戏装备的规定,我们发现以下基本信息,而这些信息对我们了解游戏装备的真实性质具有重要意义。

其一,游戏运营商不承认游戏用户对游戏装备享有所有权。在合同文本中游戏运营商仅仅承认其出卖给游戏用户的是游戏装备的使用权,[①]并且该使用权往往是附有期限的,游戏用户以此接受网络游戏运营商提供的游戏服务。与此同时,服务合同还往往规定游戏运营商对游戏所有数据享有"相关权利"(但对该项权利的性质往往进行了模糊化处理)。在

---

① 《〈网易梦幻西游online〉"藏宝阁"网上交易平台服务条款》第6条规定:交易标的,指且仅指在"藏宝阁交易平台"中准备转让的"游戏道具"使用权。游戏道具是《网易梦幻西游online》网络游戏中的虚拟物品,其所有权属于网易公司。网易公司按照一定的规则,授权游戏用户使用上述虚拟物品。第7条规定:本条款以及"藏宝阁交易平台"中所描述的"出售""购买""买""卖""交易"等用词,均指且仅指游戏道具使用权的转让行为。游戏道具的所有权归网易公司所有。

本质上游戏装备只是数据的集合，游戏运营商通过对数据权利的自我赋予，也就间接地排除了游戏用户对游戏装备享有所有权的可能性。从以上合同条款来看，游戏玩家对游戏装备享有的权利仅是使用权，而游戏运营商对游戏装备享有的则是所有权。从文本的表述来看，游戏运营商似乎是当然地将游戏装备进行了物化处理，其目的无非是通过民法中所有权的自我赋予，取得对游戏装备的绝对支配权和排他权。但遗憾的是，这一前置性的假设恐怕很难成立，因为游戏装备在存在形态和功能属性上都异质于典型的所有权客体。根据物权法定的基本原则，游戏装备想要成为物权客体必须经过法律的检验与认可，而不是游戏运营商所能单方赋予的。

其二，游戏运营商对游戏装备的交易进行严格限制。游戏运营商在游戏服务协议中对游戏装备的限制主要是通过以下方式实现的：(1)规定可以交易的游戏装备的类型。只有那些“未绑定”且未“禁止交易”的游戏装备才能进行交换、赠与或买卖。(2)限制游戏装备交易的方式。就以上3款游戏来看，游戏运营商对游戏中游戏装备交易的途径进行了严格的限制，游戏用户只能在运营商提供的交易平台上进行游戏装备的交易，虽然在《英雄联盟》中游戏运营商只是“不提倡”从第三方交易平台或个人手中购买、接受赠与游戏装备，但其并不保证通过以上方式获取的游戏装备在游戏中能够正常使用，[①]并对可能引发的纠纷不负任何法律责任，从而在实际上否定了从第三方获取游戏装备的行为。(3)限制游戏装备交易的目的。在网络游戏

---

① 在腾讯制定的《〈英雄联盟〉之〈玩家条例〉》中，腾讯不提倡的交易方式包括但不限于以下几种方式：(1)通过第三方开设的所谓“专业游戏交易平台”网站购买；(2)通过第三方开设的其他电子网络交易平台网站购买；(3)向第三方开设的所谓“游戏工作室”“打币工作室”购买；(4)向其他用户使用真实货币购买。

服务合同文本中,涉及游戏装备交易的相关内容往往规定在《玩家守则》部分,其实际上是将游戏装备的交易仅视为游戏规则的一部分,即游戏装备交易的目的是娱乐互动的需要,任何以牟利为目的的游戏装备交易行为都是破坏游戏公平性、平衡性,扰乱网络游戏秩序的违约行为。① (4)严格惩处违规的游戏装备交易行为。一旦游戏用户通过第三方平台购买游戏装备或者以牟利为目的买卖游戏装备则可能面临被扣数值、回收游戏道具、暂时隔离、永久隔离、强制离线、封停账号、删除档案等一系列严重的惩罚措施。以上可以看出,在网络游戏中游戏官方所认可的游戏装备交易并不是我们想象中的将游戏装备兑换成法定货币,而是在游戏商店内将其兑换为游戏币进而可以购买其他游戏装备,游戏玩家组建工作室将游戏内的游戏装备通过线下交易的方式卖给其他游戏玩家的行为不仅扰乱了游戏的秩序平衡,而且也直接侵害了网络游戏运营商发行游戏装备的垄断利益。

其三,严格限制游戏装备向法定货币的逆向兑换机制。在大部分网络游戏中,游戏运营商通过游戏商城提供的服务主要是把相关的游戏装备兑换为游戏币,以此在商城里面购买其他游戏商品,不存在将游戏装备和虚拟货币兑换为法定货币的逆向导出机制。② 我国原文化部 2016 年发布的《游戏监管通知》第 9 条、第 10 条分别规定:“网络游戏运营企业不得向用户提供网络游戏虚拟货币兑换法定货币或者实物的服务,但是网络游戏运营

---

① 在《魔兽世界》中,在游戏商店卖出虚拟财产获得的仅仅是游戏币,不存在虚拟财产→现实货币的逆向路径设计。《英雄联盟》和《王者荣耀》则属于回合制游戏类型,即不存在角色、技能升级程序设置,其通过游戏商城购买的虚拟物品主要是装扮性质的,如皮肤,而且不能在商城里面出售。只有《梦幻西游》系列游戏才可以通过“藏宝阁”交易平台将虚拟财产兑换为人民币,但严格限于非牟利的娱乐目的。

② 在我国的大型娱乐游戏中存在例外的是《梦幻西游》系列游戏,通过网易公司的“藏宝阁”网上交易平台,游戏玩家可以将其游戏虚拟财产兑换为法定货币。

企业终止提供网络游戏产品和服务，以法定货币方式或者用户接受的其它方式退还用户尚未使用的虚拟货币的情况除外。”“网络游戏运营企业不得向用户提供虚拟道具兑换法定货币的服务，向用户提供虚拟道具兑换小额实物的，实物内容及价值应当符合国家有关法律法规的规定。”因此，就当前法律规范性文件的规定来看，其严格禁止游戏运营商就法定货币与游戏装备的逆向转换提供技术支持，立法部门的用意或许是多方面的，如出于网络金融管控和网络秩序管理的目的，但是其中蕴含的基本态度也不难看出，即不认为网络游戏中的游戏装备与现实物品一样具有财产价值。

因此，通过对网络游戏服务合同文本的考察，我们可以看出网络运营商对游戏装备的基本态度，即将其视为网络游戏提供服务的一种具体形式，游戏玩家仅是按照服务协议规定的方式对该游戏装备予以使用，除此之外不享有任何权利。考虑到网络运营商与游戏玩家之间网络服务协议的存在，游戏玩家与游戏运营商就提供网络游戏服务存在一系列的权利义务关系，而具体的游戏装备似乎仅是作为游戏玩家债权实现的一种凭证而已。

（三）当前司法实践对游戏装备法律性质的认定

在司法实践中，因游戏装备引发的纠纷案件一般涉及网络运营商、游戏玩家与非法获取游戏装备的第三人，其主要发生于以下场景：一是网游运营商以玩家违反游戏规则为由对游戏玩家进行处罚引发的纠纷；①二是因游戏

---

① 参见孔某诉广州网易计算机系统有限公司网络服务合同纠纷案，广州市天河区人民法院(2013)穗天法民二初字第4742号民事判决书。

玩家的游戏装备丢失或在游戏中发生故障与游戏运营商发生的纠纷;[①]三是第三人非法获取游戏玩家游戏装备引发的纠纷。[②] 在笔者目前搜集到的涉及游戏装备纠纷的民事判决书来看,鲜有游戏玩家直接针对第三人提起的民事侵权案件,究其原因,其主要是基于网络空间的虚拟性和技术复杂性特征,游戏玩家在发生游戏装备丢失的情况下(游戏故障或被他人窃取)难以识别其真正的发生原因,即使明知其游戏装备被他人窃取,其也难以寻得侵权人的行踪,此时游戏玩家往往以游戏运营商未履行网络服务协议规定的安全保障义务为由,直接要求游戏运营商承担相应的民事责任。游戏玩家直接对第三人提起诉讼的主要是刑事案件。我国在 2003 年出现了第一例涉及游戏装备的民事纠纷,[③]2006 年出现了第一例因游戏虚拟物品引发的刑事纠纷。[④] 十几年来,我国司法实践就游戏装备的纠纷处理积累了大量有益的司法经验,而且国家立法、司法机关也陆续出台了一系列的司法解释和指导案例为游戏虚拟装备纠纷的处理提供指引。因此,对司法实践中发生的游戏装备法律纠纷予以研究与梳理,并基于司法实践的视角和场景对游戏装备纠纷的类型和特征予以分析,可以为我们科学地认识游戏装备的法律性质提供宝贵的研究进路。

林某与上海盛大网络发展有限公司网络服务合同纠纷案是涉及游戏装

① 参见赖某诉广州华多网络科技有限公司网络服务合同纠纷案,广州市中级人民法院(2016)粤 01 民终 14916 号民事判决书。

② 第三人非法获取游戏玩家虚拟财产数额较大往往构成刑事案件,参见临海市人民法院刑事判决书,(2015)台临刑初字第 1155 号。

③ 参见李某诉北京北极冰科技发展有限公司娱乐服务合同纠纷案,北京市朝阳区人民法院(2003)朝民初字第 17848 号民事判决书。

④ 参见曾某盗窃罪案,深圳市南山区人民法院(2006)深南法刑初字第 56 号刑事判决书。

备法律性质认定的典型案例。[①] 一审法院认为,“林某通过游戏拥有‘复活戒指’一枚,该枚‘戒指’虽非现实存在物,而为虚拟财产,但林某为此付出了一定的时间及精力,并能为游戏者带来一定的精神愉悦,因而具有财产性利益。上海盛大网络发展有限公司作为游戏运营者负有非经法定事由不使林某丧失其拥有的虚拟财产所有权的安全保障义务和及时保存其在服务器中游戏运行历史数据的义务。对于林某拥有的‘复活戒指’的消失,上海盛大网络发展有限公司提供其自身出具的相关证明予以说明该‘复活戒指’属林某使用消耗,但又未能提供该‘复活戒指’的历史使用数据,故其该辩称意见,不予采信。因此,判决被告上海盛大网络发展有限公司于本判决生效之日起七日内返还原告林某‘复活戒指’一枚。”上海盛大网络发展有限公司不服判决提起上诉,二审法院认为:“原被告通过订立《最终用户使用许可协议》,建立了由上海盛大网络发展有限公司为林某提供内容服务的网络服务合同关系。原判将本案案由确定为返还原物纠纷,并援引我国《民法通则》第117条关于侵犯财产权利的规定判决,属适用法律不当,二审予以纠正。”同时,二审法院还认为,在互联网时代,网络游戏作为消遣娱乐工具,在带来精神愉悦的同时,还附带产生虚拟财产利益。我国原《物权法》对此虽然没有规定,而网络虚拟物品作为一种无形财产,在现实生活中可与现实财产发生联系并具有交换价值,但依然不改网络游戏作为人们精神需求的核心价值。而该核心价值只能通过游戏时间和游戏技能得以充分体现,若以购买游戏装备的方式来提升游戏角色的魔法技能与生命值,或者进行游戏虚拟

① 林某是上海盛大网络发展有限公司经营的网络游戏《热血传奇》的游戏玩家,此后,林某在游戏过程中取得一枚“复活戒指”。2007年9月中旬,该“复活戒指”从林某的游戏角色仓库中消失。林某因此诉请法院要求盛大网络发展公司返还该“戒指”。参见温州市鹿城区人民法院民事判决书,(2008)温鹿民初字第2697号。

物品的买卖,都不应予提倡,并将违背网络游戏的核心价值。法院最终判决,林某主张涉案“复活戒指”系上海盛大网络发展有限公司恶意查封删除的证据不足,该事实主张不能成立,同时,林某也未提供其他证据证明上海盛大网络发展有限公司违反了网络服务合同义务,因此,林某要求返还涉案“复活戒指”的诉讼请求缺乏事实和法律依据,法院不予支持。因此,可以看出,虽然二审法院该游戏装备视作“无形财产”,但其实际上仍是将游戏装备作为网络游戏的一部分予以看待,其蕴含的价值主要是精神层面的,即使在现实生活中其本身具有交易的可能性,但其本质上仍不属于具有实现使用价值和交换价值的财产。

(四)学界对游戏装备法律性质的不同观点

游戏装备包括虚拟角色、饰品、宝物等各种游戏构成要素,其本质上属于网络游戏故事内容的一部分,用户在游戏享受到的视听体验和个性化服务离不开对上述游戏装备的使用。网络游戏世界是虚拟的,游戏用户自己不能“身临其境”地进入游戏世界,而必须借助各种游戏道具,因此,像《魔兽世界》《梦幻西游》这类的网络游戏又被称为“角色扮演游戏”(role-playing games),玩家在游戏世界里的一举一动都必须借助虚拟替身(avatar)和虚拟道具才能实现。当前的游戏装备研究中,学者们关于该种类型游戏装备的法律性质和归属存在较大争议,其主要争议在于该虚拟物品是不是民法上的“物”?能不能将其作为物权的客体予以规制?

当前学界对游戏虚拟物品法律性质的认定存在“物权说”“债权说”“知识产权说”“新型财产权说”之间的争论。“知识产权说”论者认为,游戏装备作为智力成果的体现,其应该作为知识产权的客体受知识产权法保护。[①]但是,就知识产权的典型代表著作权来看,其保护的实质内容是作者无形的智慧结晶,如一个令人动容的故事,而该故事被读者接受需要一个间接的媒介或载体,如故事书。因此,知识产权法保护的客体是知识产权人的无形智力成果而非该成果的载体。可见,将游戏虚拟物品视为知识产权客体的观点是存在重大理论缺陷的,因为虚拟物品只是作为游戏开发人员智力成果的一种载体而已,而非智力成果本身。"新型财产权说"论者认为,游戏装备具有其自身的特殊性,一方面,其作为一种特殊的物,游戏用户可以在虚拟世界中对其进行利用,并通过游戏商店对其进行买卖;另一方面,游戏装备的数据本质又决定了游戏用户对它的利用离不开游戏运营商的后台技术支持,因此,游戏玩家对虚拟物品的使用仅是一种基于网络游戏服务协议而存在的债权请求权,游戏装备的利用在本质上可以抽象成一种"申请—核实—批准"的许可过程。游戏用户对游戏装备的利用在很大程度上有别于物权行使的排他性与支配性,但又难以将其视为一种纯粹的债权,因此,有学者将网络虚拟财产权认定为体现债权和物权融合的新型财产权。[②]"新型财产权说"存在的理论缺陷在于,其并没有对新型财产权具体的权能构造和保护方法提供一套具有自身特殊性的法律模式,其具体的权利内容几乎完全是对物权和债权模式的照搬,所谓的债权与物权融合的愿景并未体现,反而给人以"精神错乱"之嫌。

游戏装备法律性质的主要争议存在于"物权说"与"债权说"之间。"物权说"论者将游戏虚拟物品视为一种"无体物",是随着社会科技进步与发展

---

① 参见房秋实:《浅析网络虚拟财产》,载《法学评论》2006 年第 2 期。

② 参见黄笛:《物债二分体系下网络虚拟财产权的再审视》,载《社会科学家》2015 年第 4 期。

而出现的新的财产形态，具有交换价值与使用价值，虽然无形但其可以体现为(虚拟)物的样态，应该将其作为广义物的范畴。① “物权说”支持者的另一个主要论据是，如果将游戏虚拟物品作为一种债权，则在第三人侵害游戏用户虚拟财产的时候，基于合同的相对性原理，游戏用户只能向游戏运营商索赔，而一旦游戏运营商证明自己尽到了网络服务平台的一般安全管理义务就可以免责，从而导致游戏用户的合法利益难以得到有效保护。② 而且按照“债权说”的观点游戏玩家对游戏装备享有的只是一种服务给付请求权，在游戏虚拟物品被第三人恶意窃取的情况下，其就不能行使基于物权的原物返还请求权。在将游戏装备视为无形物的基础之上，学者们对游戏装备的归属也存在较大争议，但目前来看居于主流的观点是将其所有权赋予游戏玩家一方，以实现对消费者权利的最大保护。③ “债权说”的观点可以进一步区分为两种类型：一种观点认为，游戏玩家通过与游戏运营商订立网络游戏服务合同，其获得的是使用特定类型游戏装备的权利，这种关系可以类比于房屋承租人与出租人之间就特定房屋签订的房屋租赁合同，承租人以此获得的是在一定时期使用该房屋的债权。以此类比，游戏玩家对游戏虚拟物品享有的其实是一种债权。④ 另一种观点则认为，对网络游戏中游戏装备法律性质的判断要克服机械的“物化”思维，要从技术实质上认识到游戏虚拟物品只不过是游戏玩家接受网

① 参见杨立新：《民法总则规定网络虚拟财产的含义及重要价值》，载《东方法学》2017年第3期。在该文中杨立新教授认为，网络虚拟财产属于物的类型中的特殊物，并将其区分为不动产与动产，不动产者如网站，动产者如比特币和网络游戏中的武器。

② 参见张凌寒：《我国网络虚拟财产侵权责任立法构建》，载《求索》2013年第10期。

③ 参见林旭霞：《虚拟财产解析——以虚拟有形财产为主要研究对象》，载《东南学术》2006年第6期。

④ 参见房秋实：《浅析网络虚拟财产》，载《法学评论》2006年第2期。

络游戏服务的一种债权凭证而已,①游戏玩家因此要求游戏运营商提供相对应的网络服务。

(五)游戏装备有限属于网络虚拟财产

1. 是由网络游戏的商业营利模式决定的

《腾讯游戏许可及服务协议》第4条第8款规定,“您充分理解并同意:游戏虚拟道具及其他游戏增值服务等均是腾讯游戏服务的一部分,腾讯在此许可您依本协议而获得其使用权……为更好地向用户提供腾讯游戏服务,腾讯有权对游戏相关内容(包括但不限于游戏虚拟道具的设计、性能及相关数值设置等)作出调整、更新或优化。”②在《英雄联盟》的《玩家条例》中,腾讯公司明确规定:“腾讯通过《英雄联盟》及其官方网站和其他软件,为您提供了诸如‘商城’的获得Q币、Q点、点券、游戏道具、游戏装备等游戏物品的途径,您可以从腾讯提供的这些途径获得上述游戏物品。腾讯不提倡您通过购买、接受赠与或者其他的方式从第三方获得上述游戏物品,不对第三方交易的行为负责,并且不受理因第三方交易发生纠纷而带来的申诉。”③同时,美国最大的网游公司——暴雪公司在《魔兽世界® 中文版使用条款》④第7条对虚拟物品的所有权以及交易行为进行了明确规定:“暴雪对程

---

① 参见王雷:《网络虚拟财产权债权说之坚持——兼论网络虚拟财产在我国民法典中的体系位置》,载《江汉论坛》2017年第1期。

② 参见《腾讯游戏许可及服务协议》,载腾讯游戏网,https://game. qq. com/contract. shtml,2022年2月19日访问。

③ 腾讯不提倡的交易方式包括但不限于以下几种方式:(1)通过第三方开设的所谓“专业游戏交易平台”网站购买;(2)通过第三方开设的其他电子网络交易平台网站购买;(3)向第三方开设的所谓“游戏工作室”“打币工作室”购买;(4)向其他用户使用真实货币购买。

④ 参见《魔兽世界®中文版使用条款》,载 https://blz. cn/zh-cn/legal/69ce0163 - ae18 - 457c - 8063 - 12b0ea7e4a64/% E9% AD% 94% E5% 85% BD% E4% B8% 96% E7% 95% 8C% C2% AE% E4% B8% AD% E6% 96% 87% E7% 89% 88% E4% BD% BF% E7% 94% A8% E6% 9D% A1% E6% AC% BE,2022年2月19日访问。

序中出现的所有内容拥有所有权、许可权或其他权利,暴雪通过与运营方的排他性安排在区域内发行上述内容。您同意您对这些内容不具有权利,包括程序中出现的或原产于程序的虚拟物品(包括但不限于程序内货币、材料、装备等),或者其他与账号相关的或存储在服务上的内容。暴雪和/或运营方不承认在程序之外的发生的虚拟物品的转让行为或在'真实世界'中发生的任何与程序有关的销售、转让或交易行为。所以,您不得在程序之外出售物品获得'真实'货币或交易有价值的物品。如运营方断定您违反本条规定,运营方有权单方决定采取处理措施以保护服务和程序,包括但不限于收回违反本条款而获得或转移给他人的虚拟物品、倒扣数值、暂时或永久冻结该账号。"

通过以上网络游戏服务协议可以看出,当前各大网络游戏公司都禁止游戏装备在游戏系统以外的交易。其原因何在?其根本原因是网络游戏开发者在游戏开发过程中投入了大量的开发成本,而这一成本则主要是游戏上市后通过吸纳游戏用户予以收回。其中,最为重要的一种方式就是向游戏玩家出售游戏装备。网络游戏开发者作为游戏装备设计者,其根据游戏剧情的需要设计一定功能和数量的游戏装备,并通过出售游戏装备获得财产收入。实际上,游戏装备的产生方式在很大程度上契合了洛克的劳动财产理论,只不过此时游戏开发者使用的劳动工具是计算机,付出的劳动是智力劳动,但其创造的结果都是一样的,即财产。

2. 是由游戏装备的自身性质决定的

在网络游戏中存在多种类型的游戏装备,不同类型的游戏装备的功能、特征上都是不同的,因此导致其是否属于网络虚拟财产也存在显著不同。例如,在网络游戏中有相当部分的游戏装备是作为游戏不可分割的一部分而存在的,其本身并不具有独立性和转让性。例如,当前青少年群体中比较火的一款游戏《王者荣耀》，其中有很多作为游戏背景而存在的游戏装备，如摩托车、汽车，其本身不具有独立存在的意义，因此当然不能成为法律中的财产。但是，在网络游戏中还存在另外一种游戏装备，这些游戏装备本身具有一定的独立性，即可以由游戏玩家予以独占性使用、控制，甚至通过一定的方式可以将其转让给其他玩家。就这种类型的游戏装备而言，其在游戏中往往具有特殊功能设定，并且在数量上往往是稀缺的，因此，游戏玩家认为其具有财产价值。例如，在《梦幻西游》这款游戏中，玩家通过网易的"藏宝阁交易平台"购买了一支法杖，该物品的属性显示为"等级160，命中+584，伤害+511，耐久度434，敏捷+28，体质+28"。在游戏当中，一旦使用了法杖则可以在现有的人物等级和技能的情况下，增加打击对手的能力。但在实质上该游戏道具无非是用特殊的代码组合而成的一组数据而已。该组合后的数据通过计算机技术的处理，在电脑荧屏上显示为一种物的外观，并且在网络游戏的运行过程中，该组数据通过其自身的代码和算法，在游戏中表现出一种特殊的功能，以此给特定游戏的游戏玩家带来个性化的游戏体现。①

就第二种类型的游戏装备而言，其是由游戏开发人员付出了艰辛的创造性劳动而获取的，因此具有创造性。同时，该类游戏装备在网络游戏中发挥着特殊的使用价值，其在客观上能够满足游戏玩家特定的游戏需求，因此具有实用性。同时，该类游戏装备的创造性、实用性、价值性，以及其在特定游戏系统中的稀缺性决定了其在社会实践中具有一定程度的价值性。针对个别稀缺的游戏装备，有的游戏玩家甚至愿意为此一掷千金。因此，这种类型的游戏装备完全符合网络虚拟财产的判断标准，应当属于网络虚拟财产

① 参见刘明：《网络虚拟财产权权利客体研究》，载《社会科学研究》2015年第2期。

的范畴。

3. 是由当前游戏装备的交易现状决定

当前我国游戏市场极为火爆，个别网络游戏装备在网络游戏中具有一定稀缺性，因此受到了游戏玩家的追捧，并直接导致游戏装备被作为交易客体在游戏玩家之间流通。就当前我国游戏装备交易的现实状况而言，可以将其分为两类：一类是游戏装备在游戏系统内流通；另一类是游戏装备在游戏系统外流通。第一种类型的游戏装备交易主要存在于以“打怪升级”为特点的网络游戏中。游戏装备在这种类型的网络游戏中扮演着重要的地位，因此，游戏开发者在设计游戏时往往刻意将某种类型的游戏装备维持在“稀缺”状态，以此确保游戏开发者可以通过出卖游戏装备而获得资金回报。这一游戏的典型代表是《魔兽世界》，在其商城中有众多的游戏装备可供购买。例如，图 1 即商城中可以选择购买的虚拟坐骑。

图 1 《魔兽世界》商城中的虚拟物品出售信息

同时，就可以在游戏系统中交易的游戏装备而言，还可以将其分为允许游戏玩家之间买卖的游戏装备与不允许游戏玩家之间买卖的游戏装备。允许游戏玩家之间买卖游戏装备的游戏类型主要有《魔兽世界》《梦幻西游》，但二者仍然存在区别，在魔兽世界这款游戏中，虽然游戏玩家之间可以交易游戏装备，但其只能将游戏装备兑换为游戏币在游戏系统中使用，而不能将其兑换为法定货币。（见图 2）

图 2　《魔兽世界》中的虚拟物品买卖信息

以当前网易公司旗下的《梦幻西游》游戏为例，游戏玩家可以在游戏内置的交易平台"藏宝阁"中将其获取的游戏币和游戏道具上传到交易平台，如果有游戏玩家拍下其上传的游戏道具，则由拍得一方将相应的款项转给卖方，网易公司从中抽取 5% 的手续费。（见图 3）正是在网易公司的"藏宝阁"交易平台上可以实现游戏道具向法定货币的转换，所以使游戏玩家意识到原来玩游戏是可以赚钱的，并因此将其游戏道具视为其拥有的财产。

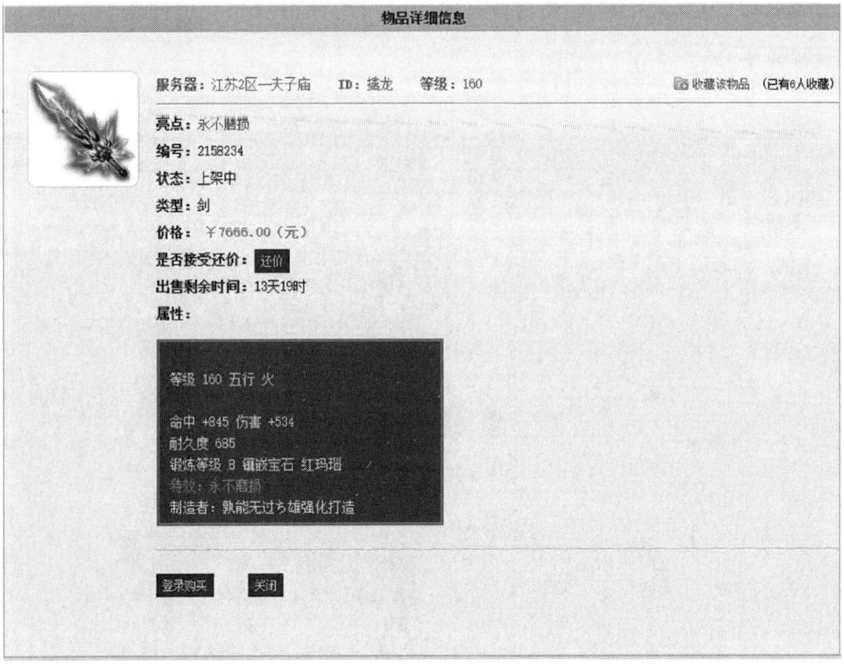

图3 《梦幻西游》“藏宝阁”中的虚拟物品出售信息

除了以上允许游戏玩家之间买卖游戏物品的网络游戏之外，当前我国存在的大量网络游戏都不允许游戏玩家之间买卖游戏物品。只能由游戏玩家从游戏商城中购买，同时，这一购买并非采取法定货币直接购买的途径，而是首先由游戏玩家用法定货币兑换虚拟货币（如银子、点券），然后再由虚拟货币购买特定的游戏物品。例如，腾讯公司旗下的《王者荣耀》就是采取的这一模式。（见图4、图5）

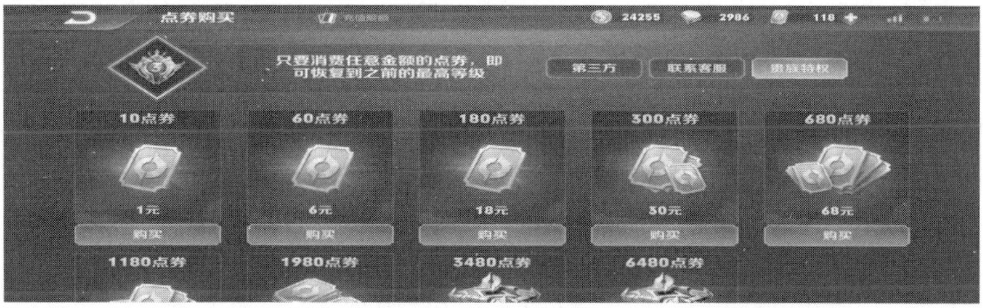

图4　《王者荣耀》游戏中法定货币兑换点券的途径与比例

图5　《王者荣耀》游戏中虚拟物品的购买方式

以上可以看出，无论游戏玩家通过法定货币直接购买游戏装备，还是通过虚拟货币购买游戏装备，其都预设了一个基本前提，即游戏装备是具有财产价值的。而游戏玩家可以将其获得的游戏装备再次出卖的行为也印证了游戏装备的财产属性，因此，网络游戏中具有可支配性、可交易性的游戏装备属于网络虚拟财产。

第三节　不属于网络虚拟财产的虚拟事物

一、网络账号

(一)游戏账号

游戏账号是网络游戏用户在游戏世界的电子 ID(Identity document),通过登录账号、密码游戏用户得以进入网络游戏世界,接受游戏运营商提供的各种服务。当前几乎所有的游戏运营商都在其网络服务协议中规定,游戏用户获得的仅仅是游戏账号的使用权,游戏运营商保留了对账号的所有权。游戏账号的法律性质究竟为何,对这一问题的回答需要我们从司法实践中来发掘。在司法中发生着大量的针对游戏账号的案件,例如,在谢某、岳某等隐瞒、掩饰犯罪所得案中,[①]被告人岳某伙同他人明知上线向其出售的网络游戏《魔兽世界》的账号和密码是非法获取的计算机信息系统数据,仍从上线手中购买共计 8.2 万余组账号和密码。被告人岳某购买该账号和密码后,便安排被告人张某、谢某、陈某甲及岳磊等人,非法登录游戏账号窃取其中的游戏金币,共计 7.9 亿余个,并将窃得的金币通过其在 5173 网站上注册的账户进行出售,非法获利 72 万余元。在该案中,法院以非法获取计算机信息系统数据罪处理,购买他人游戏账号和密码的行为仅被视为实施犯罪的手段。在司法实践中这类案件较为典型,盗窃游戏账号的目的往往是窃取账号中的游戏币和游戏道具。基于这一事实,我们可以对游戏账号的法律性质予以分析。在游戏中,游戏账号密码类似游戏玩家进入游戏世界的

---

① 参见谢某、岳某等隐瞒、掩饰犯罪所得案,宿迁市中级人民法院(2014)宿中刑终字第 0055 号刑事判决书。

钥匙,只有输入账号和密码游戏运营商才能够对游戏玩家的身份进行确认,从而为其提供个性化的游戏服务内容。我国《网络安全法》第 76 条第 5 项规定:“个人信息,是指以电子或者其他方式记录的能够单独或者与其他信息结合识别自然人个人身份的各种信息,包括但不限于自然人的姓名、出生日期、身份证件号码、个人生物识别信息、住址、电话号码等。”同时,《网络安全法》第 24 条第 1 款规定:“网络运营者为用户办理网络接入、域名注册服务,办理固定电话、移动电话等入网手续,或者为用户提供信息发布、即时通讯等服务,在与用户签订协议或者确认提供服务时,应当要求用户提供真实身份信息。用户不提供真实身份信息的,网络运营者不得为其提供相关服务。”在网络游戏中用户注册的账号在网络实名制之下其实就是属于用户的个人信息,游戏运营商通过对账号的识别以此提供相应的网络服务。而且就实践中发生的针对网络账号的侵权案件来看,其目的往往指向的是游戏账号中的虚拟财产,而非网络账号本身。因此,本书认为,网络游戏账号的法律性质为个人信息,对网络账号的法律保护要以此为基本前提。

(二)网络社交账号

1. 关于网络社交账号法律性质的争议

网络用户拥有的网络社交平台账号的法律性质是什么?网络用户对其享有什么权利?这是确定网络账户权利归属以及对其涉及的权利义务关系予以规制时必须回答的前置性问题。当前我国学界对网络账号法律性质的认定有以下几种观点:第一种观点认为,网络账号的法律性质是无体物,虽然它与有体物在物理表征上存在一定的差异,但其在本质上和有体物具有相同的法律价值。[①] 例如,用户通过实名认证获得了网络社交平台上独一无二的特定网络账号,通过密码设定和其他保密技术的配合,从而取得了对特定账号的支配权,用户可以随时访问账户修改账户密码,转让账号,甚至注销账户以终止对账户的使用。因此,有学者认为,网络账户作为一种无体物应该被视为所有权行使的对象,用户对网络账户享有所有权。[②] 第二种观点则认为,将网络账号视为与有体物并列的无体物不仅造成了对物权法中物的概念的人为撕裂,而且也在很大程度上罔顾了司法实践中真实存在的网络账户使用法律关系。在网络社交平台上,基于网络技术的特征,网络用户难以仅凭一己之力就实现对网络账户的单方控制,网络用户在网络社交平台上实施的任何操作程序都是在网络社交平台服务提供者提供技术支持的直接结果。[③] 因此,网络账号在本质上也是平台提供者所提供的网络服务的一部分。网络账号作为网络社交服务的一部分,其天生地受制于平台提供者的技术制约,所有权制度的私法绝对性和排他性难以实现对网络账号的规制。[④] 第三种观点则直接从网络账号的本质出发,进而探讨其法律属性和权利归属。有学者认为,网络空间中的任何事物都是由数据构成的,因此应该以数据作为网络世界中法律规制的起点与重点。因此,网络账号在本质上无非就是一堆数据信息,编程人员通过代码编辑技术使该组数据发挥出特殊的功能。因此,网络账号的法律性质是数据,数据应该是法律规制的直

---

① 参见刘涵:《浅析网络账号的法律性质及继承问题》,载《中国管理信息化》2017 年第 8 期。

② 参见林旭霞:《虚拟财产解析——以虚拟有形财产为主要研究对象》,载《东南学术》2006 年第 6 期。

③ 参见刘晓月:《论社交性网络账号的继承》,载《吉首大学学报(社会科学版)》2017 年第 S2 期。

④ 参见王雷:《网络虚拟财产权债权说之坚持——兼论网络虚拟财产在我国民法典中的体系位置》,载《江汉论坛》2017 年第 1 期。

接对象,网络账号上权利的构建模式应该是数据权。① 第四种观点认为,网络账号在网络社交平台上的唯一性决定了其与网络用户的特定身份具有不可斩断的牵连性。特别是在网络账号本身作为网络用户的个人手机号码的时候,此时网络账号就属于个人信息的范畴。即使是那些非手机号码的网络账号,在网络社交平台凭借其内置的搜索功能,完全能够根据网络账号直接搜索到特定的个体及其个人信息。因此,有学者认为,网络账号属于个人信息的范围。② 学界对个人信息的法律规制存在不同的观点,有学者认为应该将个人信息纳入隐私权的保护范围,将个人信息作为个人隐私的构成部分予以处理;但更多的学者则认为,个人信息与传统的隐私存在不同,隐私权保护的主要是那些人们不愿意向社会公开的个人隐私信息,而个人信息则与个人隐私的范围不同,③有一部分的个人信息如手机号码、购物记录、位置记录、声音等经过相关网络公司的大数据处理就可以转化为具有财产价值的商业信息,因此,在网络社会应该赋予人们个人信息财产权,充分发挥个人信息的财产价值,“信息财产”的概念呼之欲出。④

自网络虚拟财产诞生以来,我国司法实践中已经出现了不少针对网络账号的侵权案件,其中最为引人注目的要数2006年发生的“曾某QQ号码盗窃案”,⑤在该案件中,被告人曾某于2004年5月31日受聘入职腾讯公司,

---

① 参见龙卫球:《数据新型财产权构建及其体系研究》,载《政法论坛》2017年第4期。

② 参见范为:《大数据时代个人信息保护的路径重构》,载《环球法律评论》2016年第5期。

③ 参见王利明:《论个人信息权的法律保护——以个人信息权与隐私权的界分为中心》,载《现代法学》2013年第4期。

④ 参见洪海林:《个人信息财产化及其法律规制研究》,载《四川大学学报(哲学社会科学版)》2006年第5期。

⑤ 参见曾某QQ号码盗窃案,深圳市南山区人民法院(2006)深南法刑初字第56号刑事判决书。

后被安排到公司安全中心负责系统监控工作。2005年3月初,其通过购买QQ号在淘宝网上与被告人杨某认识,二被告人遂合谋通过窃取他人QQ号出售获利。2005年3月至7月,由被告人杨某将随机选定的他人的QQ号(主要为5~6位数的号码)通过互联网发给被告人曾某。被告人曾某本人并无查询QQ用户密码保护资料的权限,便私下破解了腾讯公司离职员工柳某使用过但尚未注销的"ioioliu"账号的密码。(该账号拥有查看QQ用户原始注册信息,包括证件号码、邮箱等信息的权限。)被告人曾某利用该账号进入本公司的计算机后台系统,根据被告人杨某提供的QQ号查询该号码的密码保护资料,即证件号码和邮箱,然后将查询到的资料发回给被告人杨某,由被告人杨某将QQ号密码保护问题答案破解,并将QQ号的原密码更改后将QQ号出售给他人,造成QQ用户无法使用原注册的QQ号。经查,二被告人共计修改密码并卖出QQ号约130个,获利61,650元。在该案中公诉机关以盗窃罪向法院提起诉讼,法院认为,现实生活中,互联网正日益成为许多人重要的通信联络工具。从腾讯QQ软件的功能来看,主要是对外联络和交流。因此,QQ号码提供的网络通信服务才是其核心内容。该案中,无论从腾讯QQ软件的主要功能还是本案被害人所感受到的被损害的内容来看,QQ号码应被认为主要是一种通信工具的代码。根据《刑法》规定,盗窃罪的犯罪对象是"公私财物"。我国《刑法》第91条、第92条及《最高人民法院关于审理盗窃案件具体应用法律若干问题的解释》对公私财产的含义及其种类有明确的规定。因此,对《刑法》意义上财物的认定只能建立在现有法律规定的基础上。从现有法律规定来看,财物通常具有经济价值,并且其经济价值能够以客观的价值尺度进行衡量。QQ号码是一种即时通信服务代码,其表现形式是多个阿拉伯数字的组合,是由用户向腾讯公司申请,并在接受有关协议后,由腾讯公司派发给用户的。注册用户通过QQ号码及设定的密码确定用户在互联网上的身份,并通过腾讯公司提供的QQ软件在互联网中实现与他人文字、语音、视频交流和网络游戏等功能,本质上是一种网络服务,并且这种服务自申请QQ号码时起通常就是免费的。公诉机关未提供证据证实本案的QQ用户在申请QQ号码和实现QQ软件功能过程中向腾讯公司是否支付和支付了多少费用,也没有证实QQ号码具有法律意义上的经济价值并属于刑法意义上的财物。法院认为,罪刑法定原则是《刑法》的基本原则,《刑法》第92条规定中的"其他财产"应当包含哪些内容,只能由立法机关通过立法来确定。我国现行的法律法规和司法解释对"财物"的内涵和外延均有明确的界定,但尚未明文将QQ号码等网络账号纳入《刑法》保护的财产之列。据此,公诉机关指控中的QQ号码不属于刑法意义上的财产保护对象。法院最终判定:"被告人曾某、杨某采用篡改他人电子数据资料的方法,侵犯公民通信自由,情节严重,其行为构成侵犯通信自由罪。"

在该案中,QQ号码被视为"通信服务代码",本质上是一种网络服务,其仅是作为一种用户接收网络通信服务的工具而存在,其本身不具有独立的法律意义,更不属于《刑法》上财物的范畴。因此,法院将窃取QQ的行为视为侵犯通信自由罪处理。但是,我们通过对案件事实的分析可以看出,法院对该案件的判决实际上是故意回避了部分同时也是重要的案件事实,即被告窃取QQ号码的目的就是谋取财产利益,而非干涉他人的通信自由,正如小偷窃取他人的手机的目的并不是干涉他人的通信自由一样。同时,法院在该案中还认为"公诉机关也没有证实QQ号码具有法律意义上的经济价值",但是从该案件事实来看,被告人通过买卖盗窃的QQ号谋取赃款61,650元,考虑到该案件发生在2005年,因此,QQ号码的经济价值实际上是非常明显的。但是考虑到《刑法》在国家法律规范体系中的特殊地位及其规范目的,特别是其严厉的刑事惩罚性,在2005年互联网技术尚处于青春萌动的时代,《刑法》对新型的网络犯罪保持一定程度的“谦抑”是非常有必要的。[①] 刑法的规范目的重在震慑,防患于未然,而民法则更注重于事后的救济和补偿。因此,就这一案件来看,刑法裁判之后并不意味着问题的彻底解决,民法在该案件中的作为就主要体现为对被害人的民事救济。就该案件来看,民法救济的前置性问题是被害人享有什么？以及被害人失去了什么？具体而言,即 QQ 号码是否属于民法上的财产？如果是,谁对 QQ 号码享有财产权利？

2. 网络社交账号的功能特征

除了 QQ 号,我国当前司法实践中发生的大量号码类虚拟财产纠纷案件针对的对象是手机号码,虽然本书讨论的场景是网络社交平台,手机号码不属于该语境下的事物,但就实际情况来看,在我国强制要求网络实名制的背景下,网络社交账号的取得往往需要与特定的手机号码相绑定,从而实现网络账号的实名认证。在司法实践中,就绝大多数的网络社交平台而言,手机号码本身就可以用作网络账号登录,如微信、微博。同时,网络账号和手机号码在实际功能上也存在很大的一致性,正如 QQ 号是用来接收腾讯公司提供的网络服务,手机号码也是用来接收电信经营企业提供的服务,只不过是其接受服务的内容有所区别。因此,该部分对网络社交账号法律性质的研究也将手机号码包括在内。当前我国最大的网络社交平台经营者当属腾讯公司,其旗下的 QQ 和微信经营的核心业务就是网络社交。因此,我们就以 QQ 为例对网络社交账号的法律性质予以探明,QQ 作为典型的网络社交账号,其具有以下显著特征：

---

① 参见张明楷:《网络时代的刑法理念——以刑法的谦抑性为中心》,载《人民检察》2014 年第 9 期。

其一,QQ号码是一种个人识别信息。《网络安全法》第24条第1款规定:“网络运营者为用户办理网络接入、域名注册服务,办理固定电话、移动电话等入网手续,或者为用户提供信息发布、即时通讯等服务,在与用户签订协议或者确认提供服务时,应当要求用户提供真实身份信息。用户不提供真实身份信息的,网络运营者不得为其提供相关服务。”在网络上申请注册QQ时,用户需要输入自己的手机号码,以此通过手机验证,保证网络实名制的实现。根据《网络安全法》第76条第5项对个人信息的定义——“以电子或者其他方式记录的能够单独或者与其他信息结合识别自然人个人身份的各种信息,包括但不限于自然人的姓名、出生日期、身份证件号码、个人生物识别信息、住址、电话号码等”。基于QQ号码在QQ服务平台上的唯一性和实名认证特征,QQ当属于个人信息的一种具体类型。

其二,QQ号码具有社会公共资源属性。《电信网码号资源管理办法》(2014年修正)第2条第2款规定:“本办法所称码号资源,是指由数字、符号组成的用于实现电信功能的用户编号和网络编号。”第3条规定:“码号资源属于国家所有。国家对码号资源实行有偿使用制度,具体收费标准和收费办法另行制定。”同时,《电信条例》(2016年修订)第2条规定:“本条例所称电信,是指利用有线、无线的电磁系统或者光电系统,传送、发射或者接收语音、文字、数据、图像以及其他任何形式信息的活动。”第26条第1款也规定:“国家对电信资源统一规划、集中管理、合理分配,实行有偿使用制度。”第2款规定:“前款所称电信资源,是指无线电频率、卫星轨道位置、电信网码号等用于实现电信功能且有限的资源。”由此可知,网络账号资源属于国家公共资源的一种具体类型,其具有典型的公共利益属性,因此,我国法律明确规定了电信网码号资源归国家所有。QQ号码和手机号码的功能在于公民之间的通信交流,由于我国人口数量巨大且电信网码号有限,国家为了确保通信质量并便于管理便垄断了电信网码号的所有权。电信业务经营者只是取得了电信码号的使用权,然后再将该使用权授权给电信用户。因此,QQ 号码具有社会公共资源功能,尤其是考虑其在当前社交网络中所占比率及在人们日常生活中的广泛运用,就不难理解为什么《QQ 号码规则》第 5 条第 4 款规定:“若您注册的 QQ 号码长期没有登录或使用,腾讯有权将 QQ 号码进行回收处理,您将无法再继续使用相应号码。”①

其三,QQ 号码不具有普遍的财产价值。并不是所有的 QQ 号码都具有财产价值,就当前出现的窃取 QQ 号码的案件来看,根据窃取 QQ 号码的目的可以将其区分为两种类型:一种是通过窃取 QQ 号码,获取账户里面的 QQ 币或其他虚拟财产,QQ 并不是作为侵权行为的最终目的;另一种是通过窃取并买卖 QQ 号码谋取不正当利益。在第二种类型中,窃取人所窃取的往往是五位数或六位数的 QQ,因为这种类型的 QQ 具有稀缺性,并且存在市场需求,所以其经济价值就更加凸显。就这一意义上来看,具有稀缺性的手机号码的经济价值更为明显,并且围绕其转让产生的纠纷也更为常见。②

其四,网络服务协议禁止 QQ 号码转让。当前几乎所有网络社交平台上的网络服务协议都作出了禁止网络账号转让、赠与、出租的规定,一旦账号在一定期限内未予使用,网络社交平台提供者就有权将该账号删除,并将其在社交平台上予以重新释放,交由其他申请人使用。例如,《腾讯微信软件许可及服务协议》第 7 条第 1 款第 2 项规定:“微信帐号的所有权归腾讯公司所有,用户完成申请注册手续后,仅获得微信帐号的使用权,且该使用权仅属于初始申请注册人。同时,初始申请注册人不得赠与、借用、租用、转让

---

① 参见《QQ 号码规则》,载 https://zc. qq. com/chs/agreement1_chs. html,2022 年 2 月 19 日访问。

② 参见亳州市中级人民法院民事判决书,(2014)亳民二终字第 00116 号。

或售卖微信帐号或者以其他方式许可非初始申请注册人使用微信帐号。非初始申请注册人不得通过受赠、继承、承租、受让或者其他任何方式使用微信帐号。”第7条第1款第6项规定，“用户注册或创建微信帐号或功能帐号后如果长期不登录该帐号，腾讯有权回收该帐号，以免造成资源浪费，由此带来的任何损失均由用户自行承担。”①财产之所以成为财产，其中一项非常重要的前置性条件就是其具有交换价值，可以通过交换的形式发挥财产的经济价值。但是，QQ的禁止流通性在很大程度上消解了其财产性。虽然手机号码也属于个人信息的具体类型，但是一些具有特别象征意义的“吉祥号”的财产价值比较明显，而且在现实社会中电信业务经营者往往也对这类号码进行了特别的处理，例如，“吉祥号码”并非交由消费者无偿地随机进行选择，移动公司要求“吉祥号码”使用者在办理入网手续时必须一次性充值达到一定金额，每月有最低消费金额的限制，充值金额及最低消费金额往往高于正常的消费需求和支出，而普通号码则无此限制，这就在实际上承认了某些特别的手机号码具有不同于普通号码的特殊价值。而且，当手机号码与商业贸易的结合而产生经济价值时，其财产价值也是非常明显的，其作为经营资产的一部分也应被作为财产看待。与网络社交账号相比，其二者的根本不同在于，手机号码转让是得到电信部门支持的，只要手机号码转让双方达成协议，并在电信部门完成过户手续，该手机号码就可以在不同民事主体间实现转让。例如，在中国移动通信集团江苏有限公司宿迁分公司与赵某电信服务合同纠纷案中，法院认为：我国原《物权法》第106条规定，无处分权人将不动产或者动产转让给受让人的，所有权人有权追回；除法律另有

① 参见《腾讯微信软件许可及服务协议》，载 https://weixin.qq.com/cgi-bin/readtemplate?t=weixin_agreement&s=default&cc=CN，2022年2月19日访问。

规定外,符合下列情形的,受让人取得该不动产或者动产的所有权:(1)受让人受让该不动产或动产时是善意的;(2)以合理的价格转让;(3)……根据该条规定,无权处分的受让人并非一律无法取得所有权。案涉号码虽由“假王某”无权转让给范某某,但赵某从范某某处受让该号码时手续齐全,对该号码是“假王某”无权转让给范某某并不知情,且赵某也支付了合理的对价。宿迁移动分公司并无证据证明赵某非善意,其以案涉号码系“假王某”无权处分为由主张赵某未取得该号码的所有权无事实和法律依据,本院不予支持。[①] 可见法院是将电话号码视为特殊动产看待的。网络社交账号与手机号码在流通性上的不同决定了其不同的法律性质。

3. 网络社交账号的法律性质

基于网络社交账号的以上特征可以看出,除了在特殊情形下网络社交账号可以独立作为侵权客体外,就司法实践中发生的大多数非法获取网络账号的案件来看,网络账号仅是作为实施其他违法行为的必要手段而已,即违法行为实施的目的往往是获取账户中的虚拟财产,如游戏币或虚拟装备。[②] 因此,本书认为网络社交账号并不符合网络虚拟财产的识别标准,即创造性、实用性和价值性。网络社交账号就其本身的功能作用来看,其实际上属于自然人主体在网络世界的身份表征,即个人信息,其财产价值并不显著。

二、电子邮件、电子照片、语音等通信记录

(一)我国关于电子通信记录的相关立法

网络用户在网络社交平台上的主要活动内容就是与他人进行网络互

---

① 参见中国移动通信集团江苏有限公司宿迁分公司诉赵某电信服务合同纠纷案,南京市中级人民法院(2014)宁商终字第1157号民事判决书。

② 参见孔某盗窃罪案,日照市东港区人民法院(2014)东刑初字第120号刑事判决书。

动，这一过程中形式是极为多元的，包括但不限于短信息、电子邮件、语音、图片、视频。我国《民法典》第111条规定："自然人的个人信息受法律保护。任何组织和个人需要获取他人个人信息的，应当依法取得并确保信息安全，不得非法收集、使用、加工、传输他人个人信息，不得非法买卖、提供或者公开他人个人信息。"我国《网络安全法》第41条规定："网络运营者收集、使用个人信息，应当遵循合法、正当、必要的原则，公开收集、使用规则，明示收集、使用信息的目的、方式和范围，并经被收集者同意。网络运营者不得收集与其提供的服务无关的个人信息，不得违反法律、行政法规的规定和双方的约定收集、使用个人信息，并应当依照法律、行政法规的规定和与用户的约定，处理其保存的个人信息。"第42条规定："网络运营者不得泄露、篡改、毁损其收集的个人信息；未经被收集者同意，不得向他人提供个人信息。但是，经过处理无法识别特定个人且不能复原的除外。网络运营者应当采取技术措施和其他必要措施，确保其收集的个人信息安全，防止信息泄露、毁损、丢失。在发生或者可能发生个人信息泄露、毁损、丢失的情况时，应当立即采取补救措施，按照规定及时告知用户并向有关主管部门报告。"此外，《网络安全法》第21条、第22条、第43条、第44条、第45条、第64条对个人信息（数据）的保护进行了详细的规定。基于当前我国互联网发展的特殊阶段以及面临的严峻的网络安全隐患，我国对网络安全的保护是不遗余力的。就民事法律规范而言，其对民事法律关系的调整主要是通过"定分"从而实现"止争"的目的。因此，有学者认为，对个人信息的保护应该采取权利范式，以此明晰权利主体和客体范围，但对网络信息的权利保护模式存在较大争议，主要体现为个人隐私权保护模式与个人信息权保护模式之间的争议。①

笔者认为,在对个人信息的法律性质和保护模式予以确定之前,有必要先对个人信息的范围予以确定,以此为其法律性质的判断提供一个研究的基点。基于法律对网络信息安全保护的强制性规定,各网络社交平台都通过网络服务协议对用户网络信息保护作出了规定,例如,《微博个人信息保护政策》(2017 年修订版)中规定:本个人信息保护政策涉及的个人信息包括基本信息(包括个人姓名、生日、性别、住址、个人电话号码、电子邮箱);个人身份信息(包括身份证、军官证、护照、驾驶证、相关身份证明等);个人位置信息;网络身份标识信息(包括系统账号、IP 地址、邮箱地址及与前述有关的密码、密保);通讯录;个人上网记录(包括搜索记录、软件使用记录、点击记录);个人常用设备信息[包括硬件型号、设备 MAC 地址、操作系统类型、软件列表唯一设备识别码(如 IMEI/android ID/IDFA/OPENUDID/GUID、SIM 卡 IMSI 信息等在内的描述个人常用设备基本情况的信息)]。进而将个人信息区分为个人敏感信息和非敏感信息,个人敏感信息包括个人身份信息(包括身份证、军官证、护照、驾驶证、户口本);网络身份识别信息(包括账户名、账户昵称、邮箱地址及与前述有关的密码与密码保护问题和答案);其他信息(包括通讯录、个人电话号码、手机号码、行程信息、网页浏览记录、精准定位信息、银行账户);相关身份证明。根据《微博个人信息保护政策》的规定,微博用户在微博平台上产生的信息可以分为两个部分,即身份表征信息和内容表征信息,身份表征信息是指那些能够单独或者与其他信息结合识别自然人个人身份的各种信息;内容表征信息主要是指那些不体现自

① 参见张新宝:《从隐私到个人信息:利益再衡量的理论与制度安排》,载《中国法学》2015 年第 3 期。

然人身份,而是通过信息表达网络用户的思想或记录用户所见、所闻的那部分信息,即文字、图片、语音、视频等。

当今学界对个人信息的保护存在隐私权路径与个人信息权路径的争议,争议的焦点在于隐私与个人信息的区分,但是就笔者的观察来看,当前试图将个人隐私与个人信息予以区分的尝试是失败的。因为就其实际而言,隐私也只是信息的一种具体类型,而"个人信息"这一词语使用的场景主要是在网络世界,因此,所谓隐私与信息的区分只是依据不同的场景对信息范围进行的强制性的限定。信息科学将信息定义为一种文本(message)或信号(signal),通常要求具有经济价值和象征含义,或能够引起物质的、心理的或学理上事实结构(reality)的变化。[①] 2017 年 3 月全国人大代表、全国人大常委会委员、财经委副主任委员吴晓灵,全国人大代表、中国人民银行营业管理部主任周学东以及 45 位全国人大代表,在"两会"提交了《关于制定〈中华人民共和国个人信息保护法〉的议案》,建议尽快制定《个人信息保护法》,并同时提交了《个人信息保护法(草案)》。[②] 该草案第 3 条规定:个人信息是指以电子或者其他方式记录的能够单独或者与其他信息结合识别自然人个人身份的各种信息,包括但不限于自然人的姓名、出生日期、身份证件号码、个人生物识别信息、住址、电话号码等。并且在其第 11 条对个人信息权的概念内容予以了规定:自然人的个人信息权包括信息决定、信息保密、信息查询、信息更正、信息封锁、信息删除、信息可携、被遗忘,依法对自己的个人信息所享有的支配、控制并排除他人侵害的权利。因此,可以看出

① 参见高富平:《信息财产——数字内容产业的法律基础》,法律出版社 2009 年版,第 24 页。

② 参见齐爱民教授主持起草的《中华人民共和国个人信息保护法(草案)》,载数据人网 2017 年 11 月 12 日,http://mp.weixin.qq.com/s/AXc_4nz7q_jzIeI9xCcOjw。

我国对个人信息的范围是有限定的,即单独或者与其他信息结合识别自然人个人身份的各种信息。而无论是采取隐私权保护还是个人信息权保护模式,其终究是属于人格权保护的范畴。但是对于那些内容表征信息而言,其与自然人主体的身份关联性不强,因此难以在人格权的范畴下对其予以保护。例如,网络用户在网络社交平台上的照片、视频、电子邮件,其在本质上和传统的照片、录像带和信件并没有区别,只不过是其具体的表现形态发生了变化。事实上,网络平台提供者也承认网络用户对该类数据信息的合法权利,例如,《微博服务使用协议》第4条第8款第4项规定:“用户对微博平台及其关联公司的前述授权并不改变用户发布内容的所有权及知识产权归属,也并不影响用户行使其对发布内容的合法权利。”

(二)电子通信记录的法律性质为个人信息

在传统上,照片、视频和信件都具有一个有形客观的载体,因此,法律上往往将其作为动产予以保护,不仅其所有权人可以对其进行任意的处分,而且在其所有人死后还可以当然地由其继承人予以继承。但是在网络世界中,一切事物都以数据的形式予以储存,这些数据以其记载的内容为价值内涵,在不同的场景下其具有的价值也不一样。例如,如果一个微博用户是一个著名作家,其拥有数量巨大的粉丝群,其经常在微博上发表作品(采取付费阅读的方式),并以此作为其主要的收入来源。此时,非常明显的是其发表的作品应当受到《著作权法》的保护,而不管其作品的载体是有形的还是无形的,因为知识产权法的保护对象是智力成果而非其载体。[1] 但是,知识产权法的保护对象是有限制的,其只保护那些具有独创性的知识产品,很明

---

① 参见吴汉东:《财产权的类型化、体系化与法典化——以〈民法典(草案)〉为研究对象》,载《现代法学》2017年第3期。

显的是一般网络用户存在于网络社交平台上的照片、语音、视频、邮件并不具有独创新，其往往仅对特定的自然人主体具有使用价值，尤其是精神价值。[①] 该种类型的虚拟物品在内容上与传统的纸质书信或照片没有实质区别，只是存在形态发生了变化。它们的主要区别在涉及的法律关系上，传统的纸质信件往往被视为动产看待，用所有权对其规制就可以很好地实现对其权利人的保护，并且在其所有权人死亡时，信件也往往被作为遗产由被继承人继承。但是网络社交平台上存在的数据信息的使用依赖于网络服务平台的技术支持，因此，在网络用户死亡时就不能当然地被转移给继承人。[②] 同时，必须要看到的是，网络社交平台的信息媒介作用决定了平台上存在的电子照片、视频、电子邮件、语音、通信记录具有强烈的隐私属性，因此应当受到隐私权的保护，除了隐私权人外，他人不能对其予以获取。[③] 因此，我们认为电子照片、视频、电子邮件、语音这些类型的虚拟物品的财产价值并不明显，这些类型虚拟物品包含的内容决定了它们具有浓厚的隐私特征和身份属性，它们实质上也是属于个人信息的范畴，不能当然地将他们作为一般财产看待。至于为什么作者将以上电子通信记录作为个人信息而非个人隐私，其根本原因是，根据我国《民法典》第 1034 条第 2 款的规定，个人信息是以电子或者其他方式记录的能够单独或者与其他信息结合识别特定自然人的各种信息，包括自然人的姓名、出生日期、身份证件号码、生物识别信息、住址、电话号码、电子邮箱、健康信息、行踪信息等。根据《民法典》对个人信息的定义，电子通信记录当然应属于个人信息的范畴。同时，根据《民法典》

① 参见郭育艳:《网络虚拟财产继承问题研究》，载《河南财经政法大学学报》2014 年第 1 期。

② 参见赵自轩:《美国的数字资产继承立法:争议与启示》，载《政治与法律》2018 年第 7 期。

③ 参见和丽军:《虚拟财产继承问题研究》，载《国家检察官学院学报》2017 年第 4 期。

第1034条第3款的规定,个人信息中的私密信息,适用有关隐私权的规定;没有规定的,适用有关个人信息保护的规定。可见,个人信息与个人隐私存在交叉领域,虽然《民法典》规定私密信息的保护适用隐私权的规定,但我们仍然可以将大量的包含或者不包含个人隐私的电子通信记录作为个人信息的范畴。

(三)电子货币

本书对于电子货币只能做极为有限的研究,因为货币作为人类社会的一种特有的文化现象,其本身不仅构成了人类文明的一部分,而且它也在很大程度上对文明的发生和发展起到了极大的促进作用。我们从宋鸿兵先生的《货币战争》一书中就可以领略到货币在世界范围内所释放的强大的威力及其本身所具有的浓厚的神秘色彩。本书的研究主题是网络虚拟财产,而在一般人的认知世界中,电子货币绝不是虚拟的而是确确实实存在的,最具说服力的是互联网社会中电子货币几乎可用来购买我们衣、食、住、行所需的任何东西。但是,作为社会数字化的结果,电子货币又是网络世界中普遍存在的一种事物形态,尤其是在网络社交平台上,电子货币和虚拟货币往往共同存在。因此,通过电子货币和虚拟货币的对比分析,将为我们深刻洞悉虚拟货币与电子货币的本质区别。

首先要予以明晰的是电子货币的概念。有学者认为,广义的电子货币等同于电子支付手段(electronic means or instruments);而狭义的电子货币则被认为是电子支付手段中的一种。[①] 1998年欧洲央行(European Central Bank,ECB)发布的《电子货币报告》中把电子货币定义为:“电子化储存于技

---

① 参见张庆麟:《电子货币的法律性质初探》,载《武汉大学学报(社会科学版)》2001年第5期。

术设备中的货币价值,可以广泛地用于向除了发行者之外的其他方进行支付;并且,电子货币作为一种无记名的预付工具在交易中不需要与电子账户相关联。"①2002 年欧洲议会与理事会发布的《电子货币指令》(EMI Directive)将电子货币的法律概念定义为:"对发布者的债权所代表的货币价值,并满足(1)储存于电子设备中;(2)作为支付方式能够被除了发行者以外的其他方所接受。"②而对于虚拟货币的概念当前并没有权威的定义,一般认为虚拟货币只指网络企业发行的用于购买网络虚拟商品的电子储值与支付工具。③ 电子货币并不是我们望文生义的那样,凡是以电子数据形态存在的货币都是电子货币,而是在其发行主体、信用资质、使用范围上都具有诸多限制,具体如下:(1)在发行主体和信用保证上。电子货币的发行机构主要是商业银行等金融机构,一般要取得金融业务的法律许可证,并接受中央银行和银监会的金融监管,其发行电子货币的目的,就是为社会提供更多更方便的交易媒介,并非为了销售自己提供的非金融产品。而电子货币的信用保证则主要体现为两个方面:其一,电子货币是用纸质缴纳的注册资本金和放贷后存留的纸币贮备金作为信用保证的法定货币,这使得电子货币可以随时无条件兑换为纸币;其二,电子货币能够在与发行者有协议的商家处任意使用,购买各种实物商品与服务。(2)在支付方向和支付范围上。西方经济学认为只有充当交易媒介的东西才能被视为货币,因此,只有双向性支付工具才是交易媒介,从而具有货币性质,单行性支付工具不是交易媒介,不具有货币性质,因此,这也构成了虚拟货币与电子货币的主要区别。同时,

① 谢平、刘海二:《ICT、移动支付与电子货币》,载《金融研究》2013 年第 10 期。

② 同上。

③ 参见孙宝文、王智慧、赵胤钘:《电子货币与虚拟货币比较研究》,载《中央财经大学学报》2008 年第 10 期。

从支付工具的支付范围上,可以分为全局性支付工具和局部性支付工具。全局性支付工具是指在一个国家或社会内可以支付购买所有产品,而局部性支付工具则是指只能在有限范围内购买指定商品。(3)是否具有借币收费过程。电子货币能够无条件随时兑现为纸币,它实质上是纸币代用物,而虚拟货币则是网络公司借以实现公司盈利的主要方式,即“借币消费”。由此我们可以看到电子货币的真实面目和法律特征,以及其与虚拟货币的本质区别。①

我国当前网络社交平台上存在的电子货币,其究竟属于何种意义上的电子货币,以及该电子货币的法律性质为何?对于这一问题的回答必须要结合其具体功能和性质予以具体判断。以支付宝账户中的电子货币为例,《支付宝服务协议》规定:支付宝服务是支付宝向您提供的非金融机构支付服务,是受您委托代您收款或付款的资金转移服务。其中,代收代付款项服务是指支付宝为您提供的代为收取或代为支付款项的服务。其代收代付功能主要是指充值、提现、支付宝中介服务、即时到账服务、后付服务、转账。支付宝会员号和账户仅限您本人使用,不可转让、借用、赠与、继承,但支付宝账户内的相关财产权益可被依法继承。支付宝会将您委托支付宝代收或代付的款项,严格按照法律法规或有权机关的监管要求进行管理。支付宝提请您注意,支付宝账户所记录的资金余额不同于您本人的银行存款,不受《存款保险条例》保护,其实质为您委托支付宝保管的、所有权归属于您的预付价值。该预付价值对应的货币资金虽然属于您,但不以您本人名义存放在银行,而是以支付宝名义存放在银行,并且由支付宝向银行发起资金调拨

① 参见孙宝文、王智慧、赵胤钘:《电子货币与虚拟货币比较研究》,载《中央财经大学学报》2008年第10期。

指令。① 而《非银行支付机构网络支付业务管理办法》(中国人民银行公告〔2015〕第43号)第7条第2款则明确规定:“支付机构为客户开立支付账户的,还应在服务协议中以显著方式告知客户,并采取有效方式确认客户充分知晓并清晰理解下列内容:‘支付账户所记录的资金余额不同于客户本人的银行存款,不受《存款保险条例》保护,其实质为客户委托支付机构保管的、所有权归属于客户的预付价值。该预付价值对应的货币资金虽然属于客户,但不以客户本人名义存放在银行,而是以支付机构名义存放在银行,并且由支付机构向银行发起资金调拨指令。’”《存款保险条例》第3条规定:“本条例所称存款保险,是指投保机构向存款保险基金管理机构交纳保费,形成存款保险基金,存款保险基金管理机构依照本条例的规定向存款人偿付被保险存款,并采取必要措施维护存款以及存款保险基金安全的制度。”而其投保机构则主要指的是在中华人民共和国境内设立的商业银行、农村合作银行、农村信用合作社等吸收存款的银行业金融机构。很明显,支付宝公司不属于投保机构的范围。从《支付宝服务协议》和《非银行支付机构网络支付业务管理办法》的规定来看,支付宝账户中所记载的资金余额属于“预付价值”。就当前的民事法律研究来看,对于预付价值法律性质的研究似乎尚属未开发区域。②

我们根据支付宝的功能可以对“预付价值”的法律予以分析,支付宝的主要功能是代收代付,即充值、提现、中介服务、即时到账、后付、转账,而且

① 参见《支付宝服务协议》,载 https://render.alipay.com/p/yuyan/180020010001196791/preview.html? agreementId = AG00000006,2022年2月19日访问。

② 就目前的文献资料来看,对预付价值法律性质予以研究的主要是经济学的相关学者。参见周光友、施怡波:《互联网金融发展、电子货币替代与预防性货币需求》,载《金融研究》2015年第5期;沈利军、徐伟:《支付宝虚拟账户支付的法律分析及规制》,载《金融与经济》2009年第6期。

纵观阿里巴巴公司的发展历程我们看出，其支付宝平台的搭建与其公司诞生之期面临的严重的社会信用缺乏密切相关。在20世纪90年代对互联网还处于极为陌生的年代，电子商务在很大程度上并不被人们所接受，从事电子商务的人也被视为“不务正业”，各大银行都不对淘宝公司提供转账和结算业务。因此，阿里巴巴集团只能构建自己的信用支付体系，于是支付宝诞生了。[①] 而所谓的预付价值无非是支付宝用户之间无法直接通过商业银行完成电子商务平台上的交易，而必须依赖于支付宝这一中间信用平台，支付宝通过将其银行账户中的资金转入支付宝账户，由支付宝平台从中斡旋从而实现电子商务交易的顺利进行。同时，一旦支付宝用户将其资金从银行卡中转移至支付宝账户则意味着其对银行资金占有的丧失，即其取得的仅是对支付宝中预付价值的所有权，而与此同时，预付价值对应的货币资金虽然属于客户，但不以客户本人名义存放在银行，而是以支付机构名义存放在银行，并且由支付机构向银行发起资金调拨指令，即支付宝公司取得了该预付价值对应的银行货币资金的所有权。而依据法定货币“占有即所有”的一般规则，支付宝用户实际上已经失去了对该法定货币的所有权，其取得的对“预付价值”的所有权，实际上是请求支付宝公司支付一定货币为内容的债权。

行文至此，我们可能存在的疑问的是，支付宝用户中存在的余额记录究竟是不是电子货币？我们通过上述电子货币的基本特征可以看到，电子货币的发行主体是具有严格限定的，即经过国家机关审批的具有电子货币发行资格的金融机构，其与纸质货币的发行机关一般是一致的，在我国即为中

① 参见陈如同：《第三方支付平台备付金核算：以支付宝为例》，载《财会月刊》2014年第4期。

国人民银行。同时,电子货币的本质就是法定货币的一种特殊形式,因此不需要与法定货币之间进行二次结算。最为关键的是,电子货币的使用范围具有普遍性,即在一定的区域内(一般视一国之内)作为普遍接受的支付工具。但就以上几方面来看,很难将支付宝余额记录归于电子货币。首先,其发行主体是不具有公信力和法定性的非银行支付机构,预付价值是不受《存款保险条例》保护的,其当然也就不属于存款;其次,预付价值与法定货币之间的兑换必须要经过支付宝公司的"提现"这一中间过程,只有经过"提现"将预付价值转化为银行存款,才正式进入了法定货币的序列。同时,虽然现在的电子商务市场上阿里巴巴集团似乎已经占据了绝大份额,而且支付宝也日益成为人们日常的主要支付手段,但即便如此,支付宝提供的支付手段仍然不是普遍适用的,例如,在京东平台上,其接受的在线支付手段就不包括支付宝,而是采取了京东支付、微信支付和银行卡支付三种支付手段。因此,如果不考虑电子货币的发行主体和使用范围,仅是从支付工具的层面来看待支付宝中的账户余额,则支付宝账户中的余额可以成为更广泛意义上的电子货币,本书也正是在这一意义上将支付宝账户中的余额(预付价值)称为"电子货币"。

通过以上的分析,我们知道支付宝账户中的电子货币虽然不能直接等同于法定货币,但是其代表了用户对支付宝公司享有的一种以金钱给付为标的的债权请求权,其财产价值是毋庸置疑的。《支付宝服务协议》第 4 条第 2 款第 4 项规定:"用户标识和账户仅限您本人使用,请勿转让、借用、赠与,也无法继承,但支付宝账户内的相关财产权益可被依法继承。"从以上分析可以看出,虽然账户余额不是法定货币而仅属于广义的电子货币,但是该电子货币是由法定货币转化而来的,并可以通过提现的方式转化为法定货币。而且,就该账户余额的实际利用上来看,网络用户对它享有绝对的支配权。《支付宝服务协议》第 3 条第 5 款第 3 项规定:“转账:您可以使用支付宝服务,委托我们将款项转至收款方支付宝账户或可接受款项的中华人民共和国境内(本协议之目的,不含香港、澳门特别行政区及台湾地区)银行账户。为确保您的资金和财产安全,您在使用转账服务时,请您谨慎核对收款方信息,包括但不限于收款方的真实身份及准确的支付宝登录名等信息。”

由此可见,当前微信和支付宝平台中的电子货币虽然不能直接等同于法定货币,但我国金融机构出台的一系列保障性文件和所在平台的网络服务协议都在很大程度上承认了其作为“准货币”的法律地位。同时,根据以上电子货币与虚拟货币的对比分析,我们可以看出电子货币本身并非虚拟的,其实际上直接等同于法定货币。同时,电子货币的适用范围是无限制的,当前我国几乎所有的网络平台都开通了微信或者支付宝支付方式,这与虚拟货币使用范围的有限性形成了鲜明对比。更为重要的是,电子货币与法定货币的双向兑换渠道是自由畅通的,而虚拟货币与法定货币的兑换渠道是单向的。由此可见,电子货币在实质功能上等同于法定货币,其与本书所讨论的网络虚拟财产在功能和性质上存在本质区别,因此不属于网络虚拟财产的范畴。

第四章　网络虚拟财产保护的法权模式构建

第一节　网络虚拟财产法律保护的可能模式选择

一旦网络虚拟财产的识别标准得以确立,那么网络虚拟财产的内涵和外延也就同时得以界定,网络虚拟财产的法律保护就具备了基本的价值起点。民法中关于财产的立法保护主要是通过权利模式的构建予以实现的,如物权、债权、知识产权。根据财产具体形态的不同,通过主体、客体、权利、义务构建出符合社会需要的财产权模式,实现民事主体之间利益的合理分配,实现个人利益与社会利益、国家利益的协调发展。就学界当前的研究成果来看,对网络虚拟财产的立法保护一直存在债权模式、物权模式、虚拟财产权模式之间的争议。但就其本质而言,其争议的核心是对网络虚拟财产这一新生事物的法律实质认知不清，债权模式与物权模式倡导者的基本认知起点是，网络虚拟财产作为一种新生事物尚未脱离传统的债权和物权的认知范畴，因此，可以将债权模式或物权模式运用于网络虚拟财产的保护。[①] 尤其是民法中物的概念具有很大程度的开放性，且不说在罗马法年代就将债权和他物权拟制为“无体物”，将其统一放置在物的概念中，[②]即使在现代社会，物的概念也随着科学技术的进步和人们认知水平的提高而一直保持着“对外开放”的姿态。例如，近现代民法典已经普遍将电、天然气、热能等自然力视为无体物看待，甚至知识产权的客体智力成果也被个别学者视为无体物。[③] 一旦将无体物视为民法中物的亚类型，则物的概念就几乎可以囊括一切财产价值的存在形态。

但我们必须清醒地意识到法律概念必须是严谨且内涵明确的，一旦任由物的概念扩张，必然导致物的内涵与外延的模糊，进而难以建立起严谨的物权法律制度。[④]《德国民法典》最引以为傲的就是它严谨的法律概念和立法体系，在财产立法方面则体现为严格的物债分离，并将物严格限制在有体物的范围。我国在《物权法》中将物的范围限定为动产和不动产。因此，一旦引入无体物概念将网络虚拟财产视为物的范畴，则势必导致物的概念失去法律严谨性，进而导致现有的财产权立法体系的紊乱。正如上文所言，以虚拟性、创造性、实用性、价值性为识别标准的网络虚拟财产与有体物存在

---

① 参见杨立新：《民法总则规定网络虚拟财产的含义及重要价值》，载《东方法学》2017 年第 3 期。

② 参见[意]彼德罗·彭梵得：《罗马法教科书》，黄风译，中国政法大学出版社 2005 年版，第 141 页。

③ 参见吴汉东：《财产的非物质化革命与革命的非物质财产法》，载《中国社会科学》2003 年第 4 期。

④ 参见金可可：《私法体系中的债权物权区分说——萨维尼的理论贡献》，载《中国社会科学》2006 年第 2 期。

本质差别,其存在于网络世界中并受到网络服务协议和网络技术的双重约束,因此,网络虚拟财产是一种与有体物和知识产品都不同的新型财产,对这一新型财产我们应该采取新的法权模式对其予以保护,即网络虚拟财产权法律制度。

第二节　构建网络虚拟财产权的可能性与必要性

所谓权利,是指得享受特定利益之法律上之力。权利为主观化之法律,法律为客观化之权利。① 网络虚拟财产在本质上属于一种利益,而一项利益如何才能上升为法益,进而成为权利的客体?这是决定网络虚拟财产权构建成败的关键问题。就民法中的利益而言,其上升为法律上值得保护的法益并成为权利客体的必要条件就是具备法律保护的可能性与必要性。② 法益的可能性意味着一项利益具有独立性——内涵明确,外延清晰,并且民事主体对于该利益可以自由支配并排除他人妨碍。③ 而必然性则意味着该利益对于民事主体意义重大,并且在当前的社会发展阶段具有赋予法律保护的紧迫性和必要性。就此而言,网络虚拟财产应该被视为民法中的法益,并通过赋予网络虚拟财产权对其予以保护。在可能性方面,符合虚拟性、创造性、实用性、价值性的网络虚拟财产构成了一项具体确定的利益实体,这一利益实体虽然存在于网络中,但其具有的创造性、实用性和价值性决定了其是与其依附的网络系统明确区分的一项独立利益。例如,游戏货币和网络

---

① 参见郑玉波:《民法总则》,台北,三民书局股份有限公司 1979 年版,第 44 页;王泽鉴:《民法总则》,北京大学出版社 2009 年版,第 92 页。

② 参见张力:《权利、法益区分保护及其在民法总则中的体现——评〈民法总则(草案)〉第五章》,载《河南社会科学》2016 年第 11 期。

③ 参见朱虎:《侵权法中的法益区分保护:思想与技术》,载《比较法研究》2015 年第 5 期。

店铺虽然存在于网络世界,但通过单独的用户操作和网络技术配合,用户可以排他地对虚拟货币和网店进行支配和管理,在网络法规和网络服务协议允许的范围内任何人(包括网络服务平台)都不能对网络用户网络虚拟财产支配权的行使进行干涉。

在必要性方面,与当前网络虚拟财产在人们生活中逐渐占据重要地位相反的是,各大网络服务平台对网络用户虚拟财产保护的欠缺和侵夺,不仅造成了用户网络虚拟财产的流失,甚至还直接构成了对用户网络虚拟财产的侵夺。例如,很多游戏服务平台的网络服务协议规定,一旦用户死亡或在一定时期内未登录网络账号则网络游戏运营商可以将用户账号注销,其中未消费的游戏货币当然也被收回。同时,淘宝平台的网络服务协议也规定网络店铺的账号不能被转让,这也就直接限制了网店经营者对网店处分的能力。我们必须看到的是游戏货币和网络店铺具有强烈的财产属性,《游戏监管通知》《虚拟货币管理通知》《电子商务法》都对游戏用户和电子商务经营者的合法财产权利作出了规定,网络服务平台提供者作为民事主体在经营活动中要严格遵守国家法律法规,不能任意侵夺公民的合法财产。因此,在互联网经济迅速发展的当前社会,充分意识到网络虚拟财产在公民生活中占据的重要地位,通过网络虚拟财产权构建各方主体之间的权利义务不仅是互联网“共享经济”发展模式下的客观导向,也是贯彻我国宪法保护公民合法财产不受侵害的必然要求。

第三节 网络虚拟财产权的概念与内容

网络虚拟财产作为一种独特的财产类型,既符合财产的基本特征,同时又具有自己的鲜明特色。根据上文的研究,笔者认为,可以将网络虚拟财产权定义为：民事主体对其合法获取的网络虚拟财产享有的支配并排除他人侵害的权利。

一、网络虚拟财产权的主体

网络虚拟财产权的主体应与民事主体的范围保持一致，包括了自然人、法人和非法人组织。随着网络技术对传统民事生活领域的解构与重构，网络逐渐成为人们的“第二世界”，随着人们在网络世界中交往活动在深度和广度上的逐步推进，网络中逐渐演化出了新的生活、生产模式，而每一个主体都在以不同的方式和程度参与这一网络交往新形态的形成和进化。[①] 就实际情况而言，网络游戏和网络社交已经成为人们日常生活中不可分割的一部分，而电子商务的兴起则成为现代社会商事主体从事经营活动不可或缺的一项技术手段。在网络交易平台中，个人、家庭、合伙组织、公司都在从事着电子商务活动。因此，自然人、法人、非法人组织都可以成为网络虚拟财产权的主体。

二、网络虚拟财产权的客体

在民法中权利的客体表现为一种受法律保护的利益，网络虚拟财产作为一种特殊利益就是网络虚拟财产权的客体。网络虚拟财产是基于计算机技术存在于网络空间中的具有虚拟性、创造性、实用性、价值性的网络信息资源。在传统的网络虚拟财产研究中，学者们往往对网络虚拟财产定位过于宽泛，如将其视为一种“数字资源”或“信息资源”，[②]但这一过于宽泛的定

① 参见程立茹：《互联网经济下企业价值网络创新研究》，载《中国工业经济》2013 年第 9 期。

② 参见马一德：《网络虚拟财产继承问题探析》，载《法商研究》2013 年第 5 期。

义导致的后果必然是网络虚拟财产难以成为一个精准的法律概念，网络虚拟财产法律制度的构建缺乏一个根本的立足点。同时，在当前我国法学研究中财产概念过于泛化的背景下，对网络虚拟财产过于宽泛的定义还会导致其与“个人信息”“信息财产”“数字资产”“数据财产”等概念的混同，不利于网络虚拟财产研究的纵深发展。因此，我们必须对网络虚拟财产的概念作进一步的界定，而虚拟性、创造性、实用性、价值性正是从财产的本质出发对网络虚拟财产概念作出的一种符合法律概念严谨性和逻辑性的科学界定。基于这一概念，我们可以非常容易地将那些打着网络虚拟财产旗号的虚假的网络虚拟财产排除在外，如网络账号（属于个人信息）、电子邮件（属于个人隐私或个人信息），真正属于网络虚拟财产的应包括虚拟货币、比特币、网络店铺、游戏装备、网络社交平台上用于打赏的虚拟物品。网络虚拟财产客体的确定使网络虚拟财产的内涵和外延得以明确，进而为网络虚拟财产权法权模式的构建提供了必要性前提。

三、网络虚拟财产权的具体内容

（一）访问权

访问权是指权利人对其合法取得的网络虚拟财产享有访问的权利，任何主体在没有正当理由的前提下都不能妨碍网络虚拟财产权人对虚拟财产访问权的行使。网络虚拟财产的存在场域决定了权利人对网络虚拟财产的使用和处分都必须依赖于网络账户的登录访问，因此，访问权构成了网络虚拟财产权行使的前提条件。一般而言，网络用户通过账户密码登录网络服务平台对其网络虚拟财产予以使用，此时网络服务提供者必须无条件地提供访问服务。但是，网络服务提供者的网络服务协议中往往明确规定了禁止用户访问网络账户的情形。例如，《〈梦幻西游〉手游玩家守则》中就规定，若玩家违反本玩家守则的规定，玩家可能遭受以下一项或几项惩罚，包括"……(5)暂时禁止登录：违规玩家的游戏账号将在一定的时间内暂时无法登录使用本游戏平台内特定的某个或者某几个游戏，直到此次处罚到期或是取消；(6)永久禁止登录：违规玩家的游戏账号将永久无法登录使用本游戏"。①

访问权是网络虚拟财产权行使的基本前提，但目前网络服务平台中普遍存在网络服务提供者滥用处罚权的情形，一旦被服务平台视为违反协议规定就面临着处罚后果且几乎没有任何的申诉渠道。这不仅导致网络用户难以享受网络服务协议中约定的服务内容，而且意味着网络用户难以使用其账户中的虚拟财产，这必将导致网络虚拟财产权人的重大财产损失。可以想象，如果在"双十一"期间网店经营者被禁止访问网店账户，则其将面临多大的财产损失。因此，我们认为，基于网络虚拟财产潜在的经济价值，我们必须有效地保障网络用户对虚拟财产的访问权，即使在网络用户可能存在违法或违约行为的情况下也应该赋予其一定期限的申诉期间，除非网络用户从事的行为具有重大的违法性，否则不能禁止网络用户对其享有的网络虚拟财产所在账户的访问。访问权是网络虚拟财产权人行使权利的前提条件，只有谨慎地确定禁止权利人行使访问权的情形才能实现网络虚拟财产财权人、网络服务平台提供者、其他主体之间利益的平衡与协调。

(二)使用权

网络虚拟财产权利人对于其合法取得的网络虚拟财产享有使用权，但必须要在法律、行政法规以及网络服务协议规定的范围之内行使。网络不

---

① 《〈梦幻西游〉手游玩家守则》，载 17173 网，http://xyq.17173.com/introduce/guide/0001.shtml，2020 年 8 月 8 日访问。

是法外之地，我国当前正在逐渐加大对网络空间的治理，因此，网络虚拟财产权的行使必须严格遵循国家的各项网络立法，如《网络安全法》《电子商务法》《全国人大常委会关于维护互联网安全的决定》。同时，权利人对网络虚拟财产的行使还必须遵循网络用户与网络平台之间存在的网络服务协议。这主要是因为网络虚拟财产存在的场景决定了其必须受制于网络服务平台的技术约束，在一定程度上而言，网络虚拟财产是网络用户和网络服务平台共同造就的，网络服务平台的技术和服务是虚拟财产产生、保值、增值的基本前提。[①] 例如，淘宝网的《淘宝平台服务协议》就对网店经营者的经营行为进行了详细的规定，并通过其信用评价体系对网店信用的各项指标予以评估，而评估的结果直接决定了网店的商业价值。同时，《淘宝平台服务协议》还规定："淘宝平台只允许每位用户使用一个淘宝平台账户。如有证据证明或淘宝平台有理由相信您存在不当注册或不当使用多个淘宝平台账户的情形，淘宝平台可采取冻结或关闭账户、取消订单、拒绝提供服务等措施……"[②]网络经济是一种典型的"共享经济"，网络用户与网络平台是一荣俱荣、一损俱损的共生共长关系，网络虚拟财产的产生、转让、灭失都离不开网络服务平台的技术服务。[③] 所以，民事主体对网络虚拟财产权的行使必须遵循其与网络服务平台之间的服务协议。

与此同时，网络虚拟财产权的行使要遵循网络平台提供的网络服务协议并不意味着权利人要无条件地遵循其全部的内容。网络服务协议作为网

---

① 参见欧阳日辉：《从"+互联网"到"互联网+"——技术革命如何孕育新型经济社会形态》，载《人民论坛学术前沿》2015年第5期。

② 参见《淘宝平台服务协议》第3条第2款，载 https://www.taobao.com/go/chn/member/agreement.php，2022年2月19日访问。

③ 参见徐慧：《基于"互联网经济"的中国产业融合与创新》，载《改革与战略》2016年第11期。

络服务平台单方提供的格式合同,其是否具有法律效力主要看其内容是否符合民法的公平原则及是否违反法律、行政法规的效力性条款。遗憾的是,当前网络平台提供的服务协议的某些内容只是基于网络服务平台的单方利益形成的,以至于造成了网络用户与网络服务平台之间利益的显著失衡。例如,《淘宝平台服务协议》规定,除了明确规定的几种情形"您的账户不得以任何方式转让,否则淘宝平台有权追究您的违约责任,且由此产生的一切责任均由您承担"。[①]《网易邮箱帐号服务条款》中也规定:"如该帐号连续540天没有登录,则该帐号下的网易充值一卡通点数自该帐号最后一次登录之日起的第540天24时到期作废,同时,网易公司有权冻结、终止该帐号下的全部或部分网易服务,并收回该网易邮箱帐号。"[②]网络店铺和网易一卡通点数都属于网络虚拟财产,网络服务公司通过格式条款任意排除权利人对其财产享有的使用权,因此,该条款构成无效的格式条款,虚拟财产权人对该条款无须遵守。[③] 网络虚拟财产权人在遵循国家立法和网络服务协议的前提下可以对网络虚拟财产进行合理利用,主要体现为从事符合网络虚拟财产使用目的和功能导向的行为。就网络店铺而言,网店经营者可以利用网店从事符合合同约定的电子商务活动,就虚拟货币而言,权利人可以用其在特定的网络服务系统中购买各种网络商品和服务,并且可以将该网络虚拟财产用于网络打赏。就游戏装备而言,游戏玩家可以按照游戏装备的功能设定对其进行符合游戏规则的利用。

---

① 参见《淘宝平台服务协议》(2017年8月21日),载淘宝网2017年8月21日,https://rule.taobao.com/detail-6116.htm?spm=a2177.7231193.0.0.7ca8ffy6cuzg&tag=self。

② 参见《网易邮箱帐号服务条款》第14条第1款第2项,载https://reg.163.com/agreement_wap.shtml?v=20171127,2022年2月19日访问。

③ 参见林旭霞:《论网络运营商与用户之间协议的法律规制》,载《法律科学(西北政法大学学报)》2012年第5期。

(三)管理权

网络虚拟财产管理权,是指权利人可以对其合法取得的网络虚拟财产进行符合自身利益的管理行为。网络虚拟财产的物理构成是计算机数据,该数据按照一定的计算规则和评价因子有机结合在一起便组成了虚拟财产。即使网络虚拟财产在物理上由数据构成,但其价值来源却是人类生活中的某些共同评价指标。就网络店铺而言,其价值大小直接取决于商铺的关注人数、物流速度、好评率、交易次数等因素,而这些评价指标又直接取决于网络经营者对网店的管理行为。一方面,网店经营者可以对网店的技术予以更新。网络用户在网络上开设网络店铺时可以有多种版本选择,不同的版本带有不同的技术特征,如运行速度、窗口设计、数据记录,因此,网店经营者可以在经营过程中根据实际需要选择不同的网络版本,对网络技术予以实时更新。另一方面,网店经营者可以对网店的各项数据予以管理。我们当前身处“大数据时代”,用户数据构成了企业的核心资产,如网店的好评率、信用度等都是数据整合后的一种大数据反映,①用户评价对网店经营者利益影响甚巨。因此,网店经营者有权对影响网店经营的各项数据予以管理,从而如实地反映网店的经营状况,其中包括网店评价结果与真实情况不符时请求网络服务平台对其予以更正的权利。

网络虚拟财产权人管理权的享有还意味着网络虚拟财产权人可以指定特定的主体在一定的情况(如死亡、丧失民事行为能力)下对其享有的网络虚拟财产予以管理。网络社交平台作为人们社交活动开展的场所,其中往往包含有大量的用户的隐私信息,因此,人们对其网络虚拟财产的处理就必

---

① 参见李文莲、夏件明:《基于“大数据”的商业模式创新》,载《中国工业经济》2013年第5期。

须未雨绸缪地作出安排。当前我国的社交网络平台对网络用户死亡或丧失行为能力时对其网络虚拟财产的处理问题还未给予充分的关注,因此,在社会实践中引发了广泛的关注和讨论。笔者认为,对民事主体网络虚拟财产管理权赋予可以较好地对以上问题予以处理,具体而言,有以下几个途径可以采取:其一,网络用户可以遗嘱或授权委托书的形式赋予某一主体网络虚拟财产管理权。在出现约定的情形时,由指定的管理人代替网络用户对其网络虚拟财产予以管理或清算。其二,在网络服务协议之外另行签订单项合同对网络虚拟财产的管理予以规定,主要包括管理人、管理范围、管理方式等内容。此种方式的优点是,在国家立法严格保护网络用户信息安全的情形下,通过用户协议的形式使网络服务提供者免除了因向第三人披露个人信息可能导致法律处罚的忧虑。其三,网络服务提供者通过技术手段允许网络用户在接受网络服务的过程中可以随时对网络虚拟财产予以管理。比如,可以通过弹窗信息的方式询问用户:“您在网络平台上拥有多少虚拟财产?”“是否允许近亲属对你拥有的虚拟财产予以管理?”“请指定紧急情况下的网络虚拟财产管理权人。”“您允许管理人如何对您的网络虚拟财产进行管理?”值得欣慰的是,我国《民法典》第 1145 ~ 1149 条规定了遗产管理人制度。其第 1145 条规定:继承开始后,遗嘱执行人为遗产管理人;没有遗嘱执行人的,继承人应当及时推选遗产管理人;继承人未推选的,由继承人共同担任遗产管理人;没有继承人或者继承人均放弃继承的,由被继承人生前住所地的民政部门或者村民委员会担任遗产管理人。遗产管理人的职责包括:(1)清理遗产并制作遗产清单;(2)向继承人报告遗产情况;(3)采取必要措施防止遗产毁损、灭失;(4)处理被继承人的债权债务;(5)按照遗嘱或者依照法律规定分割遗产;(6)实施与管理遗产有关的其他必要行为。(《民法典》第 1147 条)可见,《民法典》立法者已经意识到了当前社会中财产的继承问题已经不能再一概地适用传统的处理方法,尤其是对网络虚拟财产的继承,由管理人按照被继承人的意思予以管理,是更符合当前网络社会发展需要的明智选择。

(四)处分权

处分权是指权利人对其合法取得的网络虚拟财产享有的自由处分的权利,包括转让、赠与、遗赠、抵押、消灭的权利。当财产表现为有体物时,所有权人处分权的行使主要体现为买卖,即通过将物卖出以获得一定的收益。同时,所有权人对有体物的处分还体现为事实处分,即通过物理手段将物的价值予以销毁,如将陈旧的房屋拆毁。就网络虚拟财产而言,权利人处分权的行使方式依赖于不同的网络服务平台提供的网络服务,同时也与网络虚拟财产的功能作用息息相关。就虚拟货币而言,网络直播平台中的虚拟货币可以被用来购买各种网络服务,同时还可以进行网络打赏,但虚拟货币不能直接赠与网络服务平台之外的人。就网络店铺而言,其处分权的行使与市场经济对网店价值的认可度密切相关,就当前而言,网店主要是作为一种新型财产在不同的市场主体之间予以转让(包括继承、赠与),网络店铺抵押尚未作为网店经营者融资的主要途径被市场接受。但就网络虚拟财产的事实处分而言,基于网络虚拟财产的技术构成其很难被网络虚拟财产权人实施。一般而言,对网络虚拟财产的事实处分主要是通过网络服务提供者的技术配合予以实现的,例如,网店经营者如果想将其经营多年的网店彻底消灭,不留痕迹,其只能以通知的形式告知网络交易服务平台,网络交易服务平台通过后台的技术操作将网店经营者的经营数据全部予以注销,从而实现网店的彻底灭失。实际上,不仅是网络虚拟财产的事实处分,即使是对网络虚拟财产的法律处分也离不开网络服务提供者的技术服务,在《网络安全法》网络实名制的强制要求下,网络店铺的转让一定会引起实际经营者身份的变更,而这一信息变更的实现有赖于网络服务提供者的配合,否则网店转让将难以实现。

需要特别说明的是,尽管网络虚拟财产权的行使都在一定程度上依赖于网络服务提供者的技术服务,但这绝对不能成为否定网络虚拟财产价值,甚至否定网络虚拟财产权作为绝对权、支配权、排他权的正当理由。在权利社会化的现代社会,即使是私人所有权这一传统上被认为是绝对、排他的权利,其在社会实践中的行使也受到公序良俗原则和权利不得滥用原则的约束。① 知识产权作为一项绝对权,权利客体的无形性决定了权利人不能对其像有体物一样行使权利,知识产权的行使主要依赖于法律的强制性赋权和保护,但我们无论如何也不能否定知识产权的绝对性。② 网络虚拟财产权的行使必须得到网络服务提供者的技术配合并不能成为否定网络虚拟财产权作为一项绝对权的充分理由,相反,这恰恰印证了网络虚拟财产权作为一项新型权利存在的特殊性和必要性。

第四节　网络虚拟财产原始取得的权利归属

作为新型事物,网络虚拟财产的保护问题在我国《民法典》编纂过程中被广泛地讨论、研究,并最终在《民法典》第 127 条中予以规定。但是,该法律条文作为引致性规范,并未解决网络虚拟财产的权利归属问题,因此,既无法满足人们对网络虚拟财产充分利用的现实需求,也无法为司法实践中网络虚拟财产权属纠纷的处理提供法律依据。就网络虚拟财产这一"法律

① 参见姚辉:《单双号限行中的所有权限制》,载《法学家》2008 年第 5 期。
② 参见易继明:《禁止权利滥用原则在知识产权领域中的适用》,载《中国法学》2013 年第 4 期。

概念"的历史形成脉络来看,其属于直观反映现实事物的"描述性概念"——存在于网络上的虚拟的财产,而非经理性抽象而形成的"规范性概念"。[①] 我国学界长期以来致力于网络虚拟财产法律性质的研究,"债权说""物权说""虚拟财产权说"等学说之间的争论此起彼伏、难分高下。[②] 但当前学界恰恰缺乏的是对网络虚拟财产原始取得权利归属问题的研究,无论是将网络虚拟财产作为债权、物权还是虚拟财产权,我们都必须回答的问题是,谁基于何种理由对网络虚拟财产享有财产权? 如果对以上问题不做回答,则对网络虚拟财产权的法律性质和权利内容问题的研究将缺乏根本性前提。关于网络虚拟财产的权利归属问题的研究,其中居核心地位的是网络虚拟财产权的原始取得问题,只有先解决了这一问题,才有可能对网络虚拟财产权的转移问题作进一步的思考。

一、私法中财产原始取得的主要方式

原始取得是指不以他人的权利或意志为依据取得物权,根据一般民法理论,原始取得的具体方式包括生产、税收、征收、没收、添附、先占、取得时效、加工行为,等等。[③] 税收、征收、没收作为财产的原始取得方式,实际上并

---

① 伯恩·魏德士在《法理学》一书中将法律专业术语分为两种类型:描述性概念与规范性概念。认为描述性概念是语言的工具,它描述并"定义"不同类型的生活事实,并因此为人们认识和理解。而规范性概念则是属于那些包含价值标准的概念。参见[德]伯恩·魏德士:《法理学》,丁晓春、吴越译,法律出版社2013年版,第85页。

② "债权说"的核心观点是将网络虚拟财产视为网络服务的内容,其属于网络用户享有的债权的范畴,因此应该用债权对其提供保护。持这一观点的学者主要有王雷教授、刘明博士等人。"物权说"的核心观点是将网络虚拟财产视为无体物,并采取物权保护模式对其提供保护。支持这一观点的学者主要有杨立新教授、林旭霞教授、许可博士。"虚拟财产财权说"是近年来逐渐形成的一种新的理论学说,其认为网络虚拟财产是一种新的财产类型,对这一财产的保护要通过构建网络虚拟财产权予以实现,虚拟财产权属于绝对权、财产权、支配权。

③ 参见谭启平主编:《中国民法学》,法律出版社2018年版,第301页。

不涉及财产权的首次赋予,而仅仅是基于社会公共利益的需要对已存在财产权归属的法律调整,因此,其实际上属于法定继受取得的范畴。添附作为财产的取得方式,我们对其并不陌生,经常列举的案例是:甲将其石灰误刷至乙的房子上,由于石灰已与房子结合成为一体,返还原物已无可能,此时法律赋予乙享有对该石灰的所有权,甲对乙享有不当得利返还请求权。通说认为,乙被赋予财产权的主要原因是基于社会整体效益的考量,此时木已成舟,如责令乙返还原物则成本过高。① 我国立法并未规定取得时效制度,但就论证取得时效制度合理性的主要观点来看,其核心依据是"社会效率",即权利的积极利用者比"权利上的睡眠者"更能够发挥物的价值,提升财产利用的社会效率,因此更值得法律的保护。② 实际上,取得时效作为财产的原始取得方式仍属于法定继受取得的范畴,因为根据取得时效获得的财产仍然是有主的财产,时效取得是基于法律规定的财产权变更制度,而非创设新的财产。即时取得(善意取得)的情形与之相仿,实际上是通过法律手段对财产权存在秩序的动态调整,而非在初次分配的意义上对财产权的原始赋予。善意第三人为何能够取得财产所有权?根据学术界的主流观点,其原因是维护交易安全,提升市场效率。③

加工属于典型的劳动方式,由于加工的对象是他主所有的财产,因此,加工后财产的归属受到加工协议和加工人主观状况的约束。罗马法学家中的萨宾派认为,"物的性质存在于原料当中,因而否认通过加工实现的取得,

---

① 参见陈本寒:《构建我国添附制度的立法思考》,载《法商研究》2018 年第 4 期。

② 参见孙鹏:《去除时效制度的反道德性——时效制度存在理由论》,载《现代法学》2010 年第 5 期。

③ 参见费安玲、汪源:《论盗赃物善意取得之正当性——以法经济学为分析视角》,载《法学杂志》2018 年第 7 期。

主张原料的主人也应当保留对新物的所有权”。[①] 而普罗库勒派则主张把新物的所有权归之于加工者。同时,还出现了一种折中理论——根据物能不能还原为被用来制造它的原料来分类,如果不能还原,该物即被看作真正的新物,所有权归加工者;如果可以还原,那么原料就不被视为已消灭,因而它的所有主就未失去对它的所有权。最终,优士丁尼接受了这一折中理论,同时作了修改:当加工者使用了一半自己的材料和一半他人的材料时,那么在任何情况下物品均不可还原为原料,加工者成为物品的所有者。同时,加工者还必须是善意的,如果加工物是盗窃所得,则不承认取得。[②] 在近现代,各国民法对加工物的归属采取了不同的立法模式,德国、加拿大魁北克采取单纯加工主义模式,即加工物归加工人所有。[③] 有的以新物能否恢复原状确定加工物的归属,可以恢复原状的,所有权归材料所有人,不能恢复原状的,由加工人与材料所有权共有。[④] 我国《民法典》第322条也规定,因加工而产生的物的归属,在没有约定或者约定不明,并且法律没有规定的情况下,“按照充分发挥物的效用以及保护无过错当事人的原则确定”。但就大部分国家和地区来看,其实质上都在自觉地采取折中主义的立法模式,即判断加工物的归属时采取材料主义兼加工主义的模式,如果材料的价值大于加工行为的增益价值,则加工物归材料所有人所有;若加工行为的增益价值明显大于材料价值,则加工物归加工人所有。[⑤] 这一被普遍遵守的立法模式的实质动因是,现代社会鼓励经济价值创造,提升资源利用效率。

---

① [意]彼德罗·彭梵得:《罗马法教科书》,黄风译,中国政法大学出版社2005年版,第157页。

② 同上。

③ 参见《德国民法典》第950条、《加拿大魁北克民法典》第972条。

④ 参见《奥地利民法典》第415条、《巴西民法典》第1269条、第1270条。

⑤ 参见《法国民法典》第570~572条、《瑞士民法典》第726条、《日本民法典》第246条、我国台湾地区“民法”第814条。

根据罗马法的记载，先占是以据为己有为意图获取或者占有不属于任何人所有的物（无主物“*res nullius*”）。先占取得作为财产取得方式带有浓厚的自然法基础，其正当性基础是，物是无主的，因而不会侵害任何人。适用于先占取得的动产有两个来源：其一，自然状态中法律不禁止取得的自然资源；其二，他人抛弃的动产。布莱克斯通曾言，很少有人愿意去花费脑筋思考财产权的起源和基础。我们对我们的占有是如此的满意，以至于似乎我们害怕回头去追溯其赖以取得的方法，似乎那会损害我们的所有权。从以上分析可以看出，虽然民事立法中规定了财产原始取得的多种方式，但绝大部分（税收、征收、没收、善意取得、时效取得、添附、对抛弃物的先占）只是作为财产的法定继受取得方式，而非财产法律身份的初次赋予。实质上，在私法财产初次原始取得的意义上，只包括先占取得和劳动取得两种类型，因此，对这两种财产原始取得方式的研究就具有极为重要的法律意义。

二、先占、劳动作为财产原始取得方式的必要条件与法理基础

近代以来，对先占、劳动、财产之间关系的论证是古典自然法学家深切关注的研究主题，作为自然法学派的鼻祖，格劳秀斯早在《海洋自由论》中就曾写道：“第一个占有之人有权使用那些未被主张之物，也有权在其所需范围内用尽，任何人剥夺其权利的行为皆为不正当”“而且由于人们居住之地相隔遥远和缺乏正义与仁慈，阻止了人们将自于土壤之产品共同储存的可能。正义缺乏所带来的后果，使得人类在分配产品时无正义可循，或根据劳

动,或按照产品的消耗”。[①] 因此,在格劳秀斯看来,在自然状态中,人们基于生存需要对先占之物享有“财产权”是不证自明的。基于生存的自然正义需求赋予了自然人先占取得财产的正当内涵。但是,先占作为财产取得的方式往往受人诟病,主要理由是,原始共同体成员对所有资源共同共有,先占取得共同体资源缺乏共同体成员的积极认可,因此不能取得对特定资源的财产权。同时,先占取得财产的道德基础在于个体基于自我保存的基本需求。先占的这一理论假设前提,决定了先占作为财产取得方式的运用场景非常有限,特别是在现代社会,人们对财产的需求已经不再是满足基本生存所需,而是更大程度地追求自我人格的完善与财富的增加。因此,有学者建议,应“考虑自然资源自由取得溢出核心必要性边界的程度,渐进规定有偿自由先占取得类型,直至对先占取得自由的禁止,转而实行许可取得制度”。[②]

正是基于财产先占取得模式面临的“正当性缺陷”,[③]作为古典财产理论的集大成者,洛克在《政府论》(下篇)“论财产”一节中提出了彪炳千秋的劳动财产理论,在该理论中,洛克将劳动视为一种理性的(或意欲的)、增益价值的行为,人们通过自身劳动改良外部世界,并因此获得了对改良成果的所有权。作为洛克理论伟大阐释者的斯蒂芬·巴克勒也坚定地认为:“劳动之所以能作为获取财产的工具,一则因为人类在更为宏大的上帝所意愿的整个造物秩序里扮演的角色,另则因为劳动乃保存自身与他人所需要的改

---

① 参见[荷]格劳秀斯:《海洋自由论》,[美]拉尔夫·冯·德曼·马戈芬、马呈元译,中国政法大学出版社2018年版,第77页。

② 参见张力:《自然资源分出物的自由原始取得》,载《法学研究》2019年第6期。

③ 参见张力:《先占取得的正当性缺陷及其法律规制》,载《中外法学》2018年第4期。

良与增加价值的行为。”①劳动财产理论带有浓厚的自然法色彩，该理论的证立有赖于对初民社会的基本假设——原初自然状态，在这一人类生存场景中，在自然状态下总是有“足够多和同样好”的自然资源供其他人使用。但劳动财产理论的缺陷在于，现实世界的物质资源总是稀缺的，即使古典政治哲学家对初民社会的假设是真实存在的，我们现在所生活的世界也已经发生了巨大的变化，自然资源不仅稀缺且大部分名分已定。同时，劳动财产理论的致命缺陷还在于，其将财产的产生过程描述为个人的“孤独”劳动，而忽略了财产所具有的社会属性。为此，卢梭针锋相对地说：“富人们尽管说，‘这道墙是我修建的，这块土地是凭我的劳动得来的。’人们可以反问：‘请问，你占地的界限是谁指定的呢？我们并没有强使你劳动，你凭什么要我们来负担你劳动的报酬呢？’”②可见，劳动财产理论的单向论证进路在财产权原始取得场景中存在重大逻辑缺陷，因为运用个人主观意志将某物据为己有，必须依赖于其他人的参与，即财产的原始取得有赖于其他人的承认。

原始取得作为财产的初次取得方式，其实际上是对自然资源的初次分配。在自然资源总体有限的前提下，如何保证初次分配的公平？无论是格劳秀斯提出的“生存必需权”，还是洛克提出的作为劳动财产理论，其实质上确立了财产权原始取得的以下原则：自然资源的先占取得以个人基本生存所需为限，自然资源的劳动取得以为他人保留“足够多和同样好”的自然资源为限。具体而言，由于自然资源的有限性和人们自我保存的必要性，先占取得作为一种带有自然正义的财产获取途径就意味着“先占先得”，如山中

① 参见[英]洛克：《政府论》(下篇)，叶启芳、瞿菊农译，商务印书馆1982年版，第141页。

② 参见[法]卢梭：《论人类不平等的起源和基础》，李常山译，商务印书馆1962年版，第127页。

的野兔就归捕到它的猎人所有。劳动作为财产原始取得的方法则不再受到生存性需求的限制,因为劳动是一种理性的改良性行为,并且在尚且存在"足够多和同样好"的自然资源的前提下,就应当本着奖励创造、鼓励创新的目的,赋予劳动者对其劳动成果的财产权,以此促进社会整体财富的增加和人们物质生活水平的提升。当前,数据作为新型生产要素,正成为我国网络社会中大数据产业发展的基础性资源,而数据的可复制性、非消耗性特征也使其成为网络公司分析、加工、处理的对象。因此,在存在"足够多和同样好"的数据资源的前提下,洛克的劳动财产理论便在互联网空间获得了适用的可能性,可以为网络空间中财产的原始取得提供理论基础。

三、网络虚拟财产原始取得的权利归属

如上所述,私法中财产的实质是法律主体依法享有的一系列权利的总和,而财产的原始取得必须遵循固定的法律范式和取得路径,因此,对网络虚拟财产权利归属法律判断的关键就是考察其是否遵循了财产原始取得的法律范式。

(一)网络店铺原始取得的权利归属

网络店铺的存在依赖于网络交易平台,但就网店的实质构成和开展经营来看,网络店铺与网络交易平台实际上是两个互相独立的事物,①网店经营者不仅可以凭借账号、密码对网店独立开展经营,而且网店经营的状况也是由经营者提供产品与服务的质量所决定的。在网店交易市场中,网络店

① 《电子商务法》第9条规定:"本法所称电子商务经营者,是指通过互联网等信息网络从事销售商品或者提供服务的经营活动的自然人、法人和非法人组织,包括电子商务平台经营者、平台内经营者以及通过自建网站、其他网络服务销售商品或者提供服务的电子商务经营者。"根据《电子商务法》的这一规定我们可以看出,立法者在事实上承认了网店和网店经营者具有独立于网络交易平台和平台经营者的法律地位。

铺的财产价值主要取决于其积累的商业信誉、客户群体、销售渠道的数量与质量,[1]虽然这些构成因素是无形的,但在大数据时代以上因素却可以直接量化为具体可见的各项数据,如网店信誉值、好评率、网店访问量、收藏量等。而这些数据是网店交易市场中衡量网店价值的关键指标。在赵某某诉尹某某等人合伙协议纠纷案中,法院认为:“从微信公众号的运营来看,被上诉人与上诉人在涉案微信公众号运营中投入大量的时间、精力,有一定的劳动价值。从微信公众号的经营方式来看,通过发布引人关注的内容,吸引了一定数量的粉丝关注而具有了传播力、影响力,进而为广告商带来购买力和宣传力,有广告投放价值。因此,微信公众号是具有独立性、支配性、价值性的网络虚拟财产。”[2]而在美景公司诉淘宝公司商业贿赂不正当纠纷案中,法院也认为,“生意参谋”数据产品中的数据内容系淘宝公司付出了人力、物力、财力,经过长期经营积累而形成的,具有显著的即时性、实用性,能够为商户店铺运营提供系统的大数据分析服务,帮助商户提高经营水平,进而改善广大消费者的福祉,同时也为淘宝公司带来了可观的商业利益与市场竞争优势。“生意参谋”数据产品系淘宝公司的劳动成果,其所带来的权益应当归淘宝公司所享有。[3] 可见,在司法实践中法院普遍认为,对网络虚拟财产投入人力、物力、财力的一方应对该虚拟财产享有合法财产权。

网络店铺的商业价值取决于网店的商业信誉、商品(服务)质量、客户数量等因素,而这些因素的获取与提升都是经营者辛苦付出的成果,符合“改良性劳动”的实质要求。网络交易平台在电子商务经济中提供的仅是技术

---

① 参见赵自轩:《网店转让的法律解读与规制》,载《河北法学》2019 年第 1 期。

② 赵某某诉尹某某等人合伙协议纠纷案,上海市第二中级人民法院(2019)沪 02 民终 7631 号民事判决书。

③ 参见杭州市中级人民法院民事判决书,(2018)浙 01 民终 7312 号。

性服务,如通信媒介、数据保存、信誉分析、信用担保等。但对于网络交易的实质内容,如磋商、缔约、履行、售后服务,网络交易平台提供者从未主动介入,即平台提供者并未直接参与网店价值的创造。因此,网络交易平台上禁止网店转让的条款就构成了对网店经营者享有的合法财产权的限制与剥夺,[①]根据我国《民法典》对格式条款的规定,该限制网店转让的条款当属无效条款。在当前司法实践中,我国法院仅以网络店铺与传统实体物有异,便直接否定网络店铺的财产价值与权利获取的可能性,严重误解了财产的法律实质,难以公平有效地化解越发激化的虚拟财产利益纠纷。因此,网店的产生极大地契合了基于劳动的财产原始取得过程,应该赋予网店经营者原始取得网店上的财产权。

(二)虚拟货币原始取得的权利归属

当前网络世界中存在的虚拟货币可以分为游戏货币、打赏币和比特币3种类型,其中游戏货币和打赏币都是由法定货币兑换取得并在特定的网络环境中充当一般等价物。以游戏货币为例,根据《虚拟货币管理通知》的规定,"网络游戏虚拟货币,是指由网络游戏运营企业发行,游戏用户使用法定货币按一定比例直接或间接购买,存在于游戏程序之外,以电磁记录方式存储于网络游戏运营企业提供的服务器内,并以特定数字单位表现的一种虚拟兑换工具"。游戏货币在网络游戏作为一般等价物以兑换游戏装备和其他特殊游戏服务,其本质上属于法定货币在网络世界的虚拟形式。[②]《虚拟

---

① 《淘宝平台服务协议》(2016年4月1日)第3.2条"账户使用"规定:"由于您的淘宝账户关联您的个人信息及淘宝平台商业信息,您的淘宝账户仅限您本人使用。未经淘宝平台同意,您直接或间接授权第三方使用您淘宝账户或获取您账户项下信息的行为无效。如淘宝平台判断您淘宝账户的使用可能危及您的账户安全及/或淘宝平台信息安全的,淘宝平台可拒绝提供相应服务或终止本协议。"

② 参见李威:《论网络虚拟货币的财产属性》,载《河北法学》2015年第8期。

货币管理通知》第11条还规定："网络游戏运营企业计划终止其产品和服务提供的，须提前60天予以公告。终止服务时，对于用户已经购买但尚未使用的虚拟货币，网络游戏运营企业必须以法定货币方式或用户接受的其它方式退还用户。"可见，我国立法对游戏虚拟货币的财产属性予以认可，游戏虚拟财产由法定货币兑换取得，并在游戏服务终止时可以再次兑换为法定货币。游戏虚拟货币由游戏公司发行，并遵循严格的虚拟货币发行要求，其实质上是通过发行虚拟货币的方式收回公司开发游戏所付出的各项成本，并以此获得收益，因此，游戏虚拟货币是游戏公司劳动成果的体现，游戏公司原始取得了对游戏货币的财产权，而游戏玩家则是通过购买继受取得游戏货币的财产权。对网络打赏币而言，打赏币往往是由网络用户充值取得的，而我们通过了解网络打赏币的获取方式和功能作用可以得知，其在网络社交平台上实质发挥着一般等价物的作用，其实质上与虚拟游戏币发挥着同样的作用，所以打赏币原始取得的权利归于网络平台运营者，网络用户通过购买而继受取得其所有权。

（三）比特币原始取得的权利归属

比特币的产生需要极为复杂的技术过程和计算法则，在比特币系统中，交易信息和数据都以文件的形式被永久记录下来，每一个文件就是一个区块。① 每个区块的第一笔交易进行特殊化处理，该交易产生一枚由该区块创造者拥有的新的电子货币，即比特币。比特币不是免费获得的，而是必须运用具有强大算力的计算机，投入固定的时间，消耗一定的电力能源，这一过程被形象地称为"挖矿"，比特币也因此被称为"数字黄金"。② 判断比特币

① 参见赵磊：《论比特币的法律属性——从Hash Fast管理人诉Marc Lowe案谈起》，载《法学》2018年第4期。

② 参见郑戈：《区块链与未来法治》，载《东方法学》2018年第3期。

是否属于财产的关键在于“挖矿”这一行为是否符合财产原始取得的要求。比特币的产生遵循着“去中心化”这一特殊的产出规则，比特币的产生是一场计算机算法的大比拼，[①]掌握最为强大算法的用户就可以取得最新产出的比特币，而算法比拼的背后则是“淘金者”在算法计算能力和电量供应能力上的终极对决。由此可以看出，比特币的存在场景与劳动财产理论假设的自然状态极为相似，而算法作为一种更为高级的智力劳动，其在本质上仍属于人类“改良性劳动”的范畴，因此，比特币的创造者就原始取得了对比特币的财产权。2016 年发布的《关于防范代币发行融资风险的公告》规定：“代币发行融资中使用的代币或‘虚拟货币’不由货币当局发行，不具有法偿性与强制性等货币属性，不具有与货币等同的法律地位，不能也不应作为货币在市场上流通使用。”“融资主体通过代币的违规发售、流通，向投资者筹集比特币、以太币等所谓‘虚拟货币’本质上是一种未经批准非法公开融资的行为。”[②]但是，该文件仅是禁止了发行代币融资的行为，而并未否定代币作为一种客观存在的虚拟财产的法律属性。在深圳国际仲裁院审理的一件涉及比特币转让的案件中，仲裁庭认为：“比特币不是法定货币，并不妨碍其作为财产而受到法律保护。比特币具有财产属性，能够为人力所支配和控制，具有经济价值，能够给当事人带来经济方面的利益。这是当事人一致的意思表示，并不违背法律规定，仲裁庭对此予以认可。”[③]无独有偶，2020 年 5 月 6 日，上海市第一中级人民法院公开宣判一起比特币涉外财产损害赔偿

---

① 参见［美］凯文・沃巴赫、林少伟：《信任，但需要验证：论区块链为何需要法律》，载《东方法学》2018 年第 4 期。

② 参见《关于防范代币发行融资风险的公告》，载中国证监会网，http://www.csrc.gov.cn/pub/newsite/zjhxwfb/xwdd/201709/t20170904_323047.html。

③ 参见《深国仲案例精选：比特币仲裁案》，载微信公众号“天同诉讼圈”2018 年 11 月 5 日，https://mp.weixin.qq.com/s/-Q-ndkMo5La_-OSMgXDkyw。

纠纷上诉案，认定比特币属于网络虚拟财产。[①] 法院在裁判中认为："要获得比特币，既需要投入物质资本用于购置与维护具有相当算力的专用机器设备等，也需要耗费相当的时间成本，其间凝结了人类抽象的劳动力。同时，比特币可以进行转让并产生经济收益。因比特币具有价值性、稀缺性、可支配性等特点，具备权利客体的特征及虚拟财产的商品属性，符合虚拟财产的构成要件。"可见，法院和仲裁机构都认可了比特币的虚拟财产地位，并基于劳动财产理论赋予创造者对比特币享有原始权利。

（四）游戏装备原始取得的权利归属

游戏装备原始取得的权利归属。财产先占取得的适用前提是无主物，自然人基于基本生活所需占有无主物，并由此获得所有权。就游戏装备而言，网络游戏是由游戏开发者设计的，其中的人物、情节、装备都是设计人员构思、编码的结果，《魔兽世界中文版使用条款》第 7 条明确规定，暴雪公司对程序中出现的所有内容拥有所有权、许可权或其他权利。因此，网络游戏中的任何元素都是设定好的，不存在任何无主物，所以根本没有财产先占取得的适用空间。在当前的学术研究和司法实践中都存在一种观点，即认为游戏道具是游戏玩家付出了时间和金钱，经过"艰难"的游戏过程而获得的，因此，按照劳动创造价值的一般理论应该承认"劳动者"——游戏玩家享有对游戏道具的所有权。但洛克劳动财产理论中的劳动具有特定的法律内涵———改良性劳动，这一劳动创造了额外的社会价值，增加了社会的整体福利。在现代社会，随着自然资源的匮乏与知识经济的崛起，劳动的内涵发生了新的变化，即从"额头出汗"（sweat of the brow）标准向"独创性"

---

① 闫某等诉李某等财产损害赔偿纠纷案，参见上海市第一中级人民法院（2019）沪 01 民终 13689 号民事判决书。

(originality)标准转变。因此,由于游戏装备具有天然的技术特征和创新因素,以及游戏开发者对游戏装备开发、运行投入的大量人力、物力、财力,根据我国《民法典》第322条“按照充分发挥物的效用以及保护无过错当事人的原则”的规定确定加工物的归属,应当由游戏开发者原始取得游戏装备的所有权。

我国《民法典》第127条对网络虚拟财产作出了保护性规定,但网络虚拟财产的权利归属与判断依据在现行法中一直付之阙如,当前学界对网络虚拟财产问题的研究之所以难以达成共识且止步不前,其根本原因在于没有洞悉财产的实质内涵。法律中财产的实质内涵是法律主体享有的一系列权利关系的总和,法律中的财产天然带有伦理色彩,是立法者基于社会公共利益和公序良俗进行利益衡量后理性赋权赋能的结果。因此,在权利的意义上,网络虚拟财产与传统实体财产并无本质区别,网络虚拟财产的原始取得依然服膺于财产取得的一般理论基础。同时,网络虚拟财产产生的网络环境和技术基因也决定了要对财产的劳动取得模式予以“开放式运用”,算法设计、代码编写、电子商务经营都应当被视为网络空间中的劳动。只有经过财产原始取得模式的检验,法律主体才能获得网络虚拟财产。

第五章　网络虚拟财产面临的法律纠纷与保护

第一节　网络店铺面临的法律纠纷与保护

一、网络店铺能否转让存在争议并引发大量纠纷

我国在2004年就出现了第一例因离婚而发生的网店分割问题，并一时间成为社会各界讨论的热点，而2013年发生的另一件因离婚引发的网店分割案件将淘宝公司推向了舆论的风口浪尖，并打开了网店转让的“口子”，最终促使淘宝平台2013年6月开通了网店过户接口，主要处理因过世继承、家产继承、结婚、协议离婚、判决离婚等引发的淘宝卖家更换店铺经营者身份的特殊需求，从而使网店的继承

与分割问题暂时告一段落。[①] 但是,网店转让问题依然存在并且变得更加让人困惑,既然淘宝承认网店的商业价值并允许在结婚、离婚、继承的情景下,其可以作为公民的合法财产予以分割继承,那为什么不能突破以上特殊场景允许其在一般的主体之间予以转让?正是带着这一疑问大量的网店经营者进行了"非常规"的网店转让行为,并引发了一系列的案件纠纷。

(一)网店转让的主要纠纷类型

就当前司法实践中已经发生的因网店转让引发的纠纷来看,以涉及的法律主体为区分标准可以将其分为以下两种类型。

其一,网店转让人与受让人之间的纠纷。由于网店转让不能在网络交易平台的后台信息认证中进行注册信息变更,因此,现实中网店转让主要是采取转让人向受让人交付网店登录账号密码和支付宝账号密码的形式实现的。交易双方通过签订《网络店铺转让协议》对网店转让双方的权利义务进行约定,即转让方不得通过服务平台找回或修改网店登录密码和支付宝密码,不能擅自提取支付宝账户资金或进行干扰受让方从事网店经营的活动,而受让方则需要对网店合法经营,并且不得利用支付宝账户进行贷款操作,给转让人个人信用带来不良影响。[②] 但问题在于,由于转让双方对自己违反网络服务协议的行为心知肚明,而且网络交易平台上网店的注册信息实际上并未发生变化。[③] 因此,这极大地增加了网店转让引发道德风险和悖信行

① 参见《店铺过户常见问题》,载淘宝网,https://helpcenter. taobao. com/learn/search?keyword = 店铺过户 &bu = &userId = 1131275563,2020 年 9 月 7 日访问。

② 参见胡某诉吴某合同纠纷案,杭州市滨江区人民法院(2015)杭滨商初字第 1764 号民事判决书。

③ 参见范某诉龚某买卖合同纠纷案,上海市第一中级人民法院(2016)沪 01 民终 8029 号民事判决书。在该案中上诉人(原审被告)认为:"根据淘宝规则淘宝店铺不能转让,故范某与龚某的《网络店铺转让合同》系无效合同,现龚某以无效合同起诉范某没有依据。"以此否定自己构成对《网店店铺转让合同》中义务的违反。

为的概率。一方面，转让方在网店转让以后往往以密码丢失或更换绑定手机号码的名义向网络交易平台申请找回或变更密码，以重新获取网店的控制权；[①]另一方面，由于网店受让人并未进行信息变更登记，基于投机或者诈骗心理，其往往恶意利用转让人的支付宝账户信用进行大额贷款并且届期不还，最后面对贷款公司的还款要求，只能由转让人作为债务人对支付宝公司承担债务清偿责任。除此之外，基于网店转让后台信息的不可变更性，网络上滋生了一批以网店买卖为手段实施网络诈骗行为的犯罪团伙。[②]

其二，网店出让人、受让人与网络交易平台的纠纷。以淘宝网络交易服务平台为例，在浙江淘宝网络有限公司诉李某买卖合同纠纷案中，[③]姚某作为淘宝的内部人员向李某转让其名下的网店，淘宝公司发现之后以《淘宝服务协议》和《淘宝规则》禁止网店转让的规定为由，将该网店予以查封。在司法实践中该类案件实际发生的比较少，因为网店经营者转让网店都是采取私下交付网店账户密码的形式实现的，淘宝公司作为网络服务提供者实际上并不知道网店的实际控制人的变更情况。同时，网店受让人知道自己违反服务协议在先，因此，在转让人违约时也往往自认倒霉，并不会要求网络交易平台协助其办理网店变更登记。在这一案例中，淘宝公司介入是因为姚某是淘宝公司的内部员工，而淘宝公司规定员工拥有的网店不能对外转让，并且定期对员工的网店信息予以审查，这才发现了李某与姚某之间转让网店的事实。就笔者对网店转让纠纷相关案例的搜索来看，因网店转让人

① 参见刘某诉高某买卖合同纠纷案，上海市闵行区人民法院（2013）闵民一（民）初字第19576号民事判决书。

② 在该案中潘某、李某隐瞒真实真相，通过“麦淘网”平台，以人民币14,000元的价格将淘宝店铺假意出售给福建省莆田市的郭某，在得款后将店铺找回，扣除平台佣金后骗得人民币12,600元。参见嵊州市人民法院刑事判决书，（2017）浙0683刑初12号。

③ 参见上海市第一中级人民法院民事判决书，（2015）沪一中民一（民）终字第4045号。

或受让人违约导致的纠纷案件很少会将淘宝公司牵涉进来，法院也不会主动将淘宝公司列为对交易标的享有独立请求权的第三人参加诉讼。淘宝公司作为被告或原告参与诉讼的情形主要是网店受让人或转让人以其享有对网店的所有权为由，诉请法院判决淘宝平台协助履行网店信息变更事务。[①]

（二）法院对网店转让纠纷的处理

对于以上两种纠纷类型，法院采取了不同的裁判思路，就第一种纠纷类型来看，其纠纷产生的主要原因是合同一方当事人对《网店转让协议》的违反，以杨某诉李某买卖合同纠纷案为例，法院采取了以下裁判理路：首先，法院认为当事人签订的《网店转让协议》是双方真实的意思表示，且约定转让的标的物并不违反法律禁止性规定，因此，合同合法有效，合同双方负有恪守合同约定的义务；其次，基于卖方或者买方违反合同约定的事实认定其构成违约；最后，判定违约一方承担相应的违约责任。[②] 从法院的裁判思路来看，其判决的一个基本价值判断是将网店视为一种"特殊动产"，将其作为买卖的标的适用《合同法》的相关规定。但对第二类纠纷的处理法院的裁判思路发生了根本的变化，在浙江淘宝网络有限公司诉李某买卖合同纠纷案中，二审法院认为："姚某通过签署《淘宝网店转让合同》，将系争淘宝店铺转让给李某，尽管双方之间的转让合同还涉及库存货、客户资料等其他内容，但

① 在该案中原告认为：涉案二级域名及店铺经过其大量广告宣传、经济投入和运营管理被赋予了较高的经济价值和投资价值，活跃了虚拟经济，增加了大量就业，也为原告创造了大量的经济收入，周某的合法域名权利应受保护。并请求淘宝公司将"lolxiezi. taobao. com"二级域名变更登记至其名下。虽然该案没有直接涉及网店的归属，但是在网络交易平台上，网店对消费者来说只要是以链接和域名的形式予以存在的，该案要求对域名信息予以变更登记，实际上就是要对确认其对网店享有的正当权利。参见杭州市余杭区人民法院民事判决书，(2015)杭余知初字第136号。

② 参见上海市闵行区人民法院民事判决书，(2015)闵民一(民)初字第22548号。

实际上系姚某将其与淘宝公司间合同关系项下的权利义务一并转让给李某。”①在这一案例中，法院并不认为网店是一种特殊动产，而是将其视为网店经营者与网络交易平台之间存在的权利义务关系的载体，诚如淘宝公司在上诉中所言：“淘宝店铺作为虚拟店铺，与传统意义上的实体店铺有很大差别，其是平台运营商与用户之间关于网络服务债权债务的载体。淘宝店铺的转让，实质上是债权债务的概括转让。”在这一情形中，法院严格遵循了《淘宝平台服务协议》对网店转让的规定，将网店视为经营者与网络交易平台间的一组权利义务关系，网店仅是网络交易平台提供服务的一种虚拟的可视化表现形式，而且该种服务具有强烈的身份性和不可转让性。因此，基于合同的相对性，以及原《合同法》第 88 条对合同概括转让的规定，《网店转让协议》未经交易平台同意当然不发生转让效力。此时，网络交易平台并不负有协助网店转让的义务，相反，其可以网店经营者违反服务协议为由对其追究违约责任。同时，在网店转让人与受让人之间，因为《网店转让协议》无效也就不存在违约责任的问题，仅产生缔约过失责任。双方当事人互相返还所得，并在过错范围内承担相应的法律责任。

（三）法院在司法裁判中存在的问题

司法裁判的过程既是法律解释的过程也是法律适用的过程，法律适用的前提是对案件事实的认定，“以事实为依据，以法律为准绳”的法谚决定了司法过程开展是有一定顺序的，即先认定事实，后适用法律。但法院对网店转让纠纷的处理在一定程度上违背了这一基本法律要求，主要体现为对网店这一新生事物事实认定的消极应对与僵硬的法律形式主义思维。在浙江淘宝网络有限公司诉李某买卖合同纠纷案中，面对《网店转让协议》中规定

---

① 参见上海市第一中级人民法院民事判决书，(2015)沪一中民一(民)终字第4045号。

的客户资源、进货渠道、库存货等转让客体,法院仍然将转让客体认定为"姚某某将其与淘宝公司间合同关系项下的权利义务",其明显罔顾了案件的基本事实。同时,法院利用了大量的篇幅说明了网店不能转让的原因,即维护交易平台信用体系、保护消费者安全、维护市场公平竞争。但是,令人疑惑的是法院有能力对这些问题作出正确的判断,进而从社会效果的角度论证禁止网店转让的正确性,法院的这一裁判思路却直接表明了法院对网店法律实质问题的逃避,以及其直接采信网络交易平台利益诉求而放弃其独立价值判断的司法立场。法院认为网店转让会导致没有商业信誉的受让人获取了名不副实的网店信用,这不仅对其他网店经营者不公,而且将导致对网络交易信用体系的破坏,进而损害消费者的合法权益。但该案中的事实却是李某在经营该网店 3 年多的时间里信用记录良好,并且使该网店的信用从四钻升级为一个皇冠,法院对这一重要的案件事实视而不见作出网店转让无效的裁判,其裁判心路令人费解。

二、经营者转让网店的法律依据

我国当前法律没有对网店转让予以规制,有关网店转让的规定主要体现在网络交易平台单方拟定的网络服务协议中,如《淘宝平台服务协议》与《京东平台服务协议》,这些协议对网店的转让进行了严格的限制,将其转让仅限于结婚、离婚、继承的情形。就司法实践中已有的案例来看,网络交易平台限制网店转让的原因主要有以下几点:首先,维护网络交易秩序。网络交易平台提供者认为网店的商业信誉与网店经营者具有紧密的关联,一旦放开对网店的转让可能导致网店商业信誉与实际经营者经营能力剥离,网店的信用名不副实,消费者丧失了对网店真实经营情况的知情权,进而导致危害消费者的合法权益。其次,维护网络交易经营主体之间的公平竞争。

网络交易平台提供者认为,如果允许网店转让将会使缺乏资质的受让人获得信用等级较高的网络店铺,这对于那些本分经营的经营主体来说是不公平的,其将导致电商群体中的不正当竞争,因此应该予以禁止。最后,增加网络交易平台管理成本。网络交易平台提供者认为,网店经营者与网店信誉名不副实的现象必将导致对网络交易平台建立的信用体系的冲击,进而增加网络交易平台的管理成本。同时,允许网店转让必然会使网络交易平台增加因变更网店注册信息而付出的经营成本。

但经过深入分析网络交易平台提供者的上述理由,可以发现其论证是极为牵强的,因为其将所有的论证都建立在一个主观臆想的假设之上——网店转让必然会导致经营质量降低并危害网络交易秩序,其犹如建立在沙漠之上的金字塔,看似坚不可摧实则摇摇欲坠。笔者认为,网络交易平台禁止网店转让的理由是极不充分且不合理的,其不仅有悖于民法的公平原则,也与我国当前互联网社会共享经济的根本宗旨相违背,严重阻碍了市场经济中商业资源配置的优化与高效,人为地限制了网店经营者对其合法享有的营业资产的处分。具体理由如下:

1. 有悖于民法的公平原则

正如传统店铺商业信誉的积累,网店商业信誉的积累离不开网店经营者的辛勤付出,从产品质量把关到客服沟通再到物流送货与售后服务,网店商业信誉的积累在很大程度上是网店经营质量的体现。在淘宝交易平台上网络用户注册网店必须要无条件地同意淘宝提供的《淘宝平台服务协议》《支付宝服务协议》等文件,网络用户只能选择接受或退出,对于协议的内容并没有充分协商的余地。我国《民法典》第 496 条、第 497 条、第 498 条对格式条款的效力和解释进行了规定,即提供格式条款的一方未履行提示或者说明义务,致使对方没有注意或者理解与其有重大利害关系的条款的,对方可以主张该条款不成为合同的内容。并且,提供格式条款一方不合理地免除或者减轻其责任、加重对方责任、限制对方主要权利或者排除对方主要权利的,格式条款无效。在司法实践中,网络交易平台往往以其已经对该账号的不可转让明确约定并对相关条款予以加粗显示为由,证明其已经履行了告知说明义务,同时以消费者利益保护和交易秩序维护为由证明网店账号的禁止转让具有正当理由,因此不构成对网店经营者主要权利的排除和自身责任的免除。对此,我们必须意识到网店的账号与作为营业资产的网店是两个完全不同的事物维度,网店账号是网络用户在网络交易平台上的电子ID,其仅是作为网络用户接受特定网络服务的一种身份信息,①而网店则属于凝结了商号、客户资源、销售网络、进货渠道、商业信誉、售后服务等经营要素为一体的网络虚拟财产。按照我国现行立法的规定,网络交易平台提供者在电子商务中提供的仅是虚拟空间的租赁服务,因此,网店转让时虚拟空间租赁权仅是作为网店的构成要素之一。同时,在互联网的特殊情境中这一租赁关系并不表现为对出租人租赁物的直接占有,而仅是一种接受网络服务的债权债务关系。因此,网店经营者转让账号密码仅是作为一种实现自己创造的财产价值的技术手段,而这一技术手段则是由电子商务自身的特征决定的,②网络交易平台提供者绝不能自恃技术优势而肆意侵吞网店经营者辛苦积累的营业资产。

2. 网店转让将导致网络交易失序的假设难以成立

网络交易平台禁止网店转让的另一主要理由是,消费者权益保护与网

---

① 参见杨立新:《网络交易平台提供者民法地位之展开》,载《山东大学学报(哲学社会科学版)》2016 年第 1 期。

② 参见齐爱民、陈琛:《论网络交易平台提供商之交易安全保障义务》,载《法律科学(西北政法大学学报)》2011 年第 5 期。

络交易秩序维护,但实际上该理由并不成立。首先,网络交易平台提供者提出该理由的一个前提假设是网店的受让人接手网店后提供的网络产品或服务品质必然会低于其转让人甚至会欺诈消费者。但是,网络交易平台提供者的该种假设的依据何在?《淘宝平台服务协议》第2条第1款规定:"……本协议项下,淘宝平台经营者可能根据淘宝平台的业务调整而发生变更,变更后的淘宝平台经营者与您共同履行本协议并向您提供服务,淘宝平台经营者的变更不会影响您本协议项下的权益……"同为网络经营者,淘宝平台为何对自己经营变更的行为如此自信,而对网店受让人的经营行为如此悲观?网络交易平台提供者的这种双重认定标准实在难以令人信服!而且司法实践的事实已经表明,网店受让人基于营利目的往往会对网店经营尽心尽力,使网店获取更好的信用评级。[①] 其次,电子商务的一个重要特征就在于信息的公开与透明,网络交易平台通过后台的信息整理与分析可以精准、快速地对网店经营的信用状况予以反映。即使网店转让给了经营资质较差的经营者,只要网络交易平台对该网店的经营状况予以实时评价,那么消费者自然会作出理性的消费选择。最后,当前淘宝交易平台认可的网店过户情形包括结婚、离婚、继承以及亲属之间的转让,这就不禁让人心生疑惑,在以上情形中也会导致网店经营主体的实质变更,但淘宝交易平台是如何断定网店在亲属间的转让就必然不会导致网店经营质量的降低,而网店在陌生人之间的转让必然会导致网店信用的降低?淘宝公司对其二者作出截然不同价值判断的思维跳跃让人难以捉摸。事实上,网店转让的双方当事人都是商事主体,商事主体与民事主体的主要区别就在于商事主体从事交易行为的

---

① 参见程某诉黄某、上海舞泡网络科技有限公司买卖合同纠纷案,上海市闵行区人民法院(2015)闵民一(民)初字第12884号民事判决书。

专业性和营利性，人们对商事经营者的信任不是完全出于对商事主体的身份认同，而是更多地基于对其提供的商品或服务的质量的认可。网店转让的客体中往往包含了转让人的供货渠道、商业秘密、经营方式，在很多情形下，网店转让的同时转让人与其员工之间的合同关系也随之转移给新的受让人，以此保障营业资产的质量和营利能力。因此，网店转让必然会导致消费者权益受损以及交易秩序紊乱的观点，因其主观臆想色彩过于浓烈，以至于其对现实生活中发生的基本事实视而不见。

3. 有悖于负责任的企业家精神

网络交易平台提供者禁止网店转让的另一主要原因是允许网店转让将增加网络交易平台的运行成本，但值得注意的是，从互联网的始祖万维网开始，互联网世界的建设和发展就遵循着一项基本理念——互联、互通、共享。[①] 可以说互联网作为一种现代社会发展的基础资源，其已经属于人们日常生活必不可少的一部分，在一定程度上已经与空气、阳光、土地一样成为人们生存所必需的公共资源。我国当前的互联网巨头 BAT(百度、阿里巴巴、腾讯)崛起于20世纪90年代末和21世纪初期。近20年来，它们随着我国经济的发展迅速成长起来并取得垄断地位。因此，我国当前的互联网基础设施主要是由大型的互联网巨头建立起来的，但其取得的成就离不开我国的互联网发展战略和政策红利的支持。换言之，包括网络交易平台在内的网络社会基础设施都属于关乎国计民生的一种重要的社会公共资源，[②]其不能被个人或某个团体垄断独享。互联网企业作为朝阳产业，其盈利能力从公司市值就可见一斑，但其商业价值离不开千万个怀揣梦想的网店经营

① 参见彭兰：《网络文化的构成及其与现实社会的互动》，载《社会科学战线》2011年第7期。

② 参见任明艳：《互联网背景下国家信息主权问题研究》，载《河北法学》2007年第6期。

者的努力拼搏,如果说网络交易平台支撑起来了互联网经济的筋骨,那么无数的网店经营者则构成了网络经济的血肉。因此,作为网络基础服务设施提供者的网络交易平台不能一味地与民争利,而是要充分发扬负责任的企业家精神,实现网络经济的互利共享。电子商务经济的繁荣并非网络交易平台提供者的一己之力,其是由网络交易平台的技术开发、国家的互联网发展战略与网店经营者诚信经营共同致力的结果。因此,允许网店转让是互联网社会中共享经济理念的必然要求,也是互联网社会中负责任的企业家精神的体现。

4. 不利于市场经济中资源的优化配置

网络店铺作为网络虚拟财产兼具使用价值和交换价值,因此,在市场经济中存在巨大的交易需求。一方面,网店经营者可能基于自身原因迫切需要将网店价值变现,因此从网店经营中脱身。例如,在继承发生的网店转让中,继承人可能没有经营能力同时也缺乏经营兴趣,此时其就具有转让网店的现实需求,将网店转让给其他有实际需求的人,如与被继承人一起经营网店的合伙人。另一方面,商事主体对优质的网店具有巨大的商业需求。在现实中商事主体为了节约开设网店付出的时间成本、推广成本、客户集聚成本,迫切需要利用那些信誉度较好、客户群庞大、销售渠道健全的网络店铺。因此,在市场经济条件下,允许网店转让是实现市场资源优化配置的必然要求,否则就可能导致网络交易市场中集聚的交易需求无法得到满足,迫使其冒险选择其他的网店获取方式,就目前司法实践中出现的案例来看,其结果往往是导致市场交易主体两败俱伤,极不利于商事交易的效率和安全。

三、关于网店转让的法律机制设计

通过上文的论述可以看出,网店转让的实质并非简单的账号买卖,也不是网店转让人将其与网络交易平台之间的权利义务关系概括地转让给他人,网店转让的实质是网店经营者将其长期积累的营业资产作为一个有机的财产集合转让给受让人,由受让人取代他继续从事网店经营活动。因此,网店转让法律问题研究的重点应该是对其转让涉及的利益主体及其引起的法律关系的规制问题,即如何转让而非能否转让的问题。网店转让涉及的利益主体有网络交易服务平台提供者、网店转让人、网店受让人、债权债务人、消费者,因此,对网店转让法律规制的核心也就是对以上主体间权利义务关系的调整,以此实现主体间利益的平衡。

(一)网店转让中网络交易平台提供者的权利义务

依据我国《网络交易监督管理办法》和《网络交易平台合同格式条款规范指引》,网络交易平台在网络商品交易中提供第三方交易平台、宣传推广、信用评价、支付结算、物流、快递、网络接入、服务器托管、虚拟空间租用、网站网页设计制作等营利性服务。从其服务内容上来看,网络交易平台提供的主要是基础性的网络交易技术服务,如支付结算、物流、网络接入,直接与网店转让相关的就是虚拟空间的租用。正如前文所言,当前立法将网络店铺类比为实体店铺的做法值得商榷,但在逻辑上也确实可以获得自足性解释。因此,以下本书就在网店经营平台提供者与网店经营者之间成立网店租赁关系的基础之上,对网店转让中网络交易平台提供者与网店转让双方之间的权利义务予以设计。网店经营者与平台提供者之间存在租赁关系,对其二者间法律关系的调整就要受《民法典》第三编第二分编第十四章“租赁合同”的规制,但我国《民法典》中关于租赁的立法并没有赋予店铺承租人以租约续展权。就我国当前《网络交易平台服务协议》的内容来看,其并没有对虚拟空间的租赁期间进行约定,依据《民法典》第730条的规定,“当事人对租赁期限没有约定或者约定不明确,依据本法第五百一十条的规定仍不能确定的，视为不定期租赁”。此时，当事人可以随时解除合同。可以看出，我国现行关于租赁制度的立法并未对商事租赁和民事租赁予以区分，立法的规定也没有顾及商事租赁的特殊情景需要给予特别规定。[①] 但是，在商事租赁法律关系中，店铺经营人有特殊的利益需求，如果任由店铺所有人解除租赁关系，其将导致店铺承租人多年积累的无形财产付之一炬。正因如此，法国法通过赋予店铺经营者租约权以对抗店铺出租人的任意解除权，[②] 即商铺租赁期限届满的承租人有权要求续展租期，如果因出租人拒绝续展使承租人不能再使用店铺进行经营活动，那么出租人就要支付承租人巨额的损害赔偿金，包括经营中止期间丧失的营业收入和客户群资源损失。[③] 同时，法国法还规定，在营业资产转让时承租人有权将该租约一起转让给受让人，店铺出租人不得予以拒绝。正是租约权在营业资产转让中的重要地位，在法国法中租约权也被称为“商业产权”。[④] 我国也有学者基于住房租赁与商铺租赁不同的价值功能而认为商铺租赁更具营利性和经营性，其构成了商事主体经营资产的重要组成部分，因此应该赋予商事主体以法定续租权。[⑤]

本书认为，由于《网络交易平台服务协议》的格式条款属性，根据《民法典》第 498 条的规定，“对格式条款的理解发生争议的，应当按照通常理解予以解释。对格式条款有两种以上解释的，应当做出不利于提供格式条款一

---

① 参见丘聪智：《新订债法各论》（上），姚志明校订，中国人民大学出版社 2006 年版，第 228 页。

② 参见金伏海：《续租权与铺底权之比较》，载《比较法研究》2006 年第 4 期。

③ 参见史玉成、王卿：《论营业资产转让的法律效力》，载《政法论丛》2011 年第 3 期。

④ 沈达明：《法国商法引论》，对外经济贸易大学出版社 2001 年版，第 49 页。

⑤ 例如，有学者认为，住房租赁具有人格性，而商铺租赁具有营利性和营业性，这种根本性的差异导致住房与商铺租赁的民商合一式立法捉襟见肘。应该赋予商铺承租人以营业权、转让权及续租权。参见曾大鹏：《商铺租赁的权利与义务配置》，载《法学》2016 年第 3 期。

方的解释。格式条款和非格式条款不一致的,应当采用非格式条款”。因此,基于《网络交易平台服务协议》未对虚拟空间的租赁期间予以约定,网店经营者完全有理由认为平台提供者提供租赁服务的期间是永久的,尤其是在网店经营者经过长期的诚信经营在网店上添附了珍贵的无形财产之后,只要网店经营者未有严重违反《网络交易平台服务协议》的行为,其都有权利要求网络平台提供者持续地提供合格的虚拟空间租赁服务。网店转让的实质是网店经营者对其营业资产的转让,基于网店的虚拟性和数字化特征,其转让的完成离不开网络交易平台提供者的技术服务,而这一技术服务属于电子商务产业中的一项基础性的公共设施服务,网络交易平台提供者不能凭借其技术垄断地位拒绝为网店转让提供协助。因此,网络交易平台应该积极协助网店转让人和受让人完成营业资产的转让,为转让双方完成交易系统后台备案信息的变更。同时,为了保障消费者的知情权,网络交易平台应该在转让网店的首页位置将网店转让信息以通知的形式予以公示,公告信息的内容应包括网店转让人信息、网店受让人信息、网店转让时间、网店转让的原因。如果网络交易平台拒绝协助网店转让,网店转让人和受让人可以诉诸网络交易平台主管机关,要求其责令交易平台协助网店转让,网店的转让人和受让人也可以向法院提出变更之诉,通过法院判决强制网络交易平台协助完成转让。同时,考虑到当前在网络交易平台上开设个人网店一般是免费的,网络交易平台在协助完成网店转让的过程中往往需要一定的成本支出,因此,网店转让人或受让人应当向网络交易平台缴付一定的费用,具体金额可以由网络交易平台管理机构确定。

(二)网店转让中的债权债务继受问题

网店转让会引发一系列的债权债务继受问题,网店作为经营实体,其在经营过程中存在错综复杂的合同关系,包括网店与供货人之间的货物供应合同关系，网店与员工之间的劳动合同关系，网店与消费者之间的消费合同关系。网店转让的场景下，如何恰当地处理好既有的债权债务关系不仅决定了网店转让是否能够顺利完成，而且关系民商事交易安全与网络公共秩序维护。在 B2C 经营模式下，网店作为企业经营资产不可分割的一部分，主要是通过公司合并或分立的形式实现转让的，除了债权人和债务人另有约定外，合并后或分立后的公司对外享有连带债权，承担连带债务。网络交易平台也专门为了这一经营模式下网店的转让提供后台注册信息的变更服务。C2C 模式下网店的经营者是取得营业执照的个体工商户或是未取得营业执照的自然人，转让网店时对已经存在的债权债务的处理需要结合各方主体的利益需求予以小心权衡。网店转让人对第三人享有的债权作为网店的积极财产，其往往是作为网店转让价格谈判的重要筹码，因此，转让人一般不会予以隐藏，而且债权的转让也不会导致对第三人的不利益，无非是第三人债务履行的对象发生变化而已，网店转让面临的主要问题是对网店经营中存在的债务的处理。法国法规定，转让营业资产应该在法定期间到商事法院及税务部门进行登记，按照税法规定缴纳登记税、财产转移税，还应该在有资质的报纸和《法定公告简报》上分别刊载通知进行公示。在公示之日起 10 日内，买受人不得向出卖人支付价金，出卖人的任何债权人在公示期间内可以对价金的制度行使异议权，如果受让人在公示期内将价金支付给转让人，则不能以此对抗债权人。而针对营业资产的转让，我国澳门特别行政区《商法典》第 113 条则规定：(1) 对于在转让前因营业而发生的债务，企业取得人须承担责任，但以载于必备账簿为限；(2) 对于企业在转让前发生之债务，转让人仍需承担责任，但债权人明示同意免除其责任者除外；(3) 如取得人按照第 1 款的规定清偿转让前发生的债务，则对转让人有求偿权,但另有约定的除外。①

我国《民法典》第56条第1款规定了个体工商户的债务承担问题,在C2C模式中网店营业资产作为经营者的主要责任财产应该对其债务承担清偿责任。针对网店转让可能发生的转让人恶意逃避债务或转让人与受让人串通侵害债权人利益的现象,法国主要是通过公示登记的方式予以解决的,即经过一定期间的营业资产转让公示如果没有债权人对此表示异议则营业资产完成转让,转让人获取价金,受让人获得营业资产。而我国澳门特别行政区《民法典》则是采取了一种有限继受的方式,以记载于必备账簿上的债务为限,并在受让人对债务予以清偿以后,可对转让人享有追偿权。但公告期间经过即免除营业资产上债务的做法明显不利于债权人的利益保护,以商号是否同时转让作为受让人承担债务的依据也明显缺乏现实合理性。笔者认为,网店转让要谨慎地协调转让双方与债权债务人之间的利益关系,利益的天平不能向任何一方倾斜。网店转让时对既存债务的处理,首先要处理的问题是转让人能否将该债务予以转让。我国《民法典》第551条第1款规定:“债务人将债务的全部或者部分转移给第三人的,应当经债权人同意。”因此,存在的一个问题就是,债权人是否可以不允许债务发生转移为由禁止网店的转让。

对于这一问题日本《商法典》和2005年出台的《公司法典》都规定营业资产转让时债务的转移不以债权人同意为生效要件,②本书认为网店作为商事主体享有的合法财产,商事主体对其处分权的行使不应受到债权人的阻碍,但应以债权人利益的保障为前提。笔者认为,网店转让应该经过公示通

① 参见樊涛、王延川:《商法总论》,知识产权出版社2006年版,第288页。

② 参见余竹旗:《论营业转让中的债权人保护》,载《安徽大学学报(哲学社会科学版)》2009年第2期。

告程序，具体公示通告期间可以参考法国法规定为 10 日，公示通告的方式则主要是在网店首页和网络交易平台上发布转让声明，转让人应该履行对债权人的通知义务，以确保债权人知道网店变更事实，从而积极地实现债权。网店债务是转让人在其经营期间形成的，因此，由转让人对该债务承担清偿责任完全合乎情理，但是如果受让人明确表示愿意承担该债务并且获得债权人同意，则债务可由受让人承担，但除非债权人明确表示免除网店转让人的债务清偿责任，则转让人与受让人一起成立并存的债务承担。而如果经过公示期间未有债权人主张债权，在网店转让完成之后又以债权人的身份向受让人主张债权，则不应该对此予以支持，因为公示期间的经过使网店受让人获得了免于向债权人承担债务的抗辩权。但如果网店转让人与受让人恶意串通有偿或无偿转让网店侵害债权人利益的，债权人可以请求法院作出撤销债务人该处分行为的裁判，以此使债权人的合法利益得到充分的保护。

（三）网店转让中转让人与受让人的权利义务

在网店转让中受让人的义务往往是支付价金，网店转让人的义务内容则较为广泛，包括转移营业资产的义务、营业资产的瑕疵担保义务和竞业禁止义务。网店转让的客体包括了动产、客户资源、销售渠道、租约权、知识产权、商业秘密等有形动产和无形动产。因此，有形动产可直接通过交付占有完成转移，但是对于无形动产（包括权利）的转移往往需要办理登记手续，这就需要转让人的协助。因此，网店转让人应该为网店账号密码的变更，商号和知识产权使用权的登记，客户资源的转移提供必要的协议手段。我国《民法典》第 612 条规定了出卖人的权利瑕疵担保义务，即“出卖人就交付的标的物，负有保证第三人对该标的物不享有任何权利的义务，但是法律另有规定的除外”。网店转让合同应该对转让标的物的范围和质量作出详细约定，如果转让的营业资产与合同约定的质量存在差异，则转让人需要承担相应的质量减损责任，在恶意隐瞒营业资产质量瑕疵的时候还有可能构成欺诈。[①] 网店的经营对其本身的商业信用要求较高，网店转让价格在很大程度上是由其信用等级决定的，因此，网店转让人瑕疵担保义务的一项重要内容就是确保网店的商业信用与其合同约定相一致。网店信用存在重大瑕疵则直接导致受让人的合同利益难以实现，此时网店受让人可以向法院主张解除合同。[②] 同时，网店转让的客体是营业资产，受让人的目的是通过对营业资产的经营获得营利。因此，这就决定了如果网店转让之后允许转让人继续在网上从事同种经营类型，则很容易导致转让人以各种手段重新获取其已经转移占有的客户群，致使受让人的合同利益难以实现。因此，很多国家都对营业资产的转让人规定了竞业禁止义务，要求转让人转让营业资产后不得在一定期限和区域范围内从事与转让企业同种或相似的经营活动。[③]

日本《商法典》第 25 条规定了以下的竞业禁止义务："(1)对于转让人的竞业禁止义务，当事人可以作出约定，但特约仅在同一府县内及相邻府县内，在不超过 30 年的范围内有效。(2)当事人没有约定的，转让人在 20 年内，不得于同一市镇村内或相邻市镇村内经营同一营业。(3)转让人不得从事以不正当竞争为目的的营业活动。"而韩国《商法典》第 41 条规定的竞业禁止期间为 10 年，将区域局限为同一及相邻的特别市、广域市、市、郡。而意大利《民法典》和我国澳门特别行政区《商法典》对竞业禁止范围并未予

---

① 参见容某诉李某合同纠纷案，成都高新技术产业开发区人民法院(2016)川 0191 民初 9712 号民事判决书。

② 参见余某诉朱某、成都易拉冠网络科技有限公司买卖合同纠纷案，成都市金牛区人民法院(2014)金牛民初字第 6923 号民事判决书。

③ 参见秦康美、王奇：《个人独资企业营业转让法律问题探析》，载《福建论坛(人文社会科学版)》2009 年第 3 期。

以具体规定，而是采取了是否导致客户群体迁移的认定标准，二者对竞业禁止的期间都规定为5年，当事人另有约定的以不超过5年为限。具体到网店转让的特殊场景竞业禁止义务尤其具有现实意义，网店转让人应该承担竞业禁止的义务，竞业禁止的范围应该以同一网络交易平台为限，因为网店转让人转让的客户群体只能存在于同一网络交易平台，网店的商业信用也是网络交易平台评价的，考虑到网络交易平台的覆盖范围往往是全国性的，将竞业禁止的范围限制在同一网络交易服务平台可以较好地实现对受让人合法利益的保护。针对竞业禁止期间的设计，笔者认为，应该交由当事人双方自由协商确定，并将竞业禁止期间作为网店价格转让的主要考量因素。我国当前商事立法未对营业资产转让时转让人的竞业禁止义务和期限作出规定，笔者认为，电子商务的营业模式和交易方式变化较快，对竞业禁止法定期间的规定不宜过长，可以借鉴意大利《民法典》和我国澳门特别行政区《商法典》5年期的规定。

（四）网店转让中的消费者权益保护问题

网店转让会引发经营者的变更，而经营者的变更可能会对网店经营质量和信用状况产生一定的变化，因此，网店转让中的一大关键问题就是对消费者权益的保护。网店转让涉及经营者的变更，网店经营的商业信誉很大程度上来自经营者的商业诚信和服务质量，消费者对网店的信赖一定程度上也源自对网店经营者的认可。虽然我国法律对自然人参与网络交易活动并未强制要求工商登记，但是网店转让双方和网络交易平台必须履行对消费者的信息告知义务，以确保消费者对网店真实信息的知情权。具体而言，在网店转让前转让人必须在网店的首页公告网店转让信息，促使消费者了解网店经营者的真实情况，在网店转让之后网络交易平台必须将变更后的经营者信息、变更事由（继承、离婚或转让）、变更时间等信息在网店首页进行公告。以网店经营者信息变更公示的时间为界限,信息变更前引发的商品或服务纠纷责任由转让人承担,公示之后引发的纠纷责任由受让人承担,以此实现转让主体间责任的明确。① 其中可能涉及的一个问题是,因为网店转让的时间跨度较长,因此,网店实际经营权转移与经营信息变更之间可能存在一个时间差,在这期间的消费者权益该如何保护,责任如何承担?笔者认为,基于对消费者权益的最大限度保护,此时应当赋予消费者以合同解除权,如果消费者认为网店经营者的变更影响了自己的消费决断,他就可以对已经成立的购物合同予以解除。同时,由于此时网店实际经营者已经发生变更,如果消费者同意由网店受让人履行合同,那么网店受让人应该对商品或服务可能引发的损害承担损害赔偿责任。因此,通过经营信息变更公示制度和消费者合同解除权的赋予,可以在网店转让的同时实现对消费者合法权益的保护。

第二节　虚拟货币面临的法律纠纷与保护

一、网络游戏货币面临的主要法律纠纷

游戏币与法定货币之间存在固定的兑换比例,其财产价值最为明显,而且虚拟货币一般存在于游戏程序之外,在网络游戏中充当一般等价物的角色,游戏玩家对其享有支配权,其属于真正的网络虚拟财产。就司法实践来看,游戏货币往往被作为侵权行为的实施对象,而且该侵权行为主要来自网络游戏服务协议之外的第三人,并且第三人获取游戏货币的动机往往就是将该游戏货币再次卖出,以此牟利。在司法实践中发生最多的就是第三人

① 参见佛山市中级人民法院民事判决书,(2015)佛中法知民终字第42号。

非法获取游戏玩家虚拟货币引发的纠纷，其原因在于游戏货币与法定货币之间存在固定的兑换比例，而且游戏币作为游戏世界的一般等价物其财产价值明显，因此就滋生了一大批依靠非法获取他人游戏币通过转让谋取非法利益的个人或团伙。在该类案件中，盗取游戏货币的人固然是直接侵权人，但在司法实践中，被害人发现自己的游戏货币丢失后难以寻觅侵权人，而只能向游戏运营商求援，但游戏运营商有时会以自己没有过错为由对被害人的求助漠然视之。因此，就可能在被害人与游戏运营商之间产生新的法律纠纷。因此，在游戏货币丢失引发的法律纠纷中，一定要通过合理的法律纠纷机制设计，以此在侵权人、被害人、游戏运营商之间予以谨慎的利益衡量。

二、网络游戏货币法律保护的具体方式

我国《刑法》上对非法获取网络游戏运营商游戏虚拟货币的行为存在较大争议，即将该行为认定为盗窃罪或非法获取计算机信息数据罪，其争议的焦点是将游戏虚拟货币认定为计算机数据或财物。通过研读《最高院研究室意见》我们可以看出，最高人民法院将游戏币认定为计算机数据的主要论据是没有一个普遍的价值计算方式，但其在论证中列举的对象却是游戏中的游戏道具。正如上文分析，游戏道具与游戏币在法律性质上截然不同，因此，以游戏道具的非财产性反推游戏虚拟货币的非财产性，本就属于重大的逻辑混乱，这也是为什么该研究意见的出台并没有结束司法实践中游戏虚拟财产案件同案不同判现象的原因，因为游戏虚拟货币和游戏道具的法律性质本来就不同。当前司法实践中发生的非法获取游戏虚拟货币的案件大部分发生在第三人与游戏玩家之间，因此，本书就该种情形下的游戏玩家的法律保护予以着重分析。

游戏虚拟货币是通过“真金白银”购买而继受取得，其属于游戏玩家合法的个人财产,任何人不得对其侵犯。在网络游戏中基于网络空间的交互性和匿名性,在游戏虚拟货币被非法盗取时,游戏玩家往往无法基于自身的技术能力找到侵权人,因此,其往往采取的救济途径是求助于游戏运营商或直接向公安机关报警。但无论是求助于游戏运营商还是公安机关,游戏运营商的技术配合都是在纠纷中发现侵权人真实身份的必要途径。在第三人非法获取游戏虚拟货币的纠纷中,游戏运营商在网络服务协议中往往规定有具体的救济手段,例如,《网易游戏使用许可及服务协议 v1.0.0》[①]第 16 条第 1 款第 10 项规定:"用户只可在游戏内或者通过网易公司认可的交易平台(如有)进行游戏虚拟物品交易。对于用户在任何非网易公司事先认可的充值平台或其他交易平台进行充值或进行其他交易的相关行为(包括但不限于用户通过第三方进行充值或游戏内虚拟物品的购买),网易公司将予以严厉打击和处罚。一经查证属实,网易公司有权视具体情况采取各种处理措施,包括但不限于如下一项或几项:警告、倒扣数值、冻结或回收游戏虚拟物品、暂时冻结玩法、永久冻结玩法、强制离线、封停账号、删除档案及采取其他技术措施防止用户从事该等行为;情节严重的,网易公司保留追究用户法律责任的权利。"因此,对于第三人非法获取游戏玩家虚拟货币的行为,游戏运营商可以通过倒扣数值的方式,将其非法获取的虚拟货币再次"转移"到游戏玩家的账户中,并通过一系列的技术手段对非法获取他人虚拟货币的第三人进行惩罚。但如果第三人窃取的游戏虚拟货币的数量巨大,导致游戏玩家财产损失过大,特别是在侵权人已经将窃取的虚拟货币转卖,客观上无法恢复游戏玩家占有的情况下,此时第三人非法获取他人游戏货币

---

① 参见《网易游戏使用许可及服务协议 v1.0.0》,载 http://update.unisdk.163.com/html/latest_v5.html,2022 年 2 月 19 日访问。

的行为已经构成了盗窃罪,应由公诉机关提起刑事诉讼。值得注意的是,该类案件的诉讼过程中,侵权人或其家属往往会主动赔偿被害人失窃虚拟货币对应的金钱价值,以此试图换取法院对其在量刑上的减免。这一情形下,游戏玩家的损失得到了赔偿,同时侵权人也受到了法律的惩罚,可以说是一个较为圆满的结局。

但是,该类案件中还存在的一种情形是,在游戏玩家的游戏虚拟货币丢失以后,对具体的丢失原因无法确定,或者是侵权人逃之夭夭,游戏玩家的损失无法得到赔偿。此时,游戏玩家往往会退而求其次,要求游戏运营商承担损害赔偿责任。① 但是此时游戏运营商往往以自己对侵权行为的发生不存在过错,自己没有返还虚拟财产义务作为要求其承担损害赔偿责任的抗辩。对于这一纠纷的妥善解决必须建基于两个基本前提:其一,游戏运营商在该种侵权纠纷中负有什么样的责任;其二,游戏运营商不履行义务需承担的法律后果。我国《网络安全法》第10条明确规定:“建设、运营网络或者通过网络提供服务,应当依照法律、行政法规的规定和国家标准的强制性要求,采取技术措施和其他必要措施,保障网络安全、稳定运行,有效应对网络安全事件,防范网络违法犯罪活动,维护网络数据的完整性、保密性和可用性。”已经废除的《网络游戏管理暂行办法》第28条也规定:“网络游戏运营企业应当按照国家规定采取技术和管理措施保证网络信息安全,包括防范计算机病毒入侵和攻击破坏,备份重要数据库,保存用户注册信息、运营信息、维护日志等信息,依法保护国家秘密、商业秘密和用户个人信息。”同时,游戏运营商提供的网络服务协议中也往往明确规定了游戏运营商对网络数

① 参见刘某诉吕某、上海某某网络发展有限公司网络侵权责任纠纷案,上海市浦东新区人民法院(2011)浦民一(民)初字第31793号民事判决书。

据和服务安全的保障义务。因此,显而易见的是游戏运营商对游戏玩家在接受游戏服务过程中的人身和财产安全负有安全保障义务。[①] 我国《民法典》对安全保障义务的规定主要体现在第1198条,而一般认为《民法典》第1195条、第1196条、第1197条是网络环境中安全保障义务的具体规定。依据以上法律规定,在发生第三人侵权时,网络服务提供者承担的责任是连带责任或补充责任。[②] 在网络游戏中,第三人非法获取游戏玩家虚拟货币的方式有多种,但主要是利用游戏系统漏洞和非法获取的用户账号、密码信息。

笔者认为,游戏运营商的安全保障义务首先体现为侵权行为发生时的过错推定责任,并应对游戏运营商是否尽到安全保障义务采取一系列的客观判断标准。例如,是否贯彻了网络实名制;说明侵权发生原因;在第三人侵权时提供详细的证据信息;是否达到了一般的技术安全保障水准等。同时,网络游戏的场景不同于网络交易服务平台(如淘宝平台、京东平台)和网络社交平台(如微信、QQ),因为网络社交服务平台和网络交易服务平台提供网络服务时一般是无偿的,而网络游戏服务则一般是有偿的,因此,对网络游戏运营商应该课以更为严格的安全保障义务标准。在网络游戏存在技术漏洞或他人利用网络技术非法获取游戏玩家的游戏虚拟货币时,就应当认为网络运营商未尽到安全保障义务,并应在过错范围内承担相应的赔偿责任。例如,在张某与某网络公司网络服务合同纠纷案中法院就认为:"张某在某网络公司运营的网络游戏中采用了实名制注册,亦使用了某网络公司提供的账号密保,并用手机绑定账号内交易信息,故可以认为张某对其账号内虚拟财产的安全保护已采取了必要的措施。相对于游戏玩家,网络游

① 参见齐爱民、陈琛:《论网络交易平台提供商之交易安全保障义务》,载《法律科学(西北政法大学学报)》2011年第5期。

② 参见刘文杰:《网络服务提供者的安全保障义务》,载《中外法学》2012年第2期。

戏经营公司对玩家虚拟财产丢失更具有举证的优势。但张某报案后，及至本案诉讼中，某网络公司均未对网络游戏运行过程中与损害事实相关联的内容进行举证，并对这一事实过程予以合理解释；更未举证证明自己提供有安全保障的游戏运行环境，也未因违反义务而造成张某的财产损失。因此，某网络公司应承担本案中举证不能的诉讼后果。某网络公司除承担恢复原状的责任外，还应当对因违约行为造成张某的损失予以赔偿。”[①]

对游戏币予以保护存在的另外一个难点在于，如果第三人非法获取的不是游戏玩家游戏账户中的虚拟货币，也不是游戏代售公司向游戏运营商购买的虚拟货币，而是直接通过技术手段篡改游戏运营商的服务器数据信息获取虚拟货币并谋取不法利益，此时该行为是否应当以盗窃罪论处？司法实践中法院对该类案件的争议较大。在杨某非法获取计算机信息系统数据、非法控制计算机信息系统案中，杨某于2013年6月至10月，利用北京新娱兄弟网络科技有限公司的“51wan游戏”充值平台漏洞，自主编写充值平台接口程序，多次生成虚假支付反馈信息，获取新娱公司运营的《神仙道》游戏虚拟货币“元宝”110余万个，致使新娱公司向该游戏的联合运营公司结算“充值收益分成”共计人民币33,984元。法院认为：“杨某的犯罪对象为‘游戏虚拟财产’，该对象缺乏现实财物的一般属性，不符合公众认知的一般意义上的公私财物，而‘游戏虚拟财产’的法律属性实为计算机信息系统数据，杨某通过侵入计算机信息系统而获取‘游戏虚拟财产’，实质上属于非法获取计算机信息系统数据的行为。”[②]但是，在刘某盗窃罪案中同样是篡改游戏运营商计算机系统数据获取游戏虚拟货币牟利，法院作出的裁判结果却

① 参见上海市第一中级人民法院民事判决书，(2011)沪一中民一(民)终字第2499号。
② 参见北京市朝阳区人民法院刑事判决书，(2014)朝刑初字第3017号。

截然不同。[①] 在该案中法院认为:"游戏点卡一般是由网游公司发行的,用户可以通过购买游戏点卡为自己的游戏账户充值,以获取相关增值服务或购买公司提供的等值服务,具备用价格衡量的交换价值。本案中,被告人刘某通过破解密码已将窃得的4330条游戏点卡充入自己的游戏账户并消费使用,另将窃得的部分游戏点卡数据伙同他人在互联网交易平台出售获利,故本院认为涉案的游戏点卡数据具有财产属性。另外,被告人刘某作为一名游戏玩家,其理当知道游戏点卡数据的价值意义,其窃取数据目的就是为自己的游戏账户充值并使用或通过出售的途径获取其他非法财产利益。综上,本院认为被告人刘某的行为符合盗窃罪的认定。"[②]

抛开游戏虚拟货币的表象,我们可以看出其实质不过是网络世界中的一组数据,但在功能意义上,无论是游戏玩家占有的虚拟货币还是游戏运营商服务器中尚未表现为虚拟货币形态的数据信息,其本质上都代表了一种可以实现的"期待利益",对游戏玩家来说虚拟货币不仅可以在游戏世界中购买虚拟物品,而且可以期待在服务终止之时将其再兑换为法定货币。而游戏运营商掌握的虚拟货币则代表了其开发运营的游戏的财产价值,游戏开发人员的劳动付出也正是通过发行游戏币的方式予以回收的。因此,篡改游戏系统数据获取游戏虚拟货币的行为应该被视为盗窃罪,同时在民事损害赔偿方面,因为侵权人此时构成不当得利,所以对游戏运营商的损害赔

---

① 在该案中,被告人刘某发现上海××有限公司(以下简称××公司)网络服务器数据库存在漏洞,即可利用其客服系统上传网页文件,从而植入木马程序,窃取相关数据资料。刘某遂与被告人徐某合谋,由刘某利用该漏洞,使用其自己改编的木马程序,侵入××公司网络服务器数据库,窃取××公司所发行的游戏点卡数据,经破解后,由刘某、徐某分别在互联网交易平台代为销售,所得赃款由两人按比例分成。至案发时止,刘某销售得赃款人民币(以下币种均为人民币)2199元,徐某销售得赃款36,682.14元。参见上海市徐汇区人民法院刑事判决书,(2013)徐刑初字第222号。

② 参见上海市浦东新区人民法院刑事判决书,(2015)浦刑初字第1882号。

偿应该以侵权人销赃获取的价款予以确定。

第三节 网络社交平台上虚拟财产面临的法律纠纷与保护

一、网络社交平台上虚拟财产面临的法律纠纷

(一)网络虚拟财产是否可以继承存在分歧

当前国内外对网络社交平台上虚拟财产的研究中关注的一个重点方面就是虚拟财产的继承问题。在社会现实中,几乎每天都在发生着网络用户因病或意外事故而突然离世的情况,由此产生的一个问题是,当网络用户离世时,该用户名下的网络虚拟财产能否作为遗产而被其继承人继承?在互联网社会中,对这一问题的回答不仅极为迫切,而且相当复杂,因为虚拟财产的继承问题涉及被继承人、继承人、网络社交平台提供者三方的利益,稍有不慎就会导致冲突的产生与激化。例如,《网易邮箱帐号服务条款》第14.1条详细地规定了账号不登录达到一定期限时对网络账号和其中的虚拟财产的处理:“(1)如果用户的网易邮箱帐号(网易收费邮箱注册的帐号除外)下不存在网易充值一卡通点数,而该帐号连续180天没有登录,则网易公司有权冻结、终止该帐号下的全部或部分网易服务,并回收该网易邮箱帐号;(2)如果用户的网易邮箱帐号(网易收费邮箱注册的帐号除外)下存在网易充值一卡通点数,而该帐号连续180天没有登录,如该用户以网易免费邮箱注册网易邮箱帐号的,网易公司有权冻结、终止该帐号下的邮箱服务并将清理邮箱中的内容;如该帐号连续540天没有登录,则该帐号下的网易充值一卡通点数自该帐号最后一次登录之日起的第540天24时到期作废,同时,网易公司有权冻结、终止该帐号下的全部或部分网易服务,并回收该网

易邮箱帐号。特别情况:(3)如果用户以网易收费邮箱注册的网易邮箱帐号不存在网易充值一卡通点数,且该帐号下的邮箱在宽限期满后仍未续费的(宽限期的具体期限,以网易公司相关服务页面的通知或公告为准,下同),网易公司有权冻结、终止该帐号、终止该帐号下的全部或部分网易服务,并回收该网易邮箱帐号;(4)如果用户以网易收费邮箱注册的网易邮箱帐号下存在网易充值一卡通点数,且该帐号下的邮箱在宽限期满后仍未续费的,网易公司有权冻结、终止该帐号下的邮箱服务并将清理邮箱中的内容;如该帐号连续540天没有登录,则该帐号下的网易充值一卡通点数自该帐号最后一次登录之日起的第540天24时到期作废,网易公司有权冻结、终止该帐号下的全部或部分网易服务,并收回该网易邮箱帐号。"①同时,《腾讯微信软件许可及服务协议》第7条第1款第2项也规定:"初始申请注册人不得赠与、借用、租用、转让或售卖微信帐号或者以其他方式许可非初始申请注册人使用微信帐号。非初始申请注册人不得通过受赠、继承、承租、受让或者其他任何方式使用微信帐号。"②《花椒用户注册协议》第6条规定:"花椒账号仅限于您本人使用,禁止赠与、借用、租用、转让或售卖。如果花椒平台发现使用者并非账号初始注册人,有权不经通知收回账号而无需向账号使用人承担法律责任,由此带来的包括并不限于通讯中断、资料和虚拟财产清空等损失由您自行承担。"其第7条第2款规定:"您注册花椒账号后,连续近一年不登录使用的,花椒有权不提前通知您的情况下收回该账号,以免造成

① 参见《网易邮箱帐号服务条款》,载网易邮箱官网,http://reg.163.com/agreement_wap.shtml? v=20171127。

② 参见《腾讯微信软件许可及服务协议》,载微信官网,https://work.weixin.qq.com/eula,2018年6月6日访问。

资源浪费,由此带来的损失均由用户自行承担。"①

因此,依据当前网络社交平台的服务协议,似乎堵死了网络用户继承人对该虚拟财产予以继承的合法通道,但是网络社交账户中不仅存在具有强烈的隐私色彩的个人信息(照片、邮件、通信记录),而且有明显经济价值的虚拟物品(虚拟货币和虚拟道具),以及其财产价值不容置疑的电子货币,如果不依据具体情形"一刀切"地杜绝继承人继承虚拟财产或将有悖于社会道德伦理和法律的公平正义理念。但是,如前所述,网络社交平台上存在大量的个人隐私信息,如果放开对虚拟财产的继承则有可能导致网络用户的隐私泄露,这恐怕也不是网络用户所希望看到的。② 因此,对网络虚拟财产的继承问题是当前国内外学术界广泛讨论的对象。在网络信息社会"死去难以万事空",而法律作为一种从"摇篮到坟墓"的社会保护性规范,对于该问题绝不能坐视不管。

(二)网络虚拟财产的继承存在隐私泄露风险

有人认为21世纪是一个隐私已死的时代,尤其是随着互联网信息技术的发展,人们生活的点点滴滴都随时随地地被记录下来,因此,在网络社会中个人的隐私风险也呈指数倍增。网络社交平台上虚拟财产的保护面临的隐私风险主要体现为两个方面:一方面,当前的网络平台服务协议都规定了网络服务平台提供者对网络用户的个人信息具有使用权,即平台可以通过cookies(网站浏览信息数据)、web beacon(网络信标)或其他方式自动采集用户的个人身份信息,但是其潜在的隐私风险是不能忽视的,2016年发生的

---

① 参见《花椒直播用户充值协议》,载花椒直播平台官网,https://zhifu.huajiao.com/charge/agreement,2018年6月6日访问。

② 参见钱明星、张帆:《网络虚拟财产民法问题探析》,载《福建师范大学学报(哲学社会科学版)》2008年第5期。

“徐某某案”的人生悲剧,在很大程度上就是网络用户的个人信息泄露导致的严重后果。除此之外,随着大数据技术的逐渐成熟与应用,网络社交平台提供者通过信息搜集和分析就可以勾勒出用户的“人格剖面图”。[①] 因此,可能导致个人的隐私无法安放,一旦泄露或者被非法利用或将导致难以想象的恶果。另一方面,在网络用户突然离世的时候,基于其对虚拟财产处理的真意难以获悉,因此,如果出于继承人利益的维护贸然允许其访问被继承人的网络社交账户,也可能并不符合特定的被继承人的真实意愿。因为网络社交平台不同于网络游戏,人们利用网络社交软件的目的旨在与他人沟通、交流,因为其中包含了大量的个人隐私信息,而这些隐私信息或许是被继承人不想被他人(尤其是自己的家人)知悉的。[②] 例如,一个突然离世的男人,或许在他妻子的眼中是一位好丈夫,在其子女的眼中是一位好父亲,但实际上他曾经有过一段外遇,而其相关通信信息(相关图片、短信息)则保存在其微信中,如果允许其妻儿访问微信账户并查阅个人信息,则或将发现其不为人知的一面,而依一般人的心理这绝不是死者所希望看到的。而且我国《民法典》《网络安全法》《刑法》都对他人访问个人信息进行了严格的规制,并对网络服务提供商规定了严格的安全保护义务。但是,面临着被继承人的继承利益诉求,必将导致网络服务提供者与被继承人之间的利益冲突。因此,可以说,网络社交平台上虚拟财产的保护在客观上面临着“三难”的真实处境。

二、我国网络社交平台上虚拟财产的法律保护

网络社交平台上的虚拟事物具有不同的法律性质,电子邮件、网络账

① 参见王利明:《隐私权概念的再界定》,载《法学家》2012 年第 1 期。
② 参见李岩:《虚拟财产继承立法问题》,载《法学》2013 年第 4 期。

号、电子照片、视频等主要是属于个人隐私或个人信息的范畴,其本身并不具有明显的财产性质。而虚拟物品、虚拟货币、电子货币的财产性质明显,属于真正意义上的网络虚拟财产。因此,对社交平台上网络事物的法律保护必须结合其法律性质而采取具体的措施。对于个人信息或个人隐私而言,法律保护的主要目的是确保个人信息或隐私的安全,而对于虚拟物品、虚拟货币、电子货币而言,法律保护则更侧重于对网络用户财产利益的实现。同时,网络社交平台的自身属性决定了对该平台上虚拟财产的保护中必须谨慎保护网络用户的个人信息(隐私)安全。如果网络虚拟财产的法律保护以公民牺牲隐私利益为前提,那么这样的立法势必难以得到人们的尊重与支持。因此,我国对网络社交平台上虚拟财产的保护就必须处理好财产利益与隐私利益,个人利益与社会利益的关系。

(一)我国网络社交平台上虚拟财产的公法保护

1. 网络社交平台上虚拟财产公法保护具体方式

互联网作为人们当前生活的"第五疆域",其不应是超脱于国家法律规制的乌有之乡,互联网不仅与我们每个人的生活息息相关,而且直接关系到国家的网络安全和发展战略,因此,加强国家对网络世界的法律管制是当前世界各国的一致选择。在我国,政府通过出台法律规范性文件不遗余力地对网络世界予以规制,就网络虚拟财产方面来看,现有国家的立法保障力度也是很大的,主要就体现在《刑法》《网络安全法》以及其他公法规范中。《刑法》第285条第2款规定了非法获取计算机信息系统数据和非法控制计算机信息系统罪:"违反国家规定,侵入前款规定以外的计算机信息系统或者采用其他技术手段,获取该计算机信息系统中存储、处理或者传输的数据,或者对该计算机信息系统实施非法控制,情节严重的,处三年以下有期徒刑或者拘役,并处或者单处罚金;情节特别严重的,处三年以上七年以下有期徒刑,并处罚金。"《网络安全法》作为我国第一部专门对网络安全作出规定的法律规范,其对网络服务提供者的法律义务进行了强制性规定,以确保网络用户的人身和财产安全。第一,该法第 21 条明确规定了网络运营者负担网络安全保护义务的内容。网络运营者应当按照网络安全等级保护制度的要求,履行下列安全保护义务,保障网络免受干扰、破坏或者未经授权的访问,防止网络数据泄露或者被窃取、篡改:(1)制定内部安全管理制度和操作规程,确定网络安全负责人,落实网络安全保护责任;(2)采取防范计算机病毒和网络攻击、网络侵入等危害网络安全行为的技术措施;(3)采取监测、记录网络运行状态、网络安全事件的技术措施,并按照规定留存相关的网络日志不少于 6 个月;(4)采取数据分类、重要数据备份和加密等措施;(5)法律、行政法规规定的其他义务。同时,对于关键信息基础设施的运营者,该法还规定了更为严格的安全保护义务。具体措施如下:(1)设置专门安全管理机构和安全管理负责人,并对该负责人和关键岗位的人员进行安全背景审查;(2)定期对从业人员进行网络安全教育、技术培训和技能考核;(3)对重要系统和数据库进行容灾备份;(4)制定网络安全事件应急预案,并定期进行演练;(5)法律、行政法规规定的其他义务。第二,该法第 27 条明确规定了网络安全的具体内涵。即任何个人和组织不得从事非法侵入他人网络、干扰他人网络正常功能、窃取网络数据等危害网络安全的活动;不得提供专门用于从事侵入网络、干扰网络正常功能及防护措施、窃取网络数据等危害网络安全活动的程序、工具;明知他人从事危害网络安全的活动的,不得为其提供技术支持、广告推广、支付结算等帮助。第三,我国立法还对网络服务提供者履行安全保障义务的具体标准和措施作出了规定。《网络安全法》第 22 条第 1 款规定,网络产品、服务应当符合相关国家标准的强制性要求。网络产品、服务的提供者不得设置恶意程序;发现其网络产品、服务存在安全缺陷、漏洞等风险时，应当立即采取补救措施，按照规定及时告知用户并向有关主管部门报告。第25条规定，网络运营者应当制定网络安全事件应急预案，及时处置系统漏洞、计算机病毒、网络攻击、网络侵入等安全风险；在发生危害网络安全的事件时，立即启动应急预案，采取相应的补救措施，并按照规定向有关主管部门报告。

可见，我国立法不仅为网络服务提供者规定了严格的网络安全维护义务，以此防止外部不法主体侵害网络用户的人身和财产安全，而且我国立法还对网络服务提供者自身的行为予以严格规制，禁止其未经授权对网络用户的个人信息进行搜集、利用、访问等行为。该法第41条规定，网络运营者收集、使用个人信息，应当遵循合法、正当、必要的原则，公开收集、使用规则，明示收集、使用信息的目的、方式和范围，并经被收集者同意。网络运营者不得收集与其提供的服务无关的个人信息，不得违反法律、行政法规的规定和双方的约定收集、使用个人信息，并应当依照法律、行政法规的规定和与用户的约定，处理其保存的个人信息。第42条规定，网络运营者不得泄露、篡改、毁损其收集的个人信息；未经被收集者同意，不得向他人提供个人信息。但是，经过处理无法识别特定个人且不能复原的除外。网络运营者应当采取技术措施和其他必要措施，确保其收集的个人信息安全，防止信息泄露、毁损、丢失。在发生或者可能发生个人信息泄露、毁损、丢失的情况时，应当立即采取补救措施，按照规定及时告知用户并向有关主管部门报告。同时，该法还对个人信息主体的救济权进行了详细规定，该法第43条规定，个人发现网络运营者违反法律、行政法规的规定或者双方的约定收集、使用其个人信息的，有权要求网络运营者删除其个人信息；发现网络运营者收集、存储的其个人信息有错误的，有权要求网络运营者予以更正。网络运营者应当采取措施予以删除或者更正。

《网络安全法》除了对以上网络安全问题进行详细的规定外,还通过强有力的惩罚措施对以上措施的落实予以保障。该法第63条规定,从事危害网络安全的活动,或者提供专门用于从事危害网络安全活动的程序、工具,或者为他人从事危害网络安全的活动提供技术支持、广告推广、支付结算等帮助,尚不构成犯罪的,由公安机关没收违法所得,处5日以下拘留,可以并处5万元以上50万元以下罚款;情节较重的,处5日以上15日以下拘留,可以并处10万元以上100万元以下罚款。单位有前款行为的,由公安机关没收违法所得,处10万元以上100万元以下罚款,并对直接负责的主管人员和其他直接责任人员依照前款规定处罚。违反本法第27条规定,受到治安管理处罚的人员,5年内不得从事网络安全管理和网络运营关键岗位的工作;受到刑事处罚的人员,终身不得从事网络安全管理和网络运营关键岗位的工作。该法第64条规定,网络运营者、网络产品或者服务的提供者违反本法第22条第3款、第41条至第43条规定,侵害个人信息依法得到保护的权利的,由有关主管部门责令改正,可以根据情节单处或者并处警告、没收违法所得、处违法所得1倍以上10倍以下罚款,没有违法所得的,处100万元以下罚款,对直接负责的主管人员和其他直接责任人员处1万元以上10万元以下罚款;情节严重的,可以责令暂停相关业务、停业整顿、关闭网站、吊销相关业务许可证或者吊销营业执照。违反本法第44条规定,窃取或者以其他非法方式获取、非法出售或者非法向他人提供个人信息,尚不构成犯罪的,由公安机关没收违法所得,并处违法所得1倍以上10倍以下罚款,没有违法所得的,处100万元以下罚款。

2. 网络社交平台上虚拟财产公法保护面临的问题

从以上法律规定可知,当前我国公法对网络安全的保护是较有力的,但是,当前公法保护存在的问题在于,其主要集中于对违法行为的规则,而对网络虚拟财产的保护问题鲜有涉及。例如,《网络安全法》第 27 条规定,任何个人和组织不得从事非法侵入他人网络、干扰他人网络正常功能、窃取网络数据等危害网络安全的活动。然而,正如上文所言,虽然网络虚拟财产由数据组成,但其在法律定位上与数据是截然不同的,因此,当前我国的公法对网络虚拟财产的保护是不充分的。由此直接导致了以上法律在司法实践具体适用中的一些混乱。例如,在曾某盗窃罪案①中,法院对窃取 QQ 号码犯罪的定性就面临着盗窃罪与侵犯通信自由罪的争议,而对于由网络数据组合而成的各种虚拟货币的法律性质的认定则存在刑法上"财物"与"计算机数据"的争论,并在不同的案件中呈现不同的裁判结果,而其本质原因还是对虚拟财产这一新生事物的法律实质把握不够。②

具体到网络社交平台存在的虚拟财产的形态上,现行公法的规制必须深刻洞悉每一种类型的虚拟财产的法律属性。网络账号作为网络社交平台上的一种识别性、管理性工具,根据《网络安全法》的规定,个人信息是指以电子或者其他方式记录的能够单独或者与其他信息结合识别自然人个人身份的各种信息,包括但不限于自然人的姓名、出生日期、身份证件号码、个人生物识别信息、住址、电话号码等。因此,网络账号应该属于个人信息的范畴,其与身份证件号码和手机号码并没有什么两样。而且就当前出现的买卖网络社交平台用户账号的也寥寥无几(除了购买四位数、五位数的 QQ 号码),在大量发生的案件中,网络账号是被作为进一步实施侵权行为的工具而使用的。因此,在窃取他人网络账号实施犯罪的场景中,本书比较赞同曾

---

① 参见深圳市南山区人民法院刑事判决书,(2006)深南法刑初字第 56 号。

② 刑法学者对虚拟财产法律性质的争议可以参见以下学者的研究成果:张明楷:《非法获取虚拟财产的行为性质》,载《法学》2015 年第 3 期;陈兴良:《虚拟财产的刑法属性及其保护路径》,载《中国法学》2017 年第 2 期;刘明祥:《窃取网络虚拟财产行为定性探究》,载《法学》2016 年第 1 期。

某盗窃罪中法院的观点:"QQ 号码应被认为主要是一种通信工具的代码,被告人曾某采用篡改他人电子数据资料的方法,侵犯公民通信自由,情节严重,其行为构成侵犯通信自由罪"。无论是将 QQ 号码视为通信工具代码还是电子数据资料,其实际上都是承认了其作为个人信息而具有的工具性意义,即 QQ 号码不应视为侵权行为的直接目的,而仅是作为一种实施犯罪行为的手段而已。该案件的裁判思路对我们的启示意义在于——我们对事物法律性质的判断不应该局限于事物本身的具体形态,而是要更多地从其功能和目的出发,充分认识到工具与目的、形式与内容的区分,只有这样才能避免"一叶障目不见泰山"。

在当前的刑事法律实践中,对虚拟物品这一类型的虚拟财产的法律认知存在较大争议,即在具体案件中到底是适用财产性犯罪还是计算机犯罪对其进行处理。在崔某犯盗窃罪案中,[①]被告人利用非法获取的绍兴希望网络科技有限公司网站的账号、密码,在广州市岭南区一网吧内登录该公司网站后台,将该公司在数网 SUP 供货平台上代售的 Q 币和网易一卡通点卡的价格由人民币 1 元/个篡改为人民币 0.01 元/个,并以此窃走价值人民币 60,760 元的 62,000 个 Q 币和价值人民币 34,416 元的 34,764 个网易一卡通。法院认为,网络虚拟财产具有现实的财产价值,被告人崔某的行为直接指向他人的现实财产利益,案发时具有确定性,辩护人以虚拟财产价值波动较大、应与一般财产区别对待,并据此请求对被告人从轻处罚的意见,法院不予采纳。最终该案以盗窃罪论处。但是在马某犯盗窃罪、合同诈骗罪一案中,[②]被告人通过非法手段,获得被害人王某的邮箱账号及密码后侵入该

① 参见绍兴市越城区人民法院刑事判决书,(2016)浙 0602 刑初 1205 号。

② 参见枣阳市人民法院刑事判决书,(2016)鄂 0683 刑初 72 号。

邮箱内，通过复制、截图的方式，将王某价值1800万日元（折合人民币92.96万元）的苹果游戏App充值卡及密码窃取。马某盗得App充值卡及密码后，再通过截图形式，将价值200万日元（折合人民币10.33万元）的App充值卡及密码以5万元人民币的价格销赃给姜某；将价值1600万日元（折合人民币82.63万元）的App充值卡及密码以32万元人民币的价格销赃给刘某。被告人姜某、刘某购买充值卡后充值至二人所注册的游戏账号内，在网上售卖获利。而法院在判决中认为，被告人马某违反国家规定，非法侵入他人的计算机信息系统，获取他人信息，致使被害人损失105余万元人民币，属非法获取计算机信息系统数据且情节特别严重，其行为已构成非法获取计算机信息系统数据罪。通过以上两个案件的对比，我们看出法院对虚拟物品的法律规制是存在争议的，但是在网络社交平台场景下的网络虚拟物品，无论是虚拟货币还是虚拟道具，其都是用法定货币真金白银兑换而来的，其财产价值是毋庸置疑的。因此，在窃取他人网络社交平台上虚拟物品的案件中，应该以财产犯罪论处。而在虚拟财产表现为电子货币时，则其财产价值更加不容置疑，例如，在近年来发生的偷换店家二维码案件中，尽管对该犯罪的定性存在争议，但其争议的焦点是构成盗窃罪或诈骗罪，都无一例外地将其视为财产犯罪。①

虽然当前我国网络虚拟财产的公法保护面临着一系列的问题，但是，我们应当看到的是，这些问题存在的根本原因还是网络虚拟财产自身面临的问题，即网络虚拟财产的范畴和判断标准不明确。试想如果当前网络虚拟财产的性质和种类已经得到了人们的一致认可，那么网络虚拟财产法律保

---

① 参见张庆立：《偷换二维码取财的行为宜认定为诈骗罪》，载《东方法学》2017年第2期；周铭川：《偷换商家支付二维码获取财物的定性分析》，载《东方法学》2017年第2期。

护的健全也就随之发生。同时,以上公法保护措施还给我们带来的启示是,对于网络社交平台上的虚拟财产的保护,公法具有私法难以替代的重要价值。基于网络虚拟财产的财产性,网络虚拟财产法律保护的主要原因是其被非法获取、损害,但是,现实中存在的一个问题是,如果非法侵入者没有获取网络虚拟财产,而仅是对网络社交平台上的虚拟财产进行访问,则此时是否能追究访问者的法律责任?对于该问题,公法已经作出了回答,如《刑法》第285条规定了非法侵入计算机信息系统罪。可以说,公法对非法侵入计算机行为的规制是必需的,在网络社交环境中,用户的个人账户中不仅具有虚拟财产,而且具有大量含有个人信息(隐私)性质的事物,如电子照片、通信记录等。如果非法侵入者获知这些信息资料,其很可能因此对网络用户实施侵权行为,更何况网络用户的个人隐私信息(如涉及身体私密部位的照片),本来就是不愿意被他人知悉的,非法侵入者的访问行为本身就对网络用户的合法权益造成了侵害。所以,在网络社交平台上,当非法侵入者并未获取网络虚拟财产,而仅是访问网络用户内容的情况下,由公法直接对非法侵入行为予以规制,具有私法所不及的现实意义。

(二)网络社交平台上虚拟财产的私法保护

1. 网络服务平台提供者必须履行网络安全保障义务

网络社交平台上的虚拟物品具有明显的经济价值,其财产属性非常明显,但是就当前的服务协议条款来看,其对网络用户的保护有失偏颇。例如,《花椒平台用户充值协议》①第二章第4条规定:"'花椒豆'是花椒直播向您提供的用于在花椒直播平台上进行相关消费的虚拟货币,您可以用'花

① 参见《花椒平台用户充值协议》,载 https://www.huajiao.com/agree/admin,2022年2月19日访问。

椒豆'自由购买虚拟礼物等花椒平台上各项产品或服务。您可将购买的虚拟礼物赠与主播。但是,'花椒豆'不能兑换为人民币,您应根据自己的实际需求购买相应数量的'花椒豆',花椒直播在任何情况下都不会提供任何退还或兑换服务。花椒直播上的交易记录将作为'花椒豆'交易的唯一有效依据。"第四章第17条规定:"用户在使用花椒直播时,如出现违反国家法律法规、《用户注册协议》、《用户兑换协议》约定、本协议约定或其他花椒直播对用户的管理规定的情形,花椒直播有权暂时或永久封禁您的账号。账号封禁后至解禁(如有)前,您账户上的剩余'花椒豆'将被暂时冻结或全部扣除,不可继续用于购买平台上的增值服务,同时您购买'花椒豆'时的现金价值不予返还。"

我国《宪法》和《民法典》总则编都规定了对公民合法财产的法律保护,因此,以上网络服务协议对虚拟物品的规定有损害公民合法财产之嫌。《虚拟货币管理通知》第11条规定:"网络游戏运营企业计划终止其产品和服务提供的,须提前60天予以公告。终止服务时,对于用户已经购买但尚未使用的虚拟货币,网络游戏运营企业必须以法定货币方式或用户接受的其它方式退还用户。"随后出台的《游戏监管通知》第9条规定:"网络游戏运营企业不得向用户提供网络游戏虚拟货币兑换法定货币或者实物的服务,但是网络游戏运营企业终止提供网络游戏产品和服务,以法定货币方式或者用户接受的其它方式退还用户尚未使用的虚拟货币的情况除外。"因此,依据我国当前关于虚拟货币的立法,其原则上是不允许网络运营商提供虚拟货币兑换法定货币的服务的,仅在网络游戏运营企业终止提供网络游戏产品和服务时,才允许用户购买但尚未使用的虚拟货币以法定货币方式或用户接受的其他方式退还用户。反观我国当前网络社交平台上存在的网络服务协议的内容,其对虚拟货币的规定在很大程度上侵蚀了网络用户合法的财产利益。在网络社交平台上,无论是虚拟货币还是虚拟道具,其都是通过法定货币购买而继受取得的合法财产,在功能上发挥着购买网络服务的作用,虽然其存在于虚拟世界中,但其属于网络用户不可任意剥夺的合法财产。因此,网络用户对这些类型虚拟财产享有的权利也应该是绝对排他的,任何人都不得随意侵犯。而电子货币的财产价值则更为明显,正如前文分析,网络社交平台上的余额价值虽然不直接等同于法定货币,但是依据网络支付协议和法律的规定,余额价值可以通过"提现"这一过程而转化为法定货币,因此,电子货币属于网络用户的合法财产,任何人不得任意侵犯。

就当前出现的非法获取他人网络社交账户中虚拟物品案件的类型来看,其主要的实施手段主要有以下几种方式:其一,利用网络社交软件的技术漏洞,侵入用户账户获取虚拟财产;其二,与网络服务平台提供者的内部人员勾结,同谋获得用户的账号、密码信息,非法获取用户虚拟财产;其三,利用从第三方手中获取的账号、密码信息,侵入用户账号,获取虚拟财产;其四,网络用户将自己的账号、密码告诉他人,结果导致账户虚拟财产丢失。在前三种情形之下,网络用户一方都不存在主观过错,网络服务平台提供者作为网络服务的提供方,其主要的义务内容就是提供适格的网络服务,特别是提供安全的网络服务,这不仅是其服务协议的主要内容,而且是包括《网络安全法》《全国人民代表大会常务委员会关于加强网络信息保护的决定》在内的一系列法律文件的一致规定。在当前的司法实践中,一种普遍的观点倾向认为,在网络用户的虚拟财产被他人非法获取的时候,一旦网络运营商证明自己尽到了安全保障义务就可以免除自身责任,网络用户只能要求第三人承担损害赔偿责任。[①] 但是这样的做法显然忽略了网络用户与网络运营商之间网络服务协议的存在，第三人侵权的直接后果就是网络运营商不能提供适合的网络服务，而根据合同的相对性原理，此时网络运营商应该对合同不能履行承担无过错的严格责任。就这一方面来看，支付宝公司的《支付宝安全保障规则》对网络用户账户余额损失的救济具有一定的启发意义。其第 3 条第 1 项规定了保障的范围："在满足本规则设定的条件下，本保障服务仅适用于您未违反《支付宝服务协议》及本规则约定，但您的支付宝账户余额、余额宝对应基金份额、绑定了快捷支付的银行账户资金、在有效期内的集分宝及支付宝红包等未经本人授权被他人支出而导致的直接损失。"其具体的保障方式是，支付宝通过自行补偿或保险公司理赔的方式处理用户的赔偿申请，与此同时，支付宝或保险公司在向用户支付补偿款项或理赔款项的同时，即取得用户可能或确实存在的就前述损失而产生的对第三方的所有债权及或其他权利，包括但不限于就上述债权向第三方追偿的权利。[②] 因此，笔者认为，在第三人非法侵入网络账户获取虚拟财产的情景里，网络用户应该可以向网络运营商和侵权人择一要求承担侵权责任，网络运营商和第三人之间则根据其过错的大小在内部进行具体责任份额承担的

① 参见刘某诉吕某、上海某某网络发展有限公司网络侵权责任纠纷案，上海市浦东新区人民法院(2011)浦民一(民)初字第 31793 号民事判决书。在本案中法院认为：双方网络服务协议中，未规定在原告游戏装备被骗的情况下，被告公司有为其追回被骗装备的义务，且原告也未提供证据证明被告公司对其装备被骗存在过错，故原告要求被告公司承担赔偿责任的诉讼请求，缺乏合同依据和法律依据，本院不予支持。

② 《支付宝安全保障规则》第 4 条第 2 项规定："符合本规则第三条规定的，您可向支付宝申请补偿。您应在知悉发生损失后立即通知支付宝并按支付宝要求提交相关的申请材料和证明文件，支付宝将通过自行补偿或保险公司理赔的方式处理您的申请。"第 5 项规定："您同意，支付宝或保险公司在向您支付补偿款项或理赔款项的同时，即刻取得您可能或确实存在的就前述损失而产生的对第三方的所有债权及或其他权利，包括但不限于就上述债权向第三方追偿的权利，且您不得就上述已经让渡给支付宝的债权及或其他权利向该第三方主张任何权利，亦不得就损失向支付宝主张任何权利。"

划分,同时,网络运营商承担责任以后便取得了对第三人追偿的权利。当然,如果有证据证明该虚拟财产的丢失完全是由于网络用户的过错导致,则其损害后果应由其自身承担。

2. 网络社交平台上虚拟财产的继承要兼顾网络用户的隐私利益

对于电子照片、视频、电子邮件这些类型的虚拟事物的保护,是当前争议较大而且也是极为棘手的一个研究主题。网络运营商基于自身利益的考虑往往在网络服务协议中规定,在网络用户死亡或未登录账户到达一定期限时,就可以删除账户和其中的所有的数据资料。而网络用户一方面可能存在将其照片、视频或电子邮件传递给他人的需求;另一方面,其也可能基于隐私保护的考虑,希望将其账户中的信息予以删除。而对网络用户的继承人而言,当被继承人死后其继承人或许希望进入用户账号获取其中的照片、视频、电子邮件等虚拟事物。① 对于照片或信件的法律保护,传统法律的保护范式是将其视为一般动产,如果其载负的内容对当事人而言具有特殊的精神利益,则其在法律上就属于"人格物"的范畴。② 依据《最高人民法院关于确定民事侵权精神损害赔偿责任若干问题的解释》第 4 条的规定:"具有人格象征意义的特定纪念物品,因侵权行为而永久性灭失或者毁损,物品所有人以侵权为由,向人民法院起诉请求赔偿精神损害的,人民法院应当依法予以受理。"但我们必须还要看到电子照片、电子邮件、语音信息与传统的信件和照片存在很大的不同,网络社交平台的自动存储功能决定了其强大

---

① 在美国 In re Facebook, Inc(关于用户诉脸书公司消费者隐私档案一案)中,一位脸书用户突然死亡,其母亲为调查死因向法院申请传票(subpoena)要求脸书公司提供死者的通信记录。脸书公司诉请法院撤销传票,因为申请人不能提供使脸书公司合法披露死者私人信息的合法同意。尽管法院认为申请人的理由是足够的,但最终拒绝对案件进行裁判。虽然法院最后断定死者的母亲可以代表死者作出合法的同意,但是 SCA 并没有规定网络服务提供者披露私人账户记录的义务,而仅是授权自愿披露。See 923 F. Supp. 2d 1204, 1205 (N. D. Cal. 2012).

② 参见易继明、周琼:《论具有人格利益的财产》,载《法学研究》2008 年第 1 期。

的信息储存能力，因此就不免大量地储存了网络用户不想让他人获知的照片、电子邮件或语音信息。因此，非经用户同意公开披露或访问其电子照片或邮件内容的行为就可能导致对用户隐私利益的巨大损害。电子照片、视频、电子邮件的特殊性质决定了我们必须采取谨慎的法律措施对其提供保护。

首先，要妥当处理相关法律主体间的利益诉求。美国《统一受托人访问数字资产法》之所以在颁布之后广受诟病，其主要原因就在于立法者一味偏向受托人一方的利益保护，忽略了网络服务商和网络用户的正当利益诉求。而社交媒体账户则基于其功能指向具有强烈的隐私色彩，其内容包括了电子邮件、照片、通信记录，在一定程度上这些数字资产或许是死者不想为人所知的，如果默认受托人有权限全面访问这些数字资产，不仅导致社会公众的隐私焦虑，而且使网络运营商承受着巨大的法律风险，这正是《统一受托人访问数字资产法》颁布后美国公民团体和互联网公司对其予以抗议的主要原因。网络经营者作为提供虚拟财产供给、使用、存储、交换媒介的法律主体，其在网络社会中承担着一定的社会公共管理职能，即保证提供的网络服务合格、持续、稳定、安全，特别是不能未经网络用户同意而向第三方提供其搜集和储存的用户个人信息。我国《网络安全法》第 42 条规定："网络运营者不得泄露、篡改、毁损其收集的个人信息；未经被收集者同意，不得向他人提供个人信息。但是，经过处理无法识别特定个人且不能复原的除外。"我国《全国人民代表大会常务委员会关于加强网络信息保护的决定》第 3 条也规定网络服务提供者不得泄露、篡改、毁损，不得出售或者非法向他人提供业务活动中收集的公民个人电子信息。在我国《刑法》第 285 条也规定了"非法侵入计算机信息系统罪"和"非法获取计算机信息系统数据罪"，严厉打击非法入侵计算机的行为。在另外一端，不管是受托人或其他法律主体都存在访问网络用户账户信息的现实需求，例如当前法院已经认可了电子证据的法律效力，在一些案件中网络用户的通信记录和转账记录就成为案件事实认定的关键环节，必须要赋予司法机关一定的访问权限。[①] 因此，在虚拟财产的继承中网络服务者、被继承人、继承人、其他主体都存在自己合法的利益诉求，在具体的立法中我们要保持必要的价值中立，不能主观地选择任何一方作为自己的利益立场，这样才能够妥善地协调三方之间的利益冲突。

其次，要秉持网络共治理念，着重保护用户隐私利益。RUFADAA 最大的贡献是确立了数字资产访问的"三层优先访问体系"，将被继承人的意志自由与网络服务商的服务协议结合起来，充分实现了受托人访问数字时的权限张力。"三层优先访问体系"的建立在很大程度上是利益主体多向互动最终达成网络共治理念的直接结果。网络用户则可以通过网络在线工具或各种遗嘱工具提前规划其数字资产，通过适当的授权实现受托人访问需求与自身隐私利益保护的协调。同时，尤其需要注意的是，虽然 RUFADAA 赋予用户处理数字资产的规划以最强的法律效力，但并没有否定网络服务协议的法律效力，如果用户没有使用在线工具和遗嘱工具对数字资产作出规划，则网络服务协议中的数字资产处理条款发生效力——终止网络服务并删除所有数字资产。有学者称 21 世纪是"隐私已死"的年代，[②]技术的发展一方面使人们的生活点滴更容易被记录，另一方面人们又希望有关自己的

---

① 例如，《网易集团隐私政策》中就规定："根据法律、法规的要求、强制性的行政执法或司法要求所必须提供您信息的情况下，我们可能会依据所要求的信息类型和披露方式披露您的信息。在符合法律法规的前提下，当我们收到上述披露信息的请求时，我们会要求接收方必须出具与之相应的法律文件，如传票或调查函。"参见《网易集团隐私政策》，载网易官网 2020 年 10 月 1 日，https://reg.163.com/agreement_mobile_ysbh_wap.shtml? v = 20171127。

② 参见徐明：《大数据时代的隐私危机及其侵权法应对》，载《中国法学》2017 年第 1 期。

记录(特别是负面记录)能够尽快被人们“遗忘”。[①] 因此,当用户没有留下虚拟财产处理规划时,基于用户隐私利益保护的考虑和网络公司作出的隐私保护承诺,网络公司应该责令死亡用户的继承人共同推举管理人对网络用户社交平台内的信息予以处理,并仅限于获取与继承财产相关的必要信息,除此之外,应当删除其他与被继承人相关的通信信息。

最后,以技术手段解决网络社交平台上虚拟财产的继承难题。虚拟财产作为互联网技术催生的新型事物,其面临的法律问题都是技术发展给传统法律秩序带来的挑战。正如在发展中遇到的问题必须要在发展中解决,现代技术带来的一系列法律问题也必须采取技术的手段予以回应与化解。RUFADAA 通过“三层优先访问体系”赋予用户使用网络在线工具作出的数字资产处理规划以最强法律效力,这一立法在很大程度上利用了网络技术的自身特点,使人们在使用网络的同时能够未雨绸缪地对其数字资产作出规划。同时,网络技术手段的运用还体现为网络公司开发的各种数字资产管理工具,如脸书公司的“遗产联系人”和谷歌公司的“不活跃账户管理人”,这都是数字资产继承问题解决的技术思维。客观上来说,我国也有互联网公司为用户提供了管理数字资产的在线工具,《网易集团隐私政策》[②]第 3 条第 1 款规定:“……除以下情形外,未经您另行同意,我们不会与网易之外的任何第三方分享您的信息……”其中的情形就包括了“根据与您签署的单项服务协议(包括在线签署的电子协议以及相应的平台规则)或其他的法律文件约定所提供”。这里的“在线签署的电子协议”就属于利用在线工具在主网络服务协议之外单独达成的数字资产处理计划。

---

① 郑志峰:《网络社会的被遗忘权研究》,载《法商研究》2015 年第 6 期。

② 参见《网易集团隐私政策》,载 http://corp. 163. com/gb/legal. html,2022 年 2 月 19 日访问。

以技术手段解决虚拟财产的继承问题具有巨大的现实意义和可操作性,网络用户接受特定的网络服务时都要经过注册程序,此时一个可行的思路是在主网络服务协议之外另行提供数字资产管理协议,在该协议中设计若干核心问题供用户选择。比如:(1)你是否已婚?(2)你是否愿意让配偶管理你的虚拟财产?(3)你是否同意他人在你失去行为能力或死亡时管理你的虚拟财产?(4)你希望虚拟财产管理人如何管理你的虚拟财产?(5)请填写虚拟财产管理人的姓名和联系方式。同时,将该协议的签订作为用户接受网络服务的前置性条件。以技术手段解决虚拟财产法律问题还意味着网络公司要承担其应有的法律义务和责任,通过技术设计为用户管理虚拟财产提供更多的便利,如通过个性化的隐私设置程序允许用户对虚拟财产的披露范围、期限作出更具弹性的选择。例如,微信平台允许"我"自主决定是否让他人看"我"的朋友圈;允许朋友查看朋友圈的范围;是否允许陌生人查看照片(10 张)。这都是利用技术手段解决虚拟财产法律问题的生动体现。我国《网络安全法》明确规定网络经营者要采取技术措施保障网络安全、稳定运行,维护网络数据的完整性、保密性和可用性。因此,通过技术手段保障用户的人身财产利益应当是网络服务者一项不可推卸的法定义务。

3. 禁止网络社交账号的转让

私法的主要任务就是在民事生活中定分止争,因此,对网络虚拟财产的保护就必须对各方主体之间的权利义务予以明确。网络社交平台上网络虚拟财产的保护涉及三方利益主体,即网络用户、网络服务提供者、网络用户的利益相关人(继承人、债权债务人)。因此,对网络虚拟财产的保护就需要谨慎地权衡以上三方的不同利益诉求,通过精密的法权结构设计对其不同的利益需求予以平衡。网络账号标识着网络社交平台上用户身份的唯一性,而且网络账号也是网络服务提供者履行网络社交平台管理责任的重要手段,对违反法律法规和服务协议约定的网络账号予以注销,从而履行其平台管理职能。当前网络账号在私法上的主要争议在于其法律性质是什么,对其享有权利,网络账号能否转让、继承。当前网络社交平台的网络服务协议往往规定网络账号归网络服务提供者所有,网络用户拥有的只是使用权,在网络服务终结时网络服务提供者可以收回所有并将其分配给新的网络用户。有些学者认为,网络服务协议属于典型的格式条款,因此,禁止网络账户转让、继承的合同条款应属显失公平的无效格式条款。① 但是,按照我国《民法典》以及司法解释的规定,格式条款的无效需要同时具备程序和实体两方面的条件,即无效的格式条款首先应该是提供方在程序上没有尽到提示说明义务,同时无效的格式条款在内容上还应该是显失公平的。② 就第一个条件而言,当前网络社交平台上的网络服务协议都是采取用户"点击同意"的方式缔结的,通过链接可以看到完整的格式合同文本,文本中对网络账号的归属和利用都进行了加粗处理。就协议的内容来看,其是否就构成显失公平呢？对这一问题的回答必须结合协议双方不同的利益诉求予以具体分析。

网络用户一方的利益诉求非常明显,其认为网络账号里面具有很多有纪念意义或财产价值的虚拟事物,因此产生了强烈的转让或继承需求。而网络平台提供者的利益诉求更为多元,主要体现为以下方面:其一,维护自身利益的需要。正如网络服务协议中所言,网络服务提供者将网络账号视为一种"网络资源",如果允许网络账号脱离其本人转让或赠与,势必会导致网络账号数量只增不减,增加网络平台提供者的管理运行成本。其二,履行

① 参见刘明:《论网络虚拟财产禁止让与特约的法律规制》,载《中国社会科学院研究生院学报》2015 年第 1 期。

② 参见马一德:《免除或限制责任格式条款的效力认定》,载《法学》2014 年第 11 期。

法定职责的需要。我国《网络安全法》第24条第1款规定:“网络运营者为用户办理网络接入、域名注册服务,办理固定电话、移动电话等入网手续,或者为用户提供信息发布、即时通讯等服务,在与用户签订协议或者确认提供服务时,应当要求用户提供真实身份信息。用户不提供真实身份信息的,网络运营者不得为其提供相关服务。”可见,依据我国当前法律的要求,网络服务提供者提供网络服务时必须履行网络用户的实名认证程序,否则就要承担相应的法律责任。而一旦允许网络账号转让或赠与,其必然会导致网络账号的注册人与实际使用人之间“名不副实”。其三,保护用户人格利益的需要。在网络用户死亡时,虽然其法律主体资格立即消灭,但是就我国司法实践来看,其实际上已经承认了对死者特殊人格利益的保护,①而在网络社会中对公民人格利益的保护处于更加迫切的状态,因为网络社交软件中存储了大量的不为用户之外的人所知的隐私信息,而这些信息可能并不是网络用户希望他人看到的。根据我国《网络安全法》第21条的规定,网络运营商的网络安全保护义务就包括了禁止未经授权的访问。我国网络社交平台提供者也往往制定有详细的隐私保护政策,严格保护用户的隐私信息,因此,网络社交平台提供者往往以隐私保护之名禁止网络账号的转让和继承。本书认为,就当前普遍存在的网络社交服务协议内容和协议双方的利益诉求来看,网络运营商禁止网络账号转让、继承的条款不构成无效的格式条款。在网络社会中,网络服务提供者是作为网络社会秩序控制的重要一环而存在的,其负有重要的网络安全保障责任,主要就体现在确保网络实名

① 参见谢远扬:《信息论视角下个人信息的价值——兼对隐私权保护模式的检讨》,载《清华法学》2015年第3期。

制,保护用户隐私,禁止未经授权的访问方面。① 而网络用户转让和继承网络账号中虚拟财产的需求可以通过将网络账号中的重要数据信息提前进行储存、备份、复制、处理等方式予以妥善地解决,不必采取网络账号转让的方式。

由此可以看出,基于维护网络用户财产利益和人格利益的现实考虑,我们必须禁止网络账号的转让和继承。与此同时,若网络运营商无故删除账号、冻结账号或者采取其他措施导致网络用户无法接受网络服务,其也必将导致网络用户财产利益受损。因此,此时网络运营商构成违约,应承担相应的违约责任,其责任的形式主要是继续履行,如果造成的还有其他损失,则需要承担损害赔偿责任。② 而在网络运营商违约导致网络用户重大损失的情况下,则可能构成侵权责任和违约责任的竞合,网络用户可以择一要求损害赔偿。另一种妨碍网络账号使用的行为来自网络服务合同之外的第三人,其主要表现为窃取他人账号、密码,就其实施目的来看,有的目的在于获取他人账号后供自己或他人使用,而有的则意在获取账户中的虚拟财产。而网络账号作为个人信息的本质属性,决定了其法律保护必须以此为基点。

我国《民法典》第 111 条明确规定个人信息受法律保护,任何组织和个人不得非法买卖、提供或者公开他人个人信息。《全国人民代表大会常务委员会关于加强网络信息保护的决定》第 1 条规定:“任何组织和个人不得窃取或者以其他非法方式获取公民个人电子信息,不得出售或者非法向他人提供公民个人电子信息。”第 11 条规定:“对有违反本决定行为的……侵害他人民事权益的,依法承担民事责任。”因此,虽然我国《民法典》对个人信息

① 参见陈芳:《虚拟空间之安全保障义务研究——以互联网服务提供商的视角》,载《武汉大学学报(哲学社会科学版)》2014 年第 1 期。

② 参见王思源:《论网络运营者的安全保障义务》,载《当代法学》2017 年第 1 期。

的保护还没有采取“个人信息权”的权利保护范式，但是个人信息作为一种值得保护的法益已经获得了立法的肯定。[①] 网络账号被他人非法获取应受到法律的保护，但是在网络社交账户的具体场域中，网络账户作为一种个人信息，其主要功能是接受网络社交服务，而且就现实生活中发生的非法获取网络账号的实际案例来看，其主要是侵权人利用网络社交软件的漏洞或采取技术手段侵入计算机系统，通过改写计算机数据(改写密码)的形式非法获取用户的网络账号。因此，在这个过程中，网络用户实际上处于一种极为被动的局面，既无法预知侵权行为的发生，也无法对逃之夭夭的侵权人进行追责。故而，笔者认为，基于非法获取他人网络账号的特殊发生场景，在用户的网络账号被第三人非法获取时由于网络用户与网络运营商之间服务协议条款的存在，而网络运营商应该对网络用户承担违约责任，网络运营商不能以尽到网络安全保护义务为由获得免责，除非其能够证明用户对网络账号丢失负有重大过失责任。在网络账号被第三人非法获取时，应由网络运营商首先承担账号返还责任，如有数据丢失，还应采取技术手段对该数据尽量予以恢复，如不能恢复或恢复成本过大，则需要对被害人进行损害赔偿。在网络运营商对用户承担责任以后，其就获得了对侵权人的追偿权，网络运营商基于其技术优势不会遇到太多困难，而且可以通过技术手段禁止侵权人在本网络社交平台注册使用，以此对其施加“软惩罚”。

第四节 网络游戏装备面临的法律纠纷与保护

围绕网络游戏装备发生的纠纷主要存在于游戏运营商与游戏玩家以及

① 参见林旭霞：《论网络运营商与用户之间协议的法律规制》，载《法律科学(西北政法大学学报)》2012 年第 5 期。

游戏玩家与第三人之间。以下分别就这两种不同纠纷类型下游戏虚拟装备的法律保护进行具体分析。

（一）对游戏运营商与游戏玩家之间游戏装备法律纠纷的处理

游戏运营商与游戏玩家之间发生的纠纷主要存在以下情形：其一，网络游戏运营商以游戏用户在游戏中从事营利性活动为由，将其游戏账户和游戏道具予以冻结、删除或暂停服务，从而引发纠纷。① 其二，游戏用户以游戏运营商未尽到安全保障义务，从而导致游戏物品丢失引发的纠纷。② 在我国当前的网络游戏环境下，第一类的纠纷类型比较突出，其原因在于网络游戏中一般都存在虚拟物品交换机制，而且在游戏系统之外也都存在游戏虚拟物品的线上交易平台，如淘宝网和“5173”网站。基于网络游戏的自身规则设计以及游戏玩家的攀比心理，一些特殊功能的游戏装备在游戏玩家中具有很大的吸引力，因此，有需求就有市场，而有了市场就有了买卖，从而就造就了一批专门以打游戏获取游戏装备并获取利益的职业群体。虽然当前的网络游戏服务协议往往规定禁止以牟利为目的的游戏装备交易行为，但面对高额的利润网络服务协议的禁止规定难以遏制游戏玩家的牟利冲动，因此，法律纠纷的产生也就难以避免。我国大部分游戏系统内置的游戏装备交易商店的本质都仅仅是作为游戏规则的一部分，游戏玩家将自己的游戏装备兑换为游戏币，然后再用游戏币兑换出自己需要的虚拟物品，但并不存在游戏装备直接兑换成法定货币的交易系统，因为我国法律对这一行为是明确禁止的。但是在游戏系统之外的交易平台上，如“5173”网站，进行的游

① 参见徐某诉广州网易计算机系统有限公司财产损害赔偿纠纷案，永嘉县人民法院（2015）温永民初字第229号民事判决书。

② 参见张某诉成都金山数字娱乐科技有限公司、翟某网络侵权责任纠纷案，合肥市中级人民法院（2015）合民一终字第02740号民事判决书。

戏装备交易兑换的则是“真金白银”的法定货币，大量被盗窃的游戏装备都是从这一平台上出售销赃的。除此之外，当前我国游戏市场还存在一种极为特殊的网络游戏类型，其特殊之处在于明确违背了我国现行立法关于网络游戏运营企业不得向用户提供虚拟道具兑换法定货币服务的禁止性规定，在我国司法实践中因为这类游戏引发的游戏虚拟财产纠纷最为常见，也最为各方主体困惑。

如上所述，游戏玩家对游戏装备的利用方式直接取决于游戏开发者对该游戏装备的设计以及网络服务协议的规定，因此，对游戏装备引发纠纷的处理就必须以游戏运营商与游戏玩家之间存在的网络服务协议为依据。以广州网易计算机系统有限公司与朱某网络侵权责任纠纷案为例，①朱某在淘宝上购买点卡，商家直接充入其游戏账户，然后进入游戏里设置的在线寄售人寄售点卡，卖出的点卡换成游戏币，通过“藏宝阁”出售游戏币换取人民币，然后“藏宝阁”收取朱某5%的手续费，最后通过网易宝提现。网易公司认为，双方签订的一系列网络服务合同中对正常的娱乐互动以及不正当牟利进行了清晰界定。《服务条款》第7条第10点明确约定，朱某同意并理解其只能通过《梦幻西游2》的产品和服务进行正常的娱乐互动，以及基于该娱乐互动的需要而于网易公司提供或认可的交易平台上交易游戏道具。然而，朱某游戏角色众多，且没有娱乐互动。朱某名下所拥有的“jrbfff@163.com”账号一共建立了94个游戏角色，“tcrb329@163.com”账号一共建立了153个游戏角色。根据网易公司在游戏内的统计，同账号下游戏角色大于50个的账号仅占账号总体数量的0.006%，属于极其异常的情况。此外，参照网易公司提交的证据10和证据11，朱某所拥有的涉案171个游戏角色所

① 参见临汾市中级人民法院民事判决书，(2016)晋10民终2191号。

穿戴的游戏装备等级、人物技能等级与人物角色等级之间的差距较大。这些人物角色既没有任何与其他玩家之间的帮会、结婚、好友、发言等娱乐互动的系统记录,也没有捉鬼、运镖、封娇、鬼王等和副本记录,没有任何互动娱乐体验。其行为模式单一,只在游戏中牟取不正当利益。凭此,网易公司认为,朱某的行为不属于正常的娱乐互动。网易公司有权依据双方的网络服务合同约定,对朱某进行处罚。

在这一类型的案件中,其争议的焦点是对网易公司提供的格式条款中“正常的娱乐互动以及不正当牟利”行为的界定。正如前文所述,网易公司旗下的游戏以《梦幻西游》系列游戏为代表,该游戏内置有“藏宝阁”网络虚拟财产交易平台,允许游戏玩家将其游戏道具在“藏宝阁”上予以出售,并通过网易宝提现。在这一网络游戏场景中,游戏装备具有显见的财产价值,从而吸引了大量的游戏玩家参与其中,并且为了获取稀有的游戏装备不惜一掷千金,并直接产生了一批以组建“工作室”打游戏赚钱的“职业游戏人”。但是,正在游戏玩家基于该游戏模式的营利性而乐此不疲的时候,网易公司突然以不正当牟利为由对游戏玩家的游戏虚拟财产予以查封、冻结,这无疑是当头一棒打醒了那些揣着“游戏发家”梦想的游戏玩家。网易公司认为,游戏内点卡和游戏币的互换是为了促进游戏资源的合理分配,方便玩家将多余的点卡与多余的游戏币进行互换,并非鼓励玩家将游戏道具出售换取人民币,以及以牟利为目的交易游戏道具。但是,正如法院所认为的那样,在游戏世界中游戏玩家参与游戏的目的具有多样性,而且每个游戏玩家对娱乐的理解是不同的,将其拥有的游戏道具兑换成法定货币给玩家带来的乐趣未必就会比纯粹玩游戏少。尤其是考虑到,游戏玩家在“藏宝阁”中进行的交易行为完全是按照网易公司提供的交易规则进行的,同时网易公司还从每一笔交易中抽取一定的交易费,因此,网易公司以游戏玩家进行非正常娱乐互动为由暂扣游戏币、隔离人物角色的行为明显失当。

依据《民法典》第498条的规定,对格式条款的理解发生争议的,应当按照通常理解予以解释。对格式条款有两种以上解释的,应当作出不利于提供格式条款一方的解释。格式条款和非格式条款不一致的,应当采用非格式条款。在本案中,网络游戏的娱乐体验具有个性化特征。正常的娱乐互动属于模糊用语,对于什么是正常的娱乐互动,网易公司没有进一步界定。故该约定属于约定不明,因约定不明存在网易公司滥用其处罚权限的可能。网易公司作为格式条款的提供者,未事先预定正常娱乐活动的客观判断标准,在发生争议时作出有利于自己的解释将损害用户的利益,故依据法律规定,对格式条款有两种以上解释的,应当作出不利于提供格式条款一方的解释。因此,在本案中网易公司的处罚行为不具有正当性,其应承担相应的法律责任。就具体的法律救济来看,游戏玩家对付出金钱和时间获取的游戏角色和游戏道具拥有使用权,游戏玩家使用游戏道具的过程即游戏运营商提供服务的过程,没有约定或法定事由的,游戏运营商不得任意停止游戏服务。因此,在该案中游戏运营商应该立法解除对游戏角色和游戏道具的隔离和扣押,继续提供网络游戏服务,如果因为游戏运营商中断游戏服务还造成了游戏玩家的其他损失,则应一并赔偿。在该类案件中往往还存在的一个问题是应将其认定为违约之诉还是侵权之诉,实际上在游戏运营商以游戏玩家违约为由采取惩罚措施的情形下,就会出现侵权与违约竞合的局面。因此,游戏玩家可以根据自己的利益需求选择侵权之诉或者违约之诉。

网络游戏运营商与游戏用户之间存在的另外一种纠纷类型就是游戏运营商未尽到安全保障义务,从而导致游戏装备丢失引发的纠纷,在游戏玩家的游戏装备丢失以后,其往往以网络游戏运营商未尽到安全保障义务为由要求其承担责任。司法实践中法院对游戏玩家的这一诉求存在不同的裁判意见。在姜某与上海盛大网络发展有限公司(以下简称盛大公司)网络服务合同纠纷案中,[1]姜某上述游戏账号中的游戏装备和物品在两天内以“元宝交易”的方式被出售,其诉至原审法院,要求盛大公司恢复姜某账号“201718yazi. cq48”中丢失的游戏装备。法院认为,盛大公司已经按照公安机关协查函的要求对大部分游戏装备和物品采取了冻结措施,但因上述游戏装备和物品均经过多次流转,目前或直接为其他玩家所占有,或经过转换之后为其他玩家所占有,盛大公司在上述游戏装备和物品的权属尚不明朗的情况下,对其采取暂时冻结而未发还的措施属于合理举措,并不违反诚实信用原则,亦不构成违约。在发生游戏装备丢失事件后,盛大公司对接受姜某报案并处理的相关公安机关出具的协查函进行了必要的协助义务,故盛大公司已履行双方的合同义务。现系争游戏装备已几经转手,由案外人占有。在姜某的游戏装备受病毒侵入而丢失的过程中,盛大公司并无过错,不存在违约行为,姜某要求盛大公司返还系争游戏装备没有依据,故驳回了其要求游戏运营商返回系争游戏装备的诉求。但在其他案件中,法官则采取了不同的裁判态度。在吴某诉上海盛大网络发展有限公司网络服务合同纠纷案中,同样是游戏玩家的虚拟装备被盗窃,并要求游戏运营商继续履行合同,恢复游戏玩家对虚拟道具的占有、使用,一审法院认为:“当事人对自己主张的事实依法负有举证的义务,举证不力的,则应承担相应不利的诉讼后果。根据双方在庭审中的陈述,吴某未提供证据证明盛大网络公司对其装备被盗存在过错,故吴某要求盛大网络公司承担赔偿责任的诉讼请求,缺乏合同依据和法律依据,不予支持。”二审法院则认为:“盛大网络公司作为系

① 参见姜某诉上海盛大网络发展有限公司网络服务合同纠纷案,上海市第一中级人民法院(2009)沪一中民一(民)终字第3341号二审民事判决书。

争网络游戏的运营商,负有为用户妥善保管系争游戏装备及保障用户正常使用该游戏装备的义务,其应对吴某因异常原因遗失的游戏装备进行冻结,并在查明情况后予以恢复。盛大网络公司已实际为吴某恢复大部分被盗的游戏装备,但又称'其余三项游戏装备因价值大,且流转次数多,不能予以恢复',显然缺乏事实及相关法律依据,不能支持。原审法院认定本案纠纷事实清楚,但处理不当,应予纠正。"①

正如上文分析,游戏运营商与游戏玩家之间存在网络服务合同,游戏玩家通过投入金钱和时间来换取游戏运营商的游戏服务以满足游戏玩家的精神需求,游戏玩家通过在虚拟世界中对其游戏装备的操控,实现其参与游戏的目的。因此,当我们处理与游戏装备相关的案件纠纷时,必须以此为根本出发点。正如以上案例所示,当游戏玩家的游戏装备丢失后要求游戏运营商损害赔偿时,游戏运营商往往以自己已尽到安全保障义务为由要求免责。但网络游戏的技术设定和商业本质决定了游戏运营商不能以自己尽到安全保障义务为由使自己免于承担责任,即使第三人采取了难以预防的技术手段,通过篡改游戏数据获取了游戏装备,但其在实质上导致的是游戏运营商并未能够向游戏玩家提供适格的游戏服务,基于合同的相对性原理,此时游戏运营商对游戏玩家构成违约,其必须依照合同的约定向游戏玩家承担继续履行责任。在这一情景中,游戏运营商免于承担违约责任的唯一出路是其能够证明游戏装备的丢失是由游戏玩家故意或重大过失造成的。② 除此之外,对于游戏玩家虚拟装备的丢失,游戏运营商必须承担合同继续履行的责任,如果造成游戏玩家的其他损失还应该承担相应的损害赔偿责任。

---

① 参见上海市第一中级人民法院民事判决书,(2015)沪一中民一(民)终字第932号。

② 参见王思源:《论网络运营者的安全保障义务》,载《当代法学》2017年第1期。

（二）对第三人非法获取游戏装备引发纠纷的处理

在第三人以非法手段获取游戏用户合法获取的游戏装备引发的纠纷中，最为典型的类型就是第三人利用网络游戏中的漏洞或者采取各种电脑技术手段窃取游戏账号中的游戏装备，然后通过网上交易平台（通常是第三方交易平台，如"5173"网站上的虚拟财产交易服务平台）将其贩卖获利从而引发的纠纷。在该类案件中，非法窃取用户虚拟财产的行为往往是通过隐蔽的技术手段实施的，因此，游戏用户在查明侵害人时存在极大的技术障碍，不得不依赖于游戏服务商的技术协助，并往往以游戏运营商未履行安全保障义务为由，要求游戏运营商承担赔偿责任。而游戏运营商往往以自己已经尽到网络服务平台合理的注意义务为由，认为自己不应对网络用户的损失承担任何责任。① 在上文笔者已经对在这一情景中游戏运营商的举证责任和责任承担问题进行了论述。在这一部分，笔者将主要对第三人非法获取游戏玩家游戏装备的法律保护与救济问题予以探讨。

第三人窃取游戏玩家游戏装备的行为属于刑法和民法共同规制的对象。在司法实践中，游戏玩家在游戏装备丢失之后往往会去公安机关报案，公安机关介入之后就会要求游戏运营商协助调查，包括锁定盗窃人身份，冻结被盗窃的游戏装备。在现实生活中，侵权人除了利用游戏运营商的系统漏洞实施盗窃以外，在大部分的情形下，侵权人主要是利用各种技术手段，如木马病毒，侵入游戏运营商服务器或者游戏用户电脑，窃取游戏玩家的账号密码实施盗窃。在《刑法》中，窃取游戏虚拟货币与窃取游戏装备在罪名

① 在司法实践中，法院对游戏运营商是否尽到安全保障义务的审查往往采取的是一般注意义务的检测标准，只要游戏运营商对游戏运行系统尽到了一般的安全保障义务，就使其免于承担第三人侵害用户虚拟财产的侵权责任。参见重庆市九龙坡区人民法院民事判决书，(2013)九法民初字第09906号。

上存在差别，前者主要以盗窃罪处理，而后者则按非法获取计算机信息数据罪处理。游戏虚拟货币作为法定货币在网络游戏世界的存在形态，其财产属性较为明显，因为其往往与法定货币存在固定的兑换比例。而游戏装备作为虚拟财产的价值则没有那么明显，其往往取决于游戏玩家的心理价值。正如法官在司法实践中所言，随着网络时代的到来，网络领域的秩序、财产也需要维护，但该领域的刑法保护必须坚持罪刑法定，不能简单等同于普通犯罪。我们注意到被告人的犯罪行为给被害单位造成了损失，而现行刑法保护计算机信息系统数据的规定足以体现罪刑相适应的原则，也更有利于保护信息网络环境。[①] 在《刑法》对盗窃者处以非法获取计算机信息数据罪并予以刑事处罚的同时，以上纠纷中还需要对游戏玩家予以民事救济。一般而言，在第三人非法获取游戏玩家游戏装备的刑事案件中，一旦犯罪嫌疑人被逮捕，为了取得被害人的谅解，其往往会对被害人的损失予以赔偿，因此，如果通过侵权人的赔偿能够使被害人感到“满意”，则此时案件就可能得到圆满的处理。游戏玩家也不能再向游戏运营商要求其承担违约责任，因为其损害已经得到了很好的填补。但是，一旦发生游戏玩家虚拟物品丢失但侵权人下落不明的情形，此时游戏玩家的损害就面临无法弥补的风险，而此时其往往只能向游戏运营商要求损害赔偿。游戏装备在物理层面是由数据构成的，游戏运营商通过对游戏数据的储存、传输和处理，以此履行网络游戏服务协议中规定的合同义务，为游戏玩家提供游戏服务，使游戏玩家的合同权利得以实现。当前司法实践中发生的第三人非法获取游戏玩家虚拟物品的案例中，无论是利用了游戏漏洞还是非法获取游戏玩家账户信息，其最终导致的结果都是使游戏运营商并未向游戏玩家履行其承诺的合同给付

---

① 参见北京市朝阳区人民法院刑事判决书，(2017)京0105刑初25号。

义务。因此,第三人非法获取游戏装备直接导致了游戏运营商未能按照合同约定履行义务,在直接侵权人下落不明的情况下,游戏运营商应当对游戏玩家承担相应的违约责任,主要表现为继续履行合同义务。但在第三人非法获取游戏装备的情形下,其直接侵权人毕竟不是游戏运营商,因此,此时游戏运营商承担的是一项不真正连带责任,一旦直接侵权人被查获,则游戏运营商获得了对该侵权人的追偿权利,以此使损害赔偿责任获得最终的归宿。①

在网络游戏世界中,游戏用户拥有的游戏装备不仅凝结了游戏玩家的财产利益,还包含了一定程度的人格利益,正如许多痛失心爱游戏装备的玩家所言,游戏装备是其经过多年的辛苦"劳动"所得,付出了大量的金钱、时间和精力,并与游戏角色结下了深厚的感情,许多游戏玩家视游戏世界为自己的"第二人生",在游戏中他们获得了现实世界中无法获得的激情和荣耀。对个别游戏玩家而言,他们在虚拟世界里的虚拟角色也应该像现实世界中的人物一样享有精神利益,其受到了侮辱、诽谤,就应该对其进行精神损害赔偿。② 例如,在张某诉上海壮游信息科技有限公司网络服务合同纠纷案③中,原告名下价值 2 万元的 18 个游戏账号被公告为霸占游戏资源的多个长期在线账号而被永久封停,经复查后改为冻结 7 日的临时冻结,并将该账号公布在使用外挂的封停名单中。原告认为,该行为对原告的游戏角色在游戏内的名誉造成严重损害,在游戏中的评价下降。因此,原告请求法院在奇迹 MU 游戏官网主页(网址:mu. zhaouc. com)新闻栏以公告形式及游戏内

---

① 参见杨立新:《网络平台提供者的附条件不真正连带责任与部分连带责任》,载《法律科学(西北政法大学学报)》2015 年第 1 期。

② 参见李佳伦:《网络虚拟人格保护的困境与前路》,载《比较法研究》2017 年第 3 期。

③ 参见张某诉上海壮游信息科技有限公司网络服务合同纠纷案,上海市浦东新区人民法院(2016)沪 0115 民初 88312 号民事判决书。

以 GM(Game Master 游戏管理员)身份发布公告向原告名下 18 个游戏角色赔礼道歉,并将该公告置顶 7 日且不得删除。法院认为:“所谓网络游戏的虚拟角色系自然人或法人通过以网络 TCP/IP 协议为基础的网络游戏程序编制而成,用于参与网络游戏各项活动,其本质为存放在计算机存储设备中的数据,其具有虚拟特性、拟人特性、价值特性和流通特性。从网络游戏虚拟角色的上述定义及特性来看,虚拟角色显然不属于法律意义上的人,其本质应是物,且系具有财产性价值的虚拟财产,故不属于自然人或法人的范畴。原告名下的 18 个虚拟角色实际应为由其创建,受其控制,且具有价值的财产。因此,综合考虑上述情况,本院认为网络游戏虚拟角色不具备法律人格,不应享有名誉权。另结合原告在庭审中陈述其本人的名誉未遭到侵害,其他游戏玩家并不知晓其本人的身份等事实,原告主张被告向其名下 18 个游戏角色赔礼道歉的诉讼请求,于法无据,本院不予支持。”

在这一案例中,法院显然是不承认游戏虚拟角色享有人格利益的,因为人格利益的主体只能是人,而且是自然人主体,虽然当前互联网技术对社会生活的各个领域都进行了摧枯拉朽般的重构,但是到目前为止,互联网对人类共同体的影响尚停留在技术层面,并未从根本上改变人类对主体概念的认知,因此,在主体—客体的界分中,游戏虚拟人物毋庸置疑地属于客体的范畴,因此,其也就不享有专属于主体的人格利益。① 但另外一个显现的问题是,游戏玩家能不能以虚拟财产受到损害(尤其是不可逆转的损害)为由要求侵权人承担精神损害赔偿责任?根据《最高人民法院关于确定民事侵权精神损害赔偿责任若干问题的解释》第 1 条的规定,自然人可以要求精神损害赔偿的主要情形是侵权人侵害了自然人的人格权以及违反社会公共利

① 参见李佳伦:《网络虚拟人格保护的困境与前路》,载《比较法研究》2017 年第 3 期。

益、社会公德侵害他人隐私或者其他人格利益。第4条特别规定："具有人格象征意义的特定纪念物品，因侵权行为而永久性灭失或者毁损，物品所有人以侵权为由，向人民法院起诉请求赔偿精神损害的，人民法院应当依法予以受理。"在网络游戏中虚拟装备虽然具有可见的外观，但其本质上是由数据和代码构成的，因此，其技术本质决定了其具有可恢复性，在大多数情况下只要与游戏运营商充分协商就可以将丢失的数据找回。而且就我国当前精神赔偿诉讼案件的基本类型来看，其主要情形是侵权人侵害了自然人的人格利益，并且大多数直接指向的是与自然人的幸福直接相关的人格权，[①]人格利益只有在特殊情形下——侵害行为以"违反社会公共利益、社会公德"的方式实施，才能成为精神损害赔偿的客体。同时，对"人格物"引发的精神损害赔偿的处理存在严格的限制条件，即"特定纪念物品"+"永久灭失或损毁"。[②] 但就网络虚拟装备本身来看，无论是其与游戏玩家精神利益的黏合度上，还是其本身的可恢复性上，都难以说游戏虚拟物品的丢失导致了游戏玩家严重的精神损害。而且，即使因第三人非法获取游戏装备导致游戏玩家遭受了极大的精神痛苦，也难以说明侵权人主观上存在极大的过错，是游戏玩家过度沉迷游戏导致了其精神上的无处安放。因此，本书认为，基于游戏装备的可恢复性以及网络游戏的娱乐本质，从保护社会公众行为自由和防止人们过于沉迷游戏的角度出发，在游戏玩家因游戏装备丢失而主张精神损失赔偿时，法院应该对此不予支持。

---

① 参见陈传法：《人格财产及其法律意义》，载《法商研究》2015年第2期。

② 易继明、周琼：《论具有人格利益的财产》，载《法学研究》2008年第1期。

后　记

我自2017年开始接触网络虚拟财产这一研究主题，由于当时正值《民法总则》制定，因此，一时间网络虚拟财产成为当时学界的“网红问题”，诸多学者纷纷对此问题发表高论。当时正值我博士学位论文选题，在道路漫漫无所知的情况下我自然被学界这一盛事所吸引，在未与导师充分协商的情况下，我便怀着一腔热血以“网络虚拟财产法律问题研究”作为博士学位论文研究主题。但是，随着激情退却以及研究的深入，我逐渐发现自己在年少轻狂之下踏入了一方“学术深坑”。网络虚拟财产问题的研究竟然如此复杂，其研究重点不在于网络，也不在于虚拟，而在于财产。在法律上什么是财产？财产与权利是什么关系？财产是如何获得的？洛克的劳动财产权理论有何缺陷？边沁的功利主义财产观有何进步？黑格尔的人格财产观是不是混淆了人格与财产的界限？实事求是地讲，至少对我个人而言，网络虚拟财产法律问题的研究带有极大的挑战性，它逼迫我从民法精致的法律规范体系中走出，进而站到一个更为广阔的视角思考财产的起源、其存在的必要性与合理性，以及财产法律制度构建的终极目的。必须承认的是，以上问题的研究已经远远超出了民法的研究范畴，甚至已经超出了法学的研究范畴。财产作为人类世界的一项基本制度设计，其既是个体生存的客观需要，也是人类共同体持续发展的现实需求，因此，对财产问题的研究一直是社会学、经济学、法学、哲学、历史学以及心理学研究的热点问题。与此同时，财产作为一个人们耳熟能详的概念，似乎关于财产的知识是显而易见的，但是，财产概念本身的模糊性使其显得“大象无形”，因此导致对财产概念、内涵、类型等问题的研究也必然面临盲人摸象的结果。网络虚拟财产的本质是财产，网络虚拟财产法律问题研究的关键就在于回答网络虚拟财产的法律内涵是什么？网络虚拟财产的判断标准是什么？如何对网络虚拟财产提供法律保护？

如上所言，网络虚拟财产法律问题的研究直接涉及财产制度的核心问题，因此，对网络虚拟财产法律纠纷的处理就必须正本清源，厘清网络虚拟财产的实质内涵、基本类型、权利归属，在此基础上构建网络虚拟财产的法律规范制度，进而为网络虚拟财产法律纠纷的处理提供法律救济。于是，自博士学位论文开题以来，我近 5 年将大部分的学术精力都专注于以上网络虚拟财产问题的研究。也发表了一系列的论文成果，如《美国的数字资产继承立法：争议与启示》《网络虚拟财产原始取得的权利归属与法律依据》《网店转让的法律解读与规制》《对我国“网店转让第一案”的法律评价与反思》等。但是，学海无涯，随着对该问题研究的进一步深入，我越加发现网络虚拟财产法律问题的复杂。例如，网络虚拟财产作为一种新型财产其与数据财产有何实质区别？网络虚拟财产作为新型财产其原始取得是否适用实体财产的取得方法？网络虚拟财产权的权能构造该如何予以创新？因此，面对以上问题，在该学术研究中不免经常遭遇山穷水尽的困境，而此时也只能以“士不可以不弘毅，任重而道远”来安慰自己。

就此而言，本书的写作算是这5年来我对网络虚拟财产法律问题研究的一个小结，虽然很多思考还不成熟，许多观点仍需论证，但我还是鼓起勇气把近年的思考心得付诸文字，并由法律出版社出版。其根本目的在于，其一，希望以本书的写作为契机，对5年来研究该问题的散乱的思考进行整理，进而形成对网络虚拟财产法律问题的系统性研究。其二，希望本书为网络虚拟财产的法律保护和纠纷解决提供一个可资参考的方法借鉴。当然，文章千古事，得失寸心知。我深知本书的研究尚属浅薄，很多观点尚需商榷，但无论如何，希望本书的出版能够得到各位师长、朋友的批评建议，而我也将继续从事对网络虚拟财产法律问题的研究，进而为我国网络社会法制事业的发展添砖加瓦。

最后，本书最终得以出版在很大程度上得益于家人的理解、师友的关怀以及编辑老师的极大付出。首先，要感谢两位伟大的女性，即我的爱人闫芮竹女士和我的母亲王银平女士！2021年9月，孺子柏润的诞生给我30年来一直较为平静的生活带来许多快乐和无数涟漪，新手带娃不免惶恐且激动，以至于身心乏力、手忙脚乱，心里面已然装不下一张平静的书桌。此时，两位女士不辞辛苦、任劳任怨，奉献了自己，解放了一个带娃不专、“好吃懒做”，且偶尔抬头偷窥星空的我。其次，还要感谢我的博士研究生导师张力教授。在本书的写作过程中，他犹如灯塔一般引领我探索未知的知识领域，并随时为我答疑解惑，帮我解决了若干重要研究难题。最后，还要感谢法律出版社敬业、专业、负责的陈妮编辑、刘晓萌编辑和任娜编辑。

她们以极大的热情和细心对本书进行编辑和完善,使本书能够在最快的时间面世。

赵自轩

2020 年 12 月 5 日